영어

# 교수 학습론

정승영 지음

# 영어 교수 학습론

지은이 정승영
펴낸이 박재규
펴낸곳 경남대학교 출판부

초판 1쇄 발행 2006년 2월 13일
개정 2쇄 발행 2009년 2월 10일

주소 경남 마산시 월영동 449
전화 055) 243-2330 · 249-2074
팩스 055) 249-2073
전자우편 ko10@kyungnam.ac.kr



ISBN 89-8421-249-0 93840

값 13,000원

# 영어 교수 학습론

# 서문

**오늘날** 영어교육은 세계화, 정보화 시대를 맞아 그 중요성이 날로 증대되고 있다. 많은 여러 언어 중 영어는 cosmopolitan language로서 가장 중요한 의사소통의 도구로 사용되고 있기 때문이다. 그러나 지난날의 영어교육은 의사소통이라는 가장 중요하고도 실용적 목적을 두고 볼 때 너무나 거리감이 있었다고 생각하지 않을 수 없다. 이러한 배경에는 교육내용, 교육정책, 학습 환경 등에도 큰 문제점이 있었다고 할 수 있겠지만 교수방법적인 측면에도 잘못이 있었음을 시인해야 할 것이다.

교육의 질은 교사의 질을 넘어설 수 없다는 말이 있다. 영어교육도 예외는 아니다. 영어교육의 질을 높이는 방법은 따라서 영어교사의 질적 수준을 높이는 데 있다고 하겠다. 영어교사는 영어 구사능력이 뛰어나야함은 두말할 나위도 없는 기본적 요소이고, 영어교육 전반에 관한 충분한 이해와 더불어 이것을 교육적 상황에 효과적으로 적응할 수 있는 능력을 길러야 한다.

따라서 본서는 내용상 크게 2부로 나누어 다루고 있다. 제 1부는 영어교수와 총론적인 것으로 언어 습득론, 언어교수의 원리, 의사소통과 상호작용, 개별 교수법, 영어과 교육과정 및 한국 영어교육의 역사를 소개하고 있다. 이어서 제 2부에서는 영어의 각 기능별 지도와 실제적인 지도방법을 구체적으로 취급하고 있다. 발음, 어휘, 문법 지도, 4기능의 지도, 학습지도안 작성과 영어과 평가를 현장 수업에 활용할 수 있도록 다루고 있다.

성공적인 수업을 통해 훌륭한 학습효과를 발휘하기 위해서는 교수방법만이 모든 것을 결정하는 것은 아니다. 여기에는 적절한 수업내용의 선정, 교사의 역할, 학생들의 준비와 참여, 학습 환경 여러 요소가 아름다운 조화를 이루게 될 때 훌륭한 오케스트라가 선보이게 되는 것이다.

끝으로 본서를 펴내는데 수고를 아끼지 않고 도와준 교육대학원 학생들과 출판에 협조해주신 경남대 출판부 직원 여러분께도 깊은 사의를 표합니다.

2006년 1월

정 승 영

# 차례

## 제1부 영어교육의 이론

## 제6장 한국 영어교육의 역사 • 133



# 제2부 영어교육의 실제

## 제1장 발음 지도 • 139



## 제2장 어휘 지도 • 159



## 제3장 듣기 지도 • 169

## 第6장 쓰기 지도 • 231



## 第7장 문법 지도 • 257



## 第8장 학습지도안 작성 • 269

# PART 1

# 영어교육의 이론

# 1 언어습득 · 학습론

## 1. 언어습득과 언어학습

언어학습과 언어습득은 자연적 접근법(Natural Approach)을 주장한 Krashen(1981)의 일련의 가설에서 분명히 구분하고 있다. 언어습득은 의미에 초점을 두고, 자연스럽고 무의식적으로 언어를 배워나가는 것을 뜻하고 언어학습은 언어형태에 초점을 두고 인위적이고 공식적이며 의식적으로 언어를 배워가는 과정을 의미한다. 주로 어린아이가 가정이나 친구들 관계에서 모국어를 배워나가는 것은 습득이라 할 수 있고, 교실의 수업을 통해서 제2 언어나 외국어를 배워나가는 것은 학습(learning)이라 할 수 있다. 그래서 어른이 언어를 배워나가는 것은 습득이라기보다 학습에 해당되며 어린아이 경우는 언어습득에 해당하는 경우가 대부분이다. Ellis(1985: 6)는 습득과 학습을 다음과 같이 구분해서 정의하고 있다.

> The term ‘acquisition’ is used to refer to picking up a second language through exposure, whereas the term ‘learning’ is used to refer to the conscious study of a second language.

Krashen의 습득-학습 가설이 시사하는 바는 유창성은 학습보다도 습득에 의해서 주로 달성 될 수 있으므로 교실에서 학생들에게 언어에 자연스런 노출(exposure)을 통해 언어 사용 가치를 부여함으로 습득이 일어날 수 있도록 해야 한다는 것이다.

## 2. 언어 학습 이론

### 1) 행동주의 학습이론

행동주의는 인간의 언어행동을 동물의 학습과 동일시하며 자극(stimulus)에 대한 정확한 반응(response)의 표출로 간주하고 있다. 하나의 특정한 반응이 강화되면 이것이 곧 습관화 즉, 조건화가 된다는 것이다.

행동주의 자들은 어린이들이 언어능력을 전혀 소유하지 않고 백지상태(tabula rasa)에서 태어나며 이들은 주어진 환경에 의해 성장하고 언어를 학습해 가는데 이 때 다양한 강화과정을 통해 서서히 조건화 된다고 주장한다.

행동주의 학습이론의 초기에는 러시아 Pavlov가 고전적 조건화(classical conditioning) 이론을 주장했고, 미국의 Watson이 행동주의(behaviorism)란 용어를 만들어 내었다. 나중에 신행동주의 대표자격인 Skinner는 소위 조작적 조건화(operant conditioning)의 이론을 정립하였는데, 조작적 조건화란 반드시 눈에 보이는 자극이 없어도 반응이 일어나는 조건화를 말한다. Skinner는 자극을 중시하는 고전적 행동주의와 달리 반응 다음에 오는 강화(reinforcement)를 학습의 중요한 요소로 보았다. 즉, Skinner는 학습을 강화에 의한 조작적 조건화의 결과로 보았으며, 그의 신행동주의 이론은 통제된 연습에 초점을 둔 청화식 교수법(Audio-lingual Method)의 근간이 되었다.

행동주의 학습이론을 달리 언어학습이론에서 모방설(Imitation Theory) 또는 강화설(Reinforcement)이라고도 부르며, 생득설과 대조되는 후천적 학습설이다. 이 학습이론은 심리학적으로는 행동주의, 철학적으로는 경험주의, 언어학적으로는 구조주의적 입장을 취하고 있다. 이 학습이론의 전체적 과정을 알기 쉽게 표시하면 다음과 같다.

Linguistic Corpus ☞ Stimulus ☞ Response ☞ 강화(보상) ☞ 습관화(언어습득)
고전적 행동주의 – Classical Conditioning- Pavlov – 타율적, 강제적 행동형성
신행동주의 – Operant Conditioning – Skinner – 자율적, 능동적 행동형성

### 2) 생득론적 학습이론(Nativist Theory)

생득론적 학습이론을 인지적 이론(Cognitive Theory) 또는 인지적 학습이론(Cognitive Code-Learning Theory)이라고도 부르는데 이는 어린이가 태어날 때 백지상태 (blank state)에서 태어나는 것이 아니라 언어능력 곧 언어습득 장치(Language Acquisition Device: LAD)라는 신기한 black box를 갖고 태어나는 점이다.

이 이론은 어린이가 어른과는 달리 언어습득 면에서 놀라운 차이점이 있다는 점에 착안하여 주장한 것인데 즉, 어린이는 공식적이고 인위적인 모방학습이 없어도 언어 환경에만 충분히 노출되면 무의식적으로 자연스럽게 언어습득이 이루어진다는 사실이다. 생득론적 이론을 주장한 대표적 학자로는 Chomsky(1965), Lenneberg(1968), McNeill(1966)등 이다.

McNeill(1966)은 LAD가 다음 네 가지 선천적 언어 특성들로 구성되어 있다고 주장하고 있다.

① 말소리, 즉 언어음과 주변에서 다른 소리를 구별하는 능력
② 언어자료를 여러 부류로 조직화 할 수 있는 능력
③ 단지 일정한 언어체계 유형만이 가능하고 다른 유형들은 그렇지 않다는 것을 아는 지식.
④ 수용 가능한 언어입력 중에서 가장 간단한 가능성이 있는 체계를 구성해 내기 위해 언어 체계를 끊임없이 평가 할 수 있는 능력.

어린이의 언어습득에 관한 연구는 생성론적 언어 연구에서 새로운 사실들이 관찰되었는데 어린이의 언어의 초기 전보문식 발화(telegraphese)에서 나타나는 중추문법(pivot grammar)은 중추어+개방어로 이루어진다는 규칙을 기술하였다.

<u>My</u> cap
<u>All</u> gone milk
<u>That</u> horse
} sentence ☞ pivot word + open word

생득론적 이론은 심리학적 면에서는 인지심리학, 언어학적으로는 변형 생성문법, 철학적으로는 이성주의에 근거하고 있다고 할 수 있다.

### 3) 기능주의론

기능주의론(Functional Approach)은 일명 상호작용주의 이론(Interaction Theory)이라고도 부르는데 이는 학습자가 언어를 그대로 흡수하는 일방적 방법에 의해서가 아니라 **사회적인 상호작용 활동**을 통해 이루어진다는 이론이다. 그래서 여기서는 언어 형태만 치중하는 게 아니라 **사회적 맥락**과 **의사소통 기능**을 중시하게 된다. Halliday (1975)는 언어를 습득한다는 것은 의사소통을 통하여 언어의 의미를 익혀나가는 것이라고 하였다. Hatch(1978)는 언어습득은 대화를 진행해 나가는 방법을 배우는 데서 시작되어 외국어 학습 시에도 언어자료나 외형적 형태보다 대화자들 간의 상호작용이 강조되어야 한다고 하였다. 사회언어학자인 Gumperz(1982)는 의사소통활동은 단지 문장을 만들어 내는 것 이상의 사회적 활동으로 보았다. Saville-Troike (1984)는 언어습득은 인지적인 과정인 동시에 사회적 과정이라고 보고 언어 습득에서 사회적 상호작용과 의사소통능력을 다 같이 강조하였다.

## 3. 결정적 시기 가설(Critical Period Hypothesis: CPH)

나이와 언어습득과 관련된 논의는 결정적 시기 여부에 대한 논의를 중심으로 이뤄진다. 언어학습에서 결정적 시기란 언어를 가장 쉽게 습득할 수 있는 생물학적 시기로 이 시기가 지나면 언어습득이 점차 어려워진다는 이론이다. 이 시기는 생후 18개월 (2세)로부터 사춘기가 접어드는 12세 전후로 보고 있다. 결정적 시기란 용어를 처음 사용한 사람은 Lenneberg(1967)이다.

Lenneberg(1967)에 의한 결정적 시기 가설의 구체적 내용의 요점은 아래와 같다.

① Second language learning occurring after puberty will not be similar in process to first language acquisition.
② Second language learned after puberty will require formal education.
③ Foreign accents cannot be overcome easily after puberty.
④ Full native-like competence in syntax and semantics may not be achieved in second language acquired after puberty.

결정적 시기 가설은 처음에는 제 1언어(모국어)습득에만 국한되었다가 나중에 제 2언어까지 확대 주장되었다. 결정적 시기 가설로 가장 설득력 있게 설명될 수 있는 영역 중의 하나는 발음일 것이다. 발음학습의 경우 결정적 시기가 지나면 원어민과 같은 발음을 습득하기가 비교적 어려운 것으로 알려지고 있다. 우리나라에서 조기영어 교육이 초등학교에 도입 된 것도 이 이론과 결코 무관하지 않다. Asher & Garcia (1969)의 연구에 의하면 생후 만 1세~6세 까지는 68%가 원어민에 거의 가까운 발음을 하게 되고, 7세~12세에는 41%, 13세~19세는 7%만이 외국어 발음 시 원어민과 거의 가까운 발음을 한다고 보고 한 것을 보면 연령이 언어습득에 중요한 변수임을 알 수 있다.

어린이들이 어른에 비해 언어습득이 용이한 이유는 무엇인가? 여기에는 다음과 같은 이유를 찾을 수 있다.

❶ 어린이의 경우 감정의 억압을 받지 않고, 긍정적으로 반복 활동을 한다. 실수의 경우도 수치감이나 자존심의 상처를 덜 입는다.
❷ 실생활 장면(real life situation)을 통한 상황적이고 유의미한 학습을 주로 한다.
❸ 10세 이전에는 모국어의 간섭이나 부정적 전이가 적다.
❹ 발음기관(혀 등)의 유연성과 혀의 유연성(plasticity)이 뛰어나다.
❺ 선천적인 언어습득 장치(LAD) 즉 언어능력을 갖고 태어난다.
❻ 뇌의 반구 편중화(lateralization)는 2세부터 시작하여 사춘기에 끝나게 되는데 이 시기에 좌반구 손상을 입은 어린이는 우반구에 의한 기능 재편이 가능하다는 신경 생리학적 이유(뇌의 기능분담이 100% 완료되지 않았기에 기능 보완이 가능)

## 4. 중간 언어(Interlanguage)

중간언어란 모국어 사용자가 목표언어 체계에 도달하기 위해 양 언어 사이의 중간에 위치한 독립적이고 임시적 언어체계를 말한다. Larsen－Freeman과 Long(1991)은 중간 언어의 개념을 모국어와 목표 외국어 사이의 연속선상에 있는 것으로 보며, 이 연속선상의 어느 단계에서든지 학습자의 언어는 규칙의 지배를 받기 때문에 체계적이라고 하였다. 중간 언어에 대한 정의는 학자에 따라 조금씩 다르지만 외국어 학습자는 독립된 언어체계를 형성하고 있다는 기본개념은 같다. 다음의 Brown(1994)이 기술한 각 학자들의 정의를 소개하면 아래와 같다.

■ 중간 언어에 대한 정의

| | | |
|---|---|---|
| Selinker | 중간 언어<br>(Interlanguage) | 구조적으로 모국어와 목표어의 중간에 위치한<br>독립적인 언어 체계임. |
| Nemser | 근사 체계<br>(approximative system) | 학습자의 언어가 계속적으로 목표어에 가까워져<br>가고 있는 점을 강조함. |
| Corder | 개인적 특수 방언<br>(idiosyncratic dialect) | 학습자의 언어는 특정한 개인에게 특유한 것임. |

Selinker(1972)는 중간 언어 형성에 영향을 미치는 요인들로서 **①모국어 전이 ②목표 언어 규칙의 과잉 일반화 ③훈련의 전이 ④외국어 학습전략 ⑤의사소통전략** 등 5가지를 들고 있다.

중간 언어 가설은 외국어 학습자의 언어가 모국어 또는 목표 언어 중의 하나에 더 가깝다는 견해를 바꾸는 계기가 되었다. 또한 언어 습득순서 등 외국어 학습 과정 전체를 설명하려고 시도하였으나, 언어자료 및 사회적 맥락(social context)에서의 실제적인 언어사용을 고려치 않았다는 비판을 받고 있다.

중간 언어 가설이 외국어 학습에서 시사하는 바는 외국어 학습은 체계적 발달 과정이며 교실에서의 수업은 학습자들이 중간 언어의 발달 단계를 거치는 속도와 외국어 학습에서의 성공도에 영향을 준다는 것이다. 그러므로 교사는 학습자들이 중간 언어 단계들을 거쳐 점차 목표 언어에 도달하게 된다는 것을 이해하고 인내심을 가지고 그 과정을 도와야 한다. 이를 테면, 학생들의 오류는 의사소통 과정상에서 나타나는 자연스런 현상이란 것을 이해시키고 학생들이 의사소통하고자 하는 시도를 격려해야 한다. 교사는 학습자의 오류를 지적할 때 즉각적으로 오류를 수정하기보다 간접적 수정, 동료 학생에 의한 수정(peer correction) 또는 자기수정과 같은 방법을 사용하는 것이 바람직하다.

## 5. 전이, 간섭 및 과잉 일반화

### 1) 전이(Transfer) 및 간섭(Interference)

전이는 이전의 지식이나 경험이 이후의 학습에 옮겨지는 현상을 가리킨다. 전이에는 긍정적인 전이와 부정적인 전이가 있다. 긍정적인 전이(positive transfer)는 선험 지식이 현재의 학습과제에 도움을 줄 때 일어나는 것으로 **촉진**(facilitation)이라고 부르기도 한다. 부정적 전이(negative transfer)는 이전의 지식이 이후의 과제 수행에 방해가 될 때를 칭하며 이를 **간섭**(interference)이라고 부른다. 예를 들어 한국인이 일본어를 배울 때 쉽다고 느껴지는 것이 사실인데 이는 일본어의 언어구조가 한국어 구조와 유사하거나 두 나라의 문화적 유사성 때문에 긍정적 전이가 일어나기 때문이다. 이에 비하여 한국인이 영어를 배우게 될 때는 어렵다고 느껴지는데 이는 두 언어가 구조, 문법, 문화체계 등의 차이가 커서 어렵고 모국어 습관이 방해 요인으로 간섭하기 때문이다. 이 같이 부정적 전이를 간섭이라고 한다.

### 2) 과잉 일반화(Over-generalization)

인간 학습에서 일반화는 특정한 사건이나 사실 등을 관찰하여 그로부터 법칙, 규칙, 결론을 도출한다는 의미이다. 제 2언어 학습에서 과잉 일반화는 학습자가 모국어와는 상관없이 목표언어의 특정 규칙이나 항목이 갖는 사용 범위를 넘어서서 목표언어를 사용하는 경우를 가리킨다. 예를 들어 영어를 모국어로 학습하는 어린이가 walked. opened 와 같은 과거 규칙동사 어미인 -ed를 모든 동사에 적용하여 goed, flied 같은 것을 만들어 내는 경우이다.

## 6. 동기(Motivation)

### 1) 정의 및 중요성

인간의 학습에서 동기는 아주 중요한 영향을 미치는 요인이다. 동기는 인간이 어떤 행동에 대하여 어떤 목적을 구하고 태세를 지니게 하는 상태 또는 준비라고 정의할 수 있다. 또 한편으로는 유기체가 요구를 충족시키기 위해 유인물을 찾는 힘이라고도 할 수 있다. Jakobobits(1970: 98)는 외국어 학습에서 동기가 차지하는 비중을 33%, 지능이 20%, 소질을 30%로 보고 나머지는 기타 요인이 차지하는 것으로 보았다.

역사적으로 볼 때 동기에 대한 견해는 각각 다르다. 행동주의적 입장에서는 동기란 보상을 기대하는 것으로서 긍정적인 강화를 받으려는 욕망이며 외부적 힘에 의해서 좌우되는 것으로 본다.

인지주의적 입장에서는 동기는 어떤 경험이나 목표를 이루려고 하는지 아니면 회피하려고 하는지에 대한 사람들의 선택과 그러한 면에서 사람들이 기울이는 노력의 정도로 보는 학자가 있는 반면에(Keller 1983: 389) 몇몇 인지심리학자들은 저변에 깔려 있는 욕구 혹은 충동을 이면에 존재하는 추진력으로 보고 이를 동기로 규정한다. Ausubel (1968: 368-379)은 동기를 구성하고 있는 6가지 욕구를 ①탐험(exploration)에 대한 욕구 ②조작(manipulation)에 대한 욕구 ③활동(activity)에 대한 욕구 ④자극(stimulation)에 대한 욕구 ⑤지식(knowledge)에 대한 욕구 ⑥자아 성취(ego enhancement)에 대한 욕구를 들고 있다.

한편, 구성주의에서는 동기는 개개인의 선택뿐 아니라 사회적 맥락에 보다 중점을 두고 있다(William& Burden 1997: 120). 즉 개개인은 서로 다른 동기를 갖고 독특한 방식으로 자신이 처한 환경에 행동을 취하게 된다는 것이다. 하지만 이러한 독특한 행동들은 항상 문화적이고 사회적인 환경 안에서 수행되며 그런 상황과 분리 될 수 없다고 본다. Maslow(1970)는 동기화라는 것은 하나의 구인(construct), 즉 그 안에서 여러 가지 다양한 욕구 단계를 거쳐야만 궁극적인 목표에 도달 할 수 있는 것으로 보았으며. 그 중에서 3가지 욕구는 공동체, 소속, 사회적 지위라는 것과 밀접하게 관련되어 있다고 하였다.

■ 동기에 대한 3가지 견해

| 행동주의 | 인지주의 | 구성주의 |
|---|---|---|
| • 보상에 대한 기대<br>• 긍정적인 강화를 받으려는 욕망<br>• 외부의 개인적인 힘의 통제 | • 인간의 기본적인 욕구에 의해 발생 (탐험, 조작 등) 노력 정도가 확대 될 수 있다.<br>• 내부의 개인적인 힘의 통제 | • 사회적 맥락<br>• 공동체<br>• 사회적 지위<br>• 그룹의 안정<br>• 내부적이고 상호 작용적인 힘의 통제 |

### 2) 도구적 동기와 통합적 동기

Robert Gardner & Wallace Lambert(1972)는 동기요인이 언어학습에 미치는 영향을 연구하면서 동기를 두 가지 기본유형인 도구적 동기(instrumental motivation)와 통합적 동기(integrative motivation)로 나눌 수 있다. 도구적 동기는 도구적 목표를 달성하기 위한 수단으로 언어를 습득하는 동기를 가리킨다. 예를 들어 해외 유학을 위해 TOEFL 공부를 한다든지 회사에서 승진이나 취업을 위해 TOEIC이나 회화 공부를 한다면 이는 도구적 동기에 해당한다고 본다. 이에 반해 통합적 동기는 자기 자신을 제 2 언어 문화권 안으로 통합시키고 그 집단 속에서 사회적인 상호작용을 하고자 하는 자 즉 그 나라 문화를 이해하고 교양적 흥미를 가지고 영어를 배우는 경우에 해당된다. 예를 들어 결혼이나 이민 시에 영어를 배우거나 미국인 부모가 자녀를 미국인 학교에 보내어 영어를 배우게 하는 것 등이다.

### 3) 내적 동기와 외적 동기(Intrinsic & Extrinsic Motivation)

Edward Deci(1975: 23)는 내적 동기를 다음과 같이 정의하였다. 한편, 외적 동기화된 행동은 외부로부터 보상을 기대하면서 수행되어진다. 전형적 외적보상은 돈, 상, 등급 심지어는 긍정적인 피드백의 특정 유형까지 포함한다. 그저 처벌을 피하기 위한 행동도 주로 외적으로 동기화 된 것이다.

■ 동기의 이분법

| 구 분 | 내적(intrinsic) | 외적(extrinsic) |
|---|---|---|
| 통합적 (integrative) | 제2언어 학습자는 제2문화에 통합하고자 한다(예 이민 혹은 결혼) | 다른 누군가가 통합적인 이유로 제 2언어 학습자로 하여금 제2언어를 알도록 바란다. (예: 일본인 부모가 자녀로 하여금 일본어 학교에 보냄) |
| 도구적 (instrumental) | 제 2언어 학습자가 제2언어를 활용할 목표를 달성하고자 한다. | 외적인 힘이 제2언어 학습을 바란다. (예: 회사에서 언어훈련을 위하여 일본인 사업가를 미국에 파견함.) |

## 7. 오류(Error)

### 1) 실수와 오류(Mistake & Error)

오류와 실수는 개념에서 분명히 구분되고 있다. 실수는 언어수행에서 잘못이며, 비체계적이고 비 반복적인 특성을 지니고 있다. 실수는 이미 알고 있는 체계를 정확하게 활용 못해서 혀의 미끄러짐(slip)을 의미한다. 이에 반해 오류는 언어능력(competence)

의 문제로서 지식의 결함에서 오는 결과이다. 따라서 오류는 체계적 특성을 지니며 반복적 특성을 나타낸다. 예를 들어 'Does John can sing?'이라고 학습자가 묻는다면 그 학습자는 모든 동사는 의문문에서 조동사 do가 필요하다는 언어능력 수준을 반영해 주고 있는데 이는 오류에 해당된다. 오류의 일반적 원인에는 모국어로부터의 언어 간섭, 목표언어 내에서의 언어 내적 오류 및 사회적, 심리언어학적, 인지적 등 여러 원인에 의해 생기는 경우가 있다.

■ 실수와 오류의 차이점

| 실 수(mistake) | 오 류(error) |
|---|---|
| 일시적인 부주의 | 언어지식의 결함 |
| 언어 수행상의 문제 | 언어능력상의 문제 |
| 비체계적, 일시적 | 체계적, 반복적 |
| 학습자가 언어규칙을 알고 있음 | 학습자가 언어규칙을 모름 |
| 유창성을 위한 필수과정으로 묵과함 | 수정이 반드시 필요 |
| 스스로 교정 가능 | 스스로의 교정이 불가능 |

### 2) 언어간 오류와 언어 내 오류

오류의 원인(sources of error)으로는 언어간 전이(interlingual transfer)에 의한 언어간 오류와 언어 내 전이(interlingual transfer)에 의한 언어 내 오류가 있다. 언어간 오류는 대개 모국어의 간섭에 의해 제 2 언어 학습이나 외국어 학습에 발생한다. 예를 들어 발음 면에서 오류를 볼 때 ship을 sheep으로 very를 berry로 발음 한다던지 통사 면에서 'Jack s book'을 'The book of Jack'이라고 하며, 'I ll come to you soon.'을 'I ll go to you soon.', 'Where did you go last night?'을 'Where did you go yesterday night?' 라고 하는 데서 찾아 볼 수 있다.

이에 반해 언어 내 오류는 같은 언어 내의 전이 현상에 기인 한 것으로 주로 과잉 일반화(over-generalization)에 의해 생기는 오류이다. 예를 들면 'Does John can sing?', 'I don t know what time is it?', 'He goed to the park.', 'Did he studied last night?' 등의 예에서 언어 내적 오류가 발견된다.

### 3) 화석화(Fossilization)

화석화는 부정확한 언어형태가 학습자의 제 2 언어 능력의 한 부분으로 비교적 영구히 통합되어 나타나는 현상을 말한다. 언어 항목은 어떻게 화석화되는가? Vigil과 Oller(1976)는 정의적(affective)이거나 인지적(cognitive)피드백과 긍정적(positive)이거나 부정적(negative)인 피드백으로 화석화 이론을 설명하고 있다. 그는 위의 4가지 요인 중 화석화된 항목이란 먼저 긍정적, 정의적 반응을 얻고 이어서 부정확한 언어 형태를 강화시키는 긍정적, 인지적 반응(feedback)을 얻은 학습자의 발화 속에 비문법적 혹은 부정확한 항목이라고 보고 있다.

### 4) 오류의 수정

실수와 오류는 언어발달상 필요한 과정의 일부분이라고 본다. 오류에는 **국부적인 오류**(local error)와 **전반적인 오류**(global error)가 있는데 국부적인 오류는 전체적인 의사소통의 흐름이나 메시지의 전달에 문제가 없기에 수정할 필요가 없다. 예를 들어 'There is a French widow in the bedroom.'이라고 말한 경우, 국부적인 오류에 해당되며 window를 widow라고 익살맞게 표현한 것이기에 수정할 필요가 없다. 그러나 전반적인 오류는 메시지가 왜곡된 채 방치될 우려가 있기에 수정되어야 한다.

오류에 대해서는 처벌보다는 보상(reward)이 더 효과적이다. 교사가 하는 어떤 좋은 반응도 어느 정도의 인정을 받을 만하다. 고개의 끄덕거림, 미소, 한마디 칭찬의 말 등이 보상의 형태에 속한다. 여러 훌륭한 교사들은 말을 통해서 보다는 제스처나 얼굴표정을 통해서 의사를 전달한다. 학생들에게 실수나 오류 시 결코 위협적이거나 벌주는 태도를 보여서는 안 된다. 그렇게 되면 말을 꺼내기를 두려워하고 전반적 분위기가 나빠 질 수 있다. 그렇게 되면 학생들이 교사를 싫어하게 되고 언어 배우는 것도 싫어하게 된다.

의사소통이 달성된다면 대부분의 오류가 무시되어도 좋다. 오류를 모니터닝 하는 단계는 학습자가 자기표현을 하는 단계이기에 의사소통의 단절이 없는 한 중단 시켜서는 안 된다. 학습자의 어떤 발화가 전적으로 문법에 맞지 않아 전혀 이해되지 않을 때는 교사의 개입이나 도움이 필수적이다.

# 2 언어교수의 원리와 접근법

## 1. 언어 교수 원리

Brown(2001)에 의하면 언어교수에 있어서 세 가지 원리 즉 인지적 원리(cognitive principle), 정의적 원리(affective principle) 및 언어적 원리(linguistic principle)가 작용한다고 본다. 인지적 원리는 주로 학습자의 정신적(mental) 및 지적(intellectual) 기능들과 연관되고 정의적 원리는 학습자의 정서적인 면과 관련되는데 이를 테면 학습자 자신에 대해서 뿐만 아니라 공동체 안에서의 관계에 관한 그리고 언어와 문화간의 정서적 연대에 관한 느낌 등이 해당된다. 이상의 두 범주에 관해 Brown이 제시한 원리들을 소개해 본다. 정의적 원리는 언어 자아에서부터 의사소통 능력까지 해당된다.

### 1) 인지적 원리(Cognitive Principle)

#### (1) 자동성(Automaticity)

> Efficient second language learning involves a timely movement of the control of a few language forms into the automatic processing of a relatively unlimited number of language forms, and consciously lingering on rules of language all tend to impede this graduation to automaticity.

자동성의 원리는 어린 아이들의 성공적 외국어 습득에서 발견된다. 어린아이들은 언어형태 자체에 대해 분석하지 않고 언어입력에 노출되었을 때 귀납적 처리 과정을 통하여 '생각'하지 않고서 무의식적으로 자연스럽게 습득하게 된다.

McLaughlin(1990)은 어린아이들의 잠재의식적 처리과정을 자동화된 처리과정(automatic

processing)이라고 불렀다. 어른의 경우도 어린아이들과 같이 사소한 언어토막과 파편에 대한 지나친 주의집중 경향에서 벗어나 언어를 의미 있는 목적을 위해 진정성이 있는 맥락(authentic context)에서 사용함으로 언어형태에 대해 주변적 관심사(peripheral attention)로 전환할 때 자동성에 효율적으로 접근할 수 있다.

자동성을 증진시키기 위해서는 언어학습자는 다음과 같은 태도를 취하는 것이 필요하다.

- 언어의 의미 있는 사용을 통한 무의식적인 흡수.
- 언어 형태에서 언어 사용 목적으로 초점을 신속하게 옮겨갈 것.
- 소수의 언어 토막이나 파편을 제한된 능력으로 통제하는 것에서 무제한적으로 언어형태를 처리하는 자동화 모드로 신속하게 옮겨가는 것.
- 언어 형태를 분석하고 싶어 하는 유혹에서 벗어남.

### (2) 유의적 학습(Meaningful Learning)

> Meaningful learning will lead toward better long term retention than rote learning

유의적 학습은 새로운 정보를 기존의 구조와 기억체계에 포섭하고 그 결과로 생기는 연상적 고리들을 보다 강력하게 기억하도록 한다. 이에 반해 기계적 학습은 인지구조와 아무런 관계없이 정보조각들을 분리 식으로 받아들이는 학습이다. 청화식 교수법에서는 기계적 학습이 교실수업에서 대부분 시간을 점하고 학생들은 과잉학습(overlearning)을 통해 지루함을 느끼게 되었고 효과적 교수가 이뤄지지 못한 점이 있다.

유의적 학습이 적용되기 위해서는 교실수업에 다음과 같은 점이 고려되어야 한다.

① 학생들의 흥미, 학습목표, 직업적 목표(career goal)를 고려할 것.

② 새로운 화제나 개념이 도입 될 때 학생들의 기존지식과 배경에 연관시켜 연상이 되도록 할 것.

③ 다음과 같이 기계적 학습의 함정에 빠지지 말 것.

- 과도한 문법 설명
- 지나친 추상적 원리나 이론들
- 목적이 불분명한 활동들
- 수업, 단원 혹은 강좌의 목표달성에 도움이 안 되는 활동들.

- 기법이 너무 기계적이거나 트릭이 많아서 언어 의미보다 기술적 문제에 초점을 맞추는 기법들.

### (3) 보상의 기대(Anticipation of Reward)

> Human beings are universally driven to act, or "behave," by the anticipation of some sort of reward – tangible or intangible, short term or long term – that will ensure as a result of the behavior.

행동주의 심리학자 B. F. Skinner는 작동적 조건화 모형의 이면에는 보상의 기대가 인간 행동을 결정하는 가장 강력한 요인이라고 본다. 따라서 언어학습교실에서 칭찬이나 격려, 성공을 알려주는 점수나 등급, 혹은 다른 공개적인 인정 등의 보상을 시행하는 것이 매우 중요하다.

그러나 보상 동기에 의한 조건화 학습이론도 몇 가지 단점이 있다. 이를테면 학습자들은 단기적 보상에 의존토록 하며, 유일한 보상을 위해 교사가 다른 학생들을 쳐다보도록 부추기며 결과적으로 내적 보상 체계의 발달을 막는다는 점이다.

보상의 기대원리를 고려한다면 교실 수업에서 다음과 같은 점을 염두 해 두어야 한다.

① 칭찬이 단순한 말잔치가 되지 않도록 즉각적인 칭찬과 격려를 최적의 수준으로 하라.

② 학생들이 칭찬과 지시를 표시하는 행동으로 서로를 보상하도록 격려하라.

③ 동기가 매우 낮은 반에서는 단기간에 이룬 발전에 대해 구체적 표시(예: 별, 스티커, 특전부여, 진척 상황 표나 그래프 등)를 해 줌으로 자신감을 길러 주게 된다.

④ 교실에서 교사 자신의 열정과 흥분과 활발하고 적극적 태도를 보여 줄 것.

⑤ 영어 사용능력, 영어지식을 통해 누리는 특권, 이득을 알려 줌으로 영어학습의 장기적 보상을 기대하도록 하라.

### (4) 내적 동기(Intrinsic Motivation)

> The most powerful rewards are those that are intrinsically motivated within the learner. Because the behavior stems from needs, wants, or desires within oneself, the behavior itself is self – rewarding; therefore, no externally administered reward is necessary.

교사는 학습자들의 동기를 고려하고 그 내적 욕구를 채워주는 과업을 설계함으로써 그들의 전반적 학습과정에 큰 도움을 줄 수 있다. 교수기법은 학습자들이 자기 보상적(self-rewarding)이라고 여겨질 때 보다 성공할 확률이 높다. 내적 동기를 유발하려면 과업이 흥미 있고 유용하거나 도전적이어야 한다.

#### (5) 책략적 투자(Strategic Investment)

> Successful mastery of the second language will be due to a large extent to a learner`s own personal "investment" of time, effort, and attention to the second language in the form of an individualized battery of strategies for comprehending and producing the language.

최근에 와서 교사들은 학습자의 역할에 대해 보다 집중적인 관심을 가지고 있다. 학습자가 언어를 내면화하고 수행하기 위해 사용되는 교수법이 교사개인의 방법만큼 혹은 그 보다 더 중요한데 이것이 책략적 투자에 해당된다. 이를테면, 학습유형에서 소집단 과업과 개별과업의 선호문제, 시각우선(visual preference) 대 청각우선(auditory preference) 과업의 선택문제 등이 책략적 투자가 관계된 예라고 할 수 있다. 그리고 교사의 최대의 딜레마를 하나의 학급을 전체로 접촉하면서 동시에 개별 학생에게 관심을 가져주는 문제인데 책략적 투자원리는 개별학생들에게 최대한의 많은 관심을 가져줄 필요성을 환기시켜준다.

### 2) 정의적 원리(Affective Principles)

#### (1) 언어 자아(Language Ego)

> As human beings learn to use a second language, they also develop a new mode of thinking, feeling, and acting – a second identity. The new "language ego", intertwined with the second language, can easily create within the learner a sense of fragility, a defensiveness, and a raising of inhibitions.

모국어에서와는 달리 제 2언어를 배울 때는 어휘, 문법의 부족으로 무력감이나 연약함을 스스로 느끼면서 위축될 수 있는데, 따라서 제 2언어학습자는 정의적으로 따뜻하고 부드러운 보살핌으로 다루어질 필요가 있다. 그래서 제2의 언어자아가 상처를 입지 않도록 해 주어야 한다.

학습자들의 언어자아를 고려한다면 다음 사항을 결정하는데 신경 써야 한다.

- 누구를 지명 할 것인가?
- 누구에게 자발적으로 정보를 제공하도록 말 할 것인가?
- 언제 학생의 발화 오류를 교정 할 것인가?
- 무엇인가 설명 할 때 얼마만큼 할 것인가?
- 활동이 얼마나 구조화되고 계획되어야 하는가?
- 누구를 어느 소집단이나 짝에 배치할 것인가?
- 학생들에게 얼마나 딱딱하게 대할 것인가?

### (2) 자신감(Self-Confidence)

> Learners' belief that they indeed are fully capable of accomplishing a task is at least partially a factor in their eventual success in attaining the task.

자신감의 원리는 자신이 할 수 있다는 자존심의 원리이다. 그렇게 하기 위해서는 교사는 언어적이거나 비언어적 확신을 많이 심어주어 학생이 회피하거나 정서적 방어벽을 쌓지 않고 문제해결에 집중하도록 할 수 있다. 교사의 교수기법도 쉬운 것부터 시작 할 때 학생들에게 자신감을 부여해 줄 수 있다.

### (3) 모험 시도(Risk-Taking)

앞의 두 원리 학습자들이 자신들의 언어자아의 연약함을 인지하고 자신감을 갖게 되면 필요한 모험을 시도할 준비가 된 것이다. 그러기 위해서는 교실분위기를 언어사용 장려 분위기로 만들고 교수기법도 적절한 수준의 활동을 제공하여 학생들이 모험시도를 할 때 칭찬으로 긍정적 태도를 보여주어야 한다.

> Successful language learners, in their realistic appraisal of themselves as vulnerable beings yet capable of accomplishing tasks, must be willing to become 'gamblers' in the game of language, to attempt to produce and to interpret language that is a bit beyond their absolute certainty.

#### (4) 언어와 문화의 연계(The Language-Culture Connection)

> Whenever you teach a language, you also teach a complex system of cultural customs, values, and ways of thinking, feeling, and acting.

언어와 문화는 서로 복잡하게 얽혀 있다. 언어를 성공적으로 배우기 위해서는 그 언어의 문화도 어느 정도 알게 될 때 가능하다. 교실 수업에서 언어와 문화 간 연계를 위해서는 다음과 같은 것이 고려되어야 한다.

- 문화 간 우열은 없다는 것과 언어학습에 문화학습의 중요성을 강조하라.
- 교수기법에 언어와 문화가 결부된 활동을 도입하라.
- 학생들에게 언어의 문화적 함축의미, 특히 사회언어학적 함축의미를 가르쳐라
- 문화적으로 모욕적 자료가 없는지 교수기법을 점검하라.

> Especially in 'second' language contexts, the success with which learners adapt to a new cultural milieu will affect their language acquisition success, and vice versa, in some possibly significant ways.

### 3) 언어적 원리(Linguistic Principles)

#### (1) 모국어 효과(The Native Language Effect)

> The native language of learners exerts a strong influence on the acquisition of the target language system. While that native system will exercise both facilitating and interfering effects on the production and comprehension of the new language, the interfering effects are likely to be the most salient.

학습자의 모국어가 새로운 언어를 학습하는데 영향을 미치는 것은 두말 할 필요가 없다. 모국어가 영향을 미치는 데는 두 가지 방향이 있는데 간섭(interference)과 촉진(facilitation)이다. 간섭은 모국어가 새 언어학습에 방해요인으로 작용하는 경우이며 보통 언어구조나 문법 그리고 문화패턴의 차이가 클 때 일어나며 그 반대의 경우는 촉진이 일어나게 된다.

### (2) 중간 언어(Interlanguage)

> Second language learners tend to go through a systematic or quasi–systematic developmental process as they process to full competence in the target language. Successful interlanguge development is partially a result of utilizing feedback from others.

어린아이들이 모국어를 점진적이고 체계적으로 발달시켜 나가듯이 어른들도 제 2언어 습득 시 언어요소들을 체계적이며 발전적으로 습득해나간다. 중간언어는 목표언어를 습득해가는 과정 중에 있는 중간단계의 언어형태를 말한다. 그래서 중간언어의 오류는 필연적이며 체계적인 언어내면화의 자연스러운 과정이라고 할 수 있다. 그렇다고 무조건적으로 오류수정 피드백이 없어서도 안 되다. 중간언어에 대한 교사의 바람직한 태도는 다음과 같다.

- 체계적 오류와 다른 오류들을 구별하도록 노력하라.
- 교사는 중간언어 형태에 대해 다소간 관용을 베풀 필요가 있다.
- 중간언어 오류를 범했다고 해서 창피를 주지 말라.
- 학생들에게 오류는 언어습득의 발전적 과정임을 인식시킬 것.
- 선정된 일부 오류는 스스로 수정토록 할 것.
- 말하도록 격려하기 위해 많은 양의 정의적 피드백을 확실하게 해줄 것.
- 오류수정 선택 시 친절과 동정심을 가지고 결코 좌절감을 느끼지 않게 하라.

### (3) 의사소통 능력(Communicative Competence)

> Given that communicative competence is the goal of a language classroom, instruction needs to point toward all its components: organizational, pragmatic, strategic, and psychomotor. Communicative goals are best achieved by giving due attention to language use and not just usage, to fluency and not just accuracy, to authentic language and contexts, and to students' eventual need to apply classroom learning to preciously unrehearsed contexts in the real world.

의사소통능력의 원리는 종래의 문법적 형태에 대한 관심을 두던 방법체계들과 인위적이고 조작적인 언어와 교수기법에 대한 반발이라고 할 수 있다. 의사소통 능력은 Bachman(1990)이나 Canale & Swain(1980)에 의하면 다음과 같은 구성요소로 이뤄져 있다고 본다.

- 조직적 능력 (문법적, 담화적)
- 화용적 능력 (기능적, 사회언어학적)
- 책략적 능력
- 심리 동작적 기술

## 2. 언어 교수의 접근법

### 1) 접근법, 방법, 그리고 교수 기법

영어 교수법 이론에 사용되는 용어로써 Anthony(1963)는 접근법(approach), 방법(method) 그리고 교수기법(technique)의 차이를 위계적으로 다음과 같이 기술하고 있다.

> An approach is a set of correlative assumptions dealing with the nature of language teaching and learning… A method is an overall plan for the orderly presentation of language material, no part of which contradicts, and all of which is based upon, the selected approach. An approach is axiomatic, a method is procedural… A technique is implementational – that which actually takes place in a classroom. It is a particular trick, stratagem, or contrivance used to accomplish an immediate objective. (Anthony 1963: 63-67)

접근법은 언어교수 및 언어학습을 다루는 일련의 연관된 가설이며 방법은 선택된 접근법에 기초해서 언어자료를 체계적으로 제시하기 위한 계획이며, 교수기법은 교실에서 실제 일어나고 있는 구체적 방법으로서 기교(trick), 전략(stratagem) 또는 고안(contrivance) 등을 포함한다.

한편, Richard와 Rodgers(1986)는 Anthony의 모델이 간단하고 종합적이긴 하지만 교사와 학습자, 학습관계를 명확히 제시하지 못한 점을 보고 접근법, 방법, 교수기법을 각각 접근법(approach), 설계(design), 절차(procedure)로 명명하고 이 세 단계의 과정을 총괄하는 상위개념을 방법이라고 불렀다. 그러나 Richard와 Rogers의 개념의 재구성을 통해 예로부터 사용되어 오던 용어에 새로운 의미를 부여하려는 시도는 교육학 문헌에서 받아들여지지 않았다. 그래서 그들이 방법(method)이라고 부르던 것은 방법론(methodology)라고 부르는 것이 더 편리하다고 생각하는데 이는 개념상의 혼동을 피하기 위한 것이다. 따라서 현재 Brown(2001)을 위시한 학자들은 Anthony의 위계적 개념을 대체로 수용하여 다음과 같이 그 용어의 개념을 정리하고 있다.

## ■ Richard & Rodgers(1886)의 Method의 요소와 하부요소들

방 법

| 접 근 법 | 설 계 | 절 차 |
|---|---|---|
| a. 모국어 이론<br>– 언어 능숙도의 본성에 대한 설명<br>– 언어 구조의 기본 단위에 대한 설명.<br><br>b. 언어 학습의 본성 이론<br>– 언어 학습에 관여되는 심리 언어학적, 인지적 과정에 관한 설명.<br>– 이런 과정을 성공적으로 사용하도록 해주는 조건에 대한 설명. | a. 방법의 일반적이고 구체적인 목표<br><br>b. 교수 요목 모형<br>– 언어 및 주제 중심 내용의 선정과 조직을 위한 준거들<br><br>c. 학습 및 교수 활동 유형<br>– 교실과 자료에 채용할 과업과 실제의 종류들<br><br>d. 학습자 역할<br>– 학습자에게 부과된 과업 유형<br>– 학습자의 학습내용 통제 정도<br>– 추천되거나 암시되는 학습자의 소집단 형태<br>– 다른 학습자의 학습에 미치는 학습자의 영향 정도<br>– 교사와 학생간 상호작용 유형<br><br>f. 교수 자료의 역할<br>– 자료의 일차적인 기능<br>– 자료 형태 (예: 교과서, 시청각 자료)<br>– 자료와 기타 입력 간의 관계<br>– 교사와 다른 학습자에 대한 가정 | a. 방법이 사용될 때 관찰되는 교실 기법, 연습, 행동<br>– 교사가 사용하는 시간, 공간 장비들<br>– 수업에서 보이는 상호작용 패턴<br>– 방법이 사용될 때에 교사와 학생이 사용하는 작전과 책략 |

* 방법론 (methodology): 이론적 바탕과 관련 연구를 포함한 일반적 교육 실제.
* 접근법(approach): 언어의 본질 그리고 이들은 교육적 상황에 적용할 수 있는 가능성에 관하여 이론적으로 잘 숙지하고 있는 입장과 신념.
* 방법(method): 언어적 목적을 달성하기 위한 일반화된 교실의 구체적 사항의 집합.
* 교육과정/교수요목(curriculum/syllabus): 특정 언어 프로그램을 실행하기 위한 설계
* 교수 기법 (technique): 수업 목표를 달성하기 위하여 교실에서 이용하는 다양한 활동, 과업, 연습 등.

## 2) 영어 교수 방법의 유형

### (1) 언어 이론과 학습이론에 근거한 교수방법의 구분

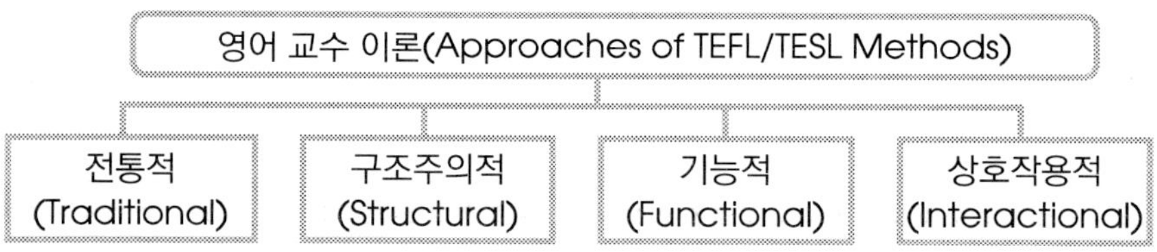


❶ 전통적 관점(Traditional View)

전통적 관점이란 20세기 이전부터 언어학적, 교육학적 이론에 근거를 두지 않고 교사들이 경험적으로 실천하고 있던 방법들을 말한다. 역사적으로 오랜 기간 동안에 외국어 지도에 적용되고 있는 전통적 방법에는 문법-번역식 교수법(Grammar-Translation Method), 직접식 교수법(Direct Method) 등이 있다.

❷ 구조주의적 접근 이론(Structural Approach)

언어란 의미를 나타내기 위해 구조적으로 연관된 요소들의 조직체이며, 외국어 학습이란 해당 언어의 언어적 체계를 구성하는 요소들을 숙달하는 것이라고 본다. 구조주의적 접근 이론에 근거한 교수, 학습 방법에는 청화식 교수법 (Audio-lingual Method), 상황적 언어 교수법(Situational Language Teaching), 전신 반응 교수법(Total Physical Response), 침묵식 교수법(Silent Way)등이 있다. 그러나 이 방법들은 교수요목, 목표, 교사와 학습자의 역할, 활동, 교재, 수업 절차 등이 서로 다르다.

Theory of Language and Learning – Structural Approach

* Language is a system of structurally related elements for the coding of meaning.
* The target of language learning is seen to be the mastery of elements of this system.

❸ 기능적 접근 이론(Functional Approach)

언어란 의사소통 기능과 의미의 표현 수단이며, 외국어 학습이란 단순한 문법적 특성보다는 의미와 의사소통 차원에서 이해와 사용 능력을 체득하는 것이라고 본다. 의사소통 기능을 중시하는 영어 교수, 학습 방법에는 의사소통 중심 교수법(Communicative Language Teaching), 시청각 교수법(Audio visual Method), 자연 교수법(Natural Approach)등이 있다.

Theory of Language and Learning – Functional Approach

* Language is a vehicle for the expression of functional meaning
* This approach emphasizes the semantic and communicative dimension rather than merely the grammatical characteristics of language.

❹ 상호 작용적 접근 이론(Interactional Approach)

언어는 인간관계의 실현과 인간간의 사회적 상호작용 수단이며, 외국어 학습이란 사회적 관계를 창출하고 유지하는 도구가 되는 해당 외국어를 사용하여 의사소통을 원활하게 할 수 있는 기능을 배우는 것이라고 본다. 상호 작용을 중시하는 영어 교수, 학습방법에는 공동체 언어 학습법(Community Language Learning), 암시 교수법(Suggestopedia), 과업 중심 언어 교수법(Task-based Language Teaching), 교과 중심 교수법(Content-based Language Teaching)등이 있다.

Theory of Language and Learning – Interactional Approach

* Language is a vehicle for realization of interpersonal relations and for the performance of social transactions between individuals.
* This approach emphasizes speech acts, negotiation, and interaction found in conversational exchanges.

(2) 언어 기능에 근거한 교수 방법의 구분

■ 언어 기능(language skills)의 구분

| | 이해 (comprehension) | 표 현 (production) |
|---|---|---|
| 음성 (oral) | 듣기 (Listening) | 말하기 (Speaking) |
| 문자 (written) | 읽기 (Reading) | 쓰 기 (Writing) |

❶ 이해 우선 교수 방법(Comprehension-first Approach)

이해 우선 교수 방법이란 인간이 성장하면서 언어를 이해한 다음에 표현하는 능력을 습득하므로 그 순서에 따라 음성 언어와 문자 언어의 이해를 우선적으로 지도하고 이해가 된 다음에 표현하는 능력을 기르도록 유도한다. 이해 우선 교수, 학습 방법에는 전신 반응 교수법(Total Physical Response), 자연 교수법(Natural Approach) 등이 있다.

❷ 음성 우선 교수 방법(Sound-first Approach)

음성 우선 교수 방법이란 언어란 음성으로 전달되는 언어가 가장 중요하므로 음성 언어를 먼저 지도하여 익숙하게 한 다음에 문자 언어를 가르쳐야 한다는 접근 방법을 말한다. 음성 우선 언어 교수, 학습 방법에는 청화식 교수법(Audio-lingual Method), 침묵식 교수법(Silent Way), 공동체 언어 학습법(Community Language Learning) 등이 있다.

❸ 문자 우선 교수 방법 (Written-oriented Methods)

문자 우선 교수 방법은 언어는 가시적으로 제시된 문자를 의미하므로 음성 언어보다는 문자 언어를 중시하여 이를 먼저 가르치는 방법을 말한다. 문자 우선 교수법에는 문법-번역식 교수법(Grammar-Translation), 독해 지도법 (Reading Method) 등이 있다.

❹ 통합적 지도 방법 (Integrative Approach)

통합적 지도 방법이란 학습자의 필요와 욕구에 따라 영어를 가르치는 것이 중요하므로 언어 기능의 제시 순서를 미리 정하지 않고 지도하는 방법을 말한다. 영어의 통합적 지도 방법에는 의사소통 중심 언어 교수법(Communicative Language Teaching), 과업 중심 언어 교수법(Task-Based Language Teaching), 총체적 언어 교수법(Whole Language Approach) 등이 있다. 통합적 교수, 학습 이론은 두 가지 이상의 언어 기능을 통합하여 지도하는 방법을 권장하므로 듣기와 말하기, 읽기와 쓰기뿐만 아니라 여러 가지 언어 기능을 복합적으로 통합하여 가르치는 것으로 받아쓰기를 예로 들 수 있다.

### (3) 학습 심리학에 근거한 교수 방법의 구분

#### ❶ 교사 주도적 교수 방법

교사 주도적(teacher-dominated) 언어 교수법은 학문 도야(disciplinary)를 위해 교사가 교수요목을 설계하고 교사 중심의 수업을 진행하며 학습자는 수동적 학습을 하는 방법을 말한다. 이 방법에는 교사가 학생들에게 학습 내용을 제시하고 교사가 필요한 경우에는 문법적 구조를 설명하고 번역해주는 방법과 교사가 직접 구두로 학습 내용을 제시하고 연습을 시켜 문법과 어법을 간접적으로 가르치는 방법이 있다.

#### ❷ 교사 중심 교수 방법

교사 중심(teacher-directed) 언어 교수법은 학습 심리학에 근거하여 미리 정해진 교수요목에 따라 교사가 학습자들의 심리적 요인을 고려하여 영어 학습을 시키는 방법을 말한다. 교사 중심 언어 교수법에는 행동주의적 심리학(behaviorism)에 근거한 방법과 인지주의 심리학(cognitive psychology)에 근거한 방법들이 있다. 행동주의적 심리학에 근거한 방법은 기계적 학습을 강조하고, 인지주의 심리학에 근거한 방법은 유의적 학습과 의사소통 연습을 강조한다는 점이 다르다.

#### ❸ 학습자 중심 교수 방법

학습자 중심(learner-centered) 교수법은 구성주의(constructivism)와 인본주의 심리학(humanistic approach)에 근거한다. 구성주의적 관점에서는 학습자의 언어 학습보다는 인간적 성장과 자아실현, 사회적 활동을 강조하므로 학습자의 권리와 책임을 강조하며 언어 학습을 인간 생활을 위한 과정으로 본다. 인본주의적 관점에서는 학습자의 인지적 측면보다는 정의적 측면과 사회화 과정을 중요시한다.

### 3) 교수요목(syllabus)과 영어 교육

교수요목이란 국가 수준의 의도된 교육과정에 근거하여 지식과 교육에 대한 가설과 공식적으로 가르칠 내용을 교실, 학교, 지역의 구조와 상호간의 관계를 고려하여 만든 프로그램을 말한다. 교수요목은 교육과정 내에 어떤 교과의 전 과정에 대한 학습 항목을 배열하여 구체화 시켜 놓은 계획을 말하며, 교과의 기본 정신과 철학을 단계에 따라 목표에 도달하게 하려는 교수, 학습 요소에 대한 상세한 진술을 의미한다.

#### (1) 문법 중심 교수요목(Grammatical Syllabus) = 구조 중심 교수요목

이 교수요목은 가장 전통적인 형태의 교수요목으로서 영어의 문법적 범주나 구조에 따라 교수요목을 결정하는 것이며 따라서 실제 수업이나 교재의 구성은 문법 구조나 항목을 따라 다루어 나가게 된다. 문법 중심 교수요목은 쉬운 문법구조나 항목을 먼저 제시하고 복잡한 구조는 나중에 제시하기에 체계적인 언어학습 형태에 적합하다. 대개 문법 번역식 교수법(Grammar-Translation Method)이나 청화식 교수법(Audio-lingual Method)은 문법적 교수요목에 근거해서 가르치게 된다. 이 교수요목은 문법적 정확성을 강조하므로 실제 언어 사용능력이나 의사소통에 있어서 유창성을 기르는 데는 미흡하다는 지적이 있다. 왜냐하면 아무리 문법적으로 정확한 문장이라도 상황에 따라 부자연스럽거나 어색한 경우가 허다하기 때문이다. 또한 이 교수요목은 내용 선정이 주로 유명한 작가가 쓰는 고전적 문학작품에서 이루어지기에 고전적 교수요목(classical syllabus)이라고도 한다.

문법(구조) 중심의 교수요목은 먼저 가르칠 문법이나 구조에 따라 구문을 선정하고 이에 따라 소재나 주제를 첨가하게 된다. 문법 구조 중심의 영어 교과서는 영어의 발음, 어휘, 구문 등의 양, 분포, 배열을 주로 고려하고 저자가 생각하는 난이도의 기준에 따라 교과서의 형태와 내용이 결정된다.

교과서의 형태는 4기능의 균형 있는 개발보다는 영어의 구조를 가르치는데 비중을 많이 둔다. 교과서의 내용은 대개 다음 사항을 고려하여 제시 한다.

- 영어의 음소와 형태소에 관한 규칙
- 낱말, 구, 절, 문장의 구성
- 규범 문법에 근거한 구조적 특성
- 문법과 문형의 배열
- 문장의 종류에 따른 난이도 배열

문법 및 구조 중심의 교수요목 설계는 듣기와 말하기 활동에 사용되는 대화문(dialogues)이 문법 학습을 위해 제작되므로 문형 연습에 활용 할 수 있다. 대화문이 문형 연습과 반복연습에 역점을 두기에 학생들에게 흥미를 주지 못하여 단조롭다.

### (2) 상황 중심 교수요목(Situational Syllabus)

상황 중심 교수요목은 화제-상황 중심 교수요목(Topic-Situation Syllabus)라고도 한다. 이 교수요목은 학생들이 영어를 사용하게 될 장소, 시간 등을 중심으로 한 환경, 화제를 중심으로 그 상황에서 사용하게 될 학습내용을 중심으로 교과서의 내용을 조직한 교수요목을 말한다. 상황적 교수요목이 대두 된 것은 언어는 사회적 상황에서 일어나는 현상이기에 언어를 가르칠 때 상황과 분리해서는 안 된다는 것이다. 예를 들어 청화자가 대면해서 얘기할 때는 'I m John Cooper.' 라고 말 할 수 있으나, 직접 대면하지 않고 떨어져 있는 전화 대화에선 'This is John Cooper.' 라고 해야지 'I m John Cooper.' 라는 표현은 적절성(appropriateness)이 결여된다고 하겠다. 고등학교 영어회화 교과서나 실무영어와 관계된 관광 영어, 실무영어 교과서들은 대래 영어를 사용할 상황을 예상 할 수 있으므로 상황 중심의 설계를 하는 경향이 많다.

화제 중심의 설계는 이야기의 주제를 정하고 그것과 문자를 사용하여 이야기를 전개해 가는 설계 방법이다. 외국에서 출판되어 들어오는 상당수의 어린이용 영어 교재는 화제 중심의 설계에 근거한 것들이다. 예를 들어 어린이용 영어교재 중 하나인 Peter Pan은 이야기 중심으로 구성되어 그림과 이야기가 계속되므로 화제 중심의 교재라고 볼 수 있다. 우리나라 고등학교 독해 교과서 중 상당수는 화제 중심으로 설계한 것이다.

상황중심의 교수요목은 상황이나 화제를 설정해 주기에 학습자의 동기를 높여 줄 수 있는 장점이 있지만 어휘와 기능, 구문 등의 난이도와 제시 순서를 전혀 고려하지 않기에 학생들이 학습 부담을 느끼기 쉽다.

### (3) 기능, 의미 중심 교수요목(Functional-National Syllabus)

이 교수요목은 Wilkins(1976), Widdowson(1974, 1978)에 의해 논의된 교수요목인데 영어 학습의 목적이 영어에 관한 지식의 축적이 아니라 실제의 의사소통 할 수 있는 능력을 기르는데 있다고 보며 화자의 의사소통의 의도(communicative intent)나 의사소통기능(communicative function)을 구조나 형태보다 먼저 고려한다. 같은 구조를 가진 언어 형태라도 상황에 따라 교재를 설계한다. 예를 들어 여기서 기능이란 의사소통기능과 언어기능(language function) 모두를 가리키는 것이며, 의미 또는 개념(notion)은 학습자가 배울 수 있는 일반적 개념과 의미를 가리킨다.

앞서 언급한 문법적 교수요목이 how에 관한 것이라면 상황적 교수요목은 주로 when, where에 대한 것이고 기능, 의미 중심 교수요목은 what에 관한 것이라고 말할 수 있다. 기능 의미 중심 교수요목의 특징은 영어 교재가 문장단위가 아닌 담화상황에서 text단위로 관련된 연습활동에 역점을 두어 제시 된다. 기능, 의미 중심의 교수요목으로 구성된 영어 교재를 이용하여 수업할 때는 어체, 문체, 표현의 다양성에 역점을 두어 활동하므로 교수, 학습 절차가 다양하다.

(4) 과제 중심 교수요목(Task-based Syllabus)

과제 중심 교수요목은 구성주의(constructivism)에 근거한 것으로 특별한 목적의 교재를 제작할 때 어떤 과제를 선정하고 이에 근거하여 어휘, 구문, 의사소통기능을 배열한다. 과제란 일상생활, 직업, 놀이, 그 외의 여러 가지 활동 중에 자기 자신, 다른 사람, 보상 등을 위해 수행하는 일을 말한다. 예를 들어 담장에 페인트칠하기, 편지쓰기, 신발사기, 이야기 쓰기, 열차표 구입, 지도 읽기, 도서관 책 빌리기 등이 과업에 속한다. 이러한 과제에는 정보간격 메우기 과제(information-gap tasks), 언어게임(language games), 모의 연습(simulations), 문제해결(problem solving) 등이 포함된다.

의사소통기능의 선정과는 달리 학습활동에 필요한 과제를 선정할 때는 다음 사항을 고려해야 한다.

- **적합성 (relevance)**: 선정한 과제가 학습자에게 적합하고 의미 있는 것인가?
- **복잡성 (complexity)**: 선정한 과제는 몇 단계로 구성되어 있는가? 교수하기에 얼마나 쉬운가? 학습자들이 인지하는데 얼마나 많은 어려움이 있는가?
- **사전 지식(prior knowledge)의 양**: 학습자가 세상, 상황, 문화적 상황 등에 관하여 얼마나 많은 지식을 가지고 있어야 하는가? 과제를 수행하기 전에 얼마나 많은 준비활동이 필요한가?
- **언어처리 가능성(processibility of language)**: 과제를 수행하는 과정이 학습자들의 구문사용 능력, 표현능력에 적합한가?
- **도움의 정도(amount of help)**: 학습자가 교사, 다른 학생, 책; 기타 교구 등의 도움을 어느 정도 받아야 하는가? 상호작용 활동에서 대화자들이 서로 동정적이며 도움을

주는가?

* **상황의 적합성**(contextual appropriacy): 선정된 과제가 표준화 되어 있는가? 기대효과는 무엇이며 정확성을 요구하는가?
* **소요시간**(time available): 과제를 수행하는데 걸리는 시간은?

# 3 의사소통과 상호작용(Interaction)

## 1. 상호작용의 개념과 중요성

언어 수업에서 상호작용 활동은 매우 중요하다. 언어학습의 목적이 궁극적으로 의사소통능력의 개발에 있기 때문이다. 의사소통능력을 길러 나가기 위해 상호작용은 의사소통의 핵심이자 본질이기 때문이다. 인간은 메시지를 주고 받고, 맥락 속에서 그 의미를 해석하고, 의미협상(negotiation of meaning)을 하며, 특정한 목적을 달성키 위해 서로 협력한다. 즉, 인간의 의사소통 행위는 결코 일방적이 아니며 쌍방적인 특성을 지니고 있는 것이다.

상호작용은 두 명 이상의 사람 사이에 일어나는 생각과 감정, 아이디어를 협동적으로 교환함으로써 상호간에 영향을 미치는 것이라고 할 수 있다. 의사소통에 관한 이론들은 인간이 다양한 맥락 속에서 의미를 협상하기 위해 한 사람의 머릿속에서 어떤 아이디어를 끄집어내어서 그것을 다른 사람의 머릿속에 밀어 넣거나 혹은 그 반대 과정을 거치기 위한 목적으로 언어를 사용할 때 상호작용이 가지는 중요성을 강조하고 있다.

전통적인 문법 번역식 수업에서는 자연스런 상호작용이 거의 이루어지지 않으며 대부분 교사 일방적인 주입식 교육이 이루어진다. 따라서 교사가 거의 언제나 대화의 주도권을 쥐고 학생은 수동적 반응이나 모방에 그치지 않는 경우가 대부분이기에 상호작용을 거의 경험하지 못하고 있다. 한 시간의 주어진 시간 내에 그것마저 대화를 통해 상호작용 할 수 있는 경우는 극히 적으며 그 시간도 극히 적어서 의사소통능력의 신장을 기대할 수 없다. 의사소통능력의 신장을 기대하려면 학습자는 최대한 상호작용을 통한 언어사용에 많이 노출 되어야 한다.

Wilga Rivers(1987: 4-5)는 언어학습을 처음부터 상호작용적으로 이루어져야 함을 다음과 같이 기술하고 있다.

> Through interaction, students can increase their language store as they listen to or read authentic linguistic material, or even the output of their fellow students in discussions, skits, joint problem-solving tasks, or dialogue journals. In interaction, students can use all they possess of the language – all they have learned or casually absorbed-in real-life exchanges. ...Even at an elementary stage, they learn in this way to exploit the elasticity of language.

## 2. 상호작용적 원리

Brown(2001: 166)은 언어 수업에서 상호작용적 원리를 다음의 일곱 가지로 나누어 설명하고 있다.

### 1) 자동성(Automaticity)

진정한 상호작용은 문법이나 그 밖의 언어형식이 아닌 의미와 메시지 즉 언어내용에 초점을 둘 때 일어난다. 그런 경우 학습자들은 언어를 통제된 양식으로 다루는데서 벗어나 보다 쉽게 자동적인 방식으로 처리하게 된다.

### 2) 내적동기(Intrinsic Motivation)

학습자는 성취감과 자아실현 감을 주는 화행(speech act)을 상대방과 함께 수행할 때 본질적인 충족감을 느끼게 된다. 그리고 자신에게 언어사용 능력이 있음을 깨닫게 되면 자기 보상 체제를 개발할 수 있다.

### 3) 책략적 투자(Strategic Investment)

상호작용을 위해서는 어떻게 말하고, 쓰고 해석할 것인가를 결정해주고 또 의사소통이 원활하게 이루어지지 않을 때 이를 수정해 주는 책략적 능력의 활용이 필요하다. 즉, 상호작용적 담화가 자연스럽게 수행되려면 많은 표현 책략 및 이해 책략이 적절하게 구사되어야 한다.

#### 4) 모험하기(Risk-taking)

상호작용을 할 때는 학습자는 다른 사람의 의도를 이해하지 못하거나 혹은 자신의 의도대로 표현하지 못 할 수도 있는 위험을 감수해야 한다. 자신의 표현이 서툴러 다른 사람으로부터 웃음을 자아내거나 거절당할 위험도 무릅써야 한다.

#### 5) 언어-문화 간 연계(The Language-Culture Connection)

쓰기는 말하기를 언어적 상호작용은 문화의 영향을 벗어날 수 없고 따라서 담화 참여자는 언어의 문화적 뉘앙스를 잘 알고 있어야 한다.

#### 6) 중간언어(Interlanguage)

상호작용은 너무나 복잡한 구조로 이루어져 있어 그 기능을 습득하는데 상당한 발달기간이 필요하다. 이해와 표현상의 많은 오류는 이러한 발달과정의 일부이다.

#### 7) 의사소통능력(Communicative Competence)

상호작용에는 의사소통능력의 모든 요소들(문법적 능력, 담화 능력, 사회언어학적 능력, 화용적 능력, 책략적 능력)이 포함된다. 의사소통이 성공적으로 이루어지려면 이 모든 요소들이 상호적으로 작용해야 한다.

## 3. 교실 상호작용의 유형

#### 1) 교사 중심적 상호작용(Teacher-centered Interaction)

교사 중심적 상호작용은 상호작용이 주로 교사와 학생간의 상호작용으로 제한되어 있다. 이 유형은 전통적인 한국의 교실 수업에서 표준이 되어 왔다. 이 방법은 다른 과목의 수업에서는 효과적일지 몰라도 언어수업에서는 바람직하지 못하다. 그 이유는 학생들의 자연스런 언어사용 기회를 엄격히 제한하고 있기 때문이다. 교사는 언제나 질문을 시작하는 주도자로 학생은 발문이나 진정한 의사소통의 기회를 유지하는 대신에 교사의 질문에 수동적인 응답자에 불과하기 때문이다. 또한 교사 중심적 상호작용은 인위적이기 쉽고 자연스런 대화를 구성하기 어렵다. 그러나 이 유형이 교실수업에서 완전히 배제되는 것은 아니다.

### 2) 학생 중심적 상호작용(Student-centered Interaction)

두 번째 유형의 교실 상호작용은 학생 중심적 상호작용이다. 이 유형에서는 학생은 학생들끼리 상호간에 상호작용을 한다. 학생 중심의 상호작용은 효과적으로만 이루어지면 학생들에게 자연스런 일상적인 의사소통적 상호작용 즉, 진정한 의사소통에 근접한 상황을 제공해 줄 수 있을 뿐만 아니라, 이 유형은 의사소통 활동에 학습자들이 학습과정에 적극적으로 참여하도록 유도하며 언어기술을 습득하도록 동기를 부여해 줄 수 있다. 학생중심의 상호작용 활동은 교실수업에서 최대한 많이 이용해야 하며 그렇게 하기 위해서는 소그룹 활동이 이루어져야 한다. 한 시간 동안 학생 개인이 1~2분조차도 말할 기회를 갖지 못하는 전통적 수업의 경우에 비해, 소그룹 활동을 통한 학생간의 상호작용은 언어사용의 좋은 기회가 될 수 있다.

## 4. 상호작용 활동에서 교사의 역할

상호 작용활동에서 교사의 주된 역할은 다음의 다섯 가지로 크게 구분해 볼 수 있다(Brown 2001: 166-168).

### 1) 통제자로서의 교사(Teacher as Controller)

전통적인 교육기관에서는 교사가 교실의 모든 상황을 책임지는 통제자의 역할을 기대한다. 주인으로서 통제자는 학습자의 학습내용, 발화시기, 언어형식 등 모든 것을 결정한다. 그러나 상호작용을 유도하려면 자발적이고 자연스런 분위기를 조성하며 자유로운 표현을 하도록 허용해야 한다. 그러나 상호작용 수업에서 교사의 어느 정도의 통제는 상호작용을 위한 수업 진행의 중요한 요소이다. 즉, 자연스런 표현을 위해 일정 부분의 통제는 학생들에게 넘겨주고 교사는 수업시간을 조직하기 위한 약간의 통제기능을 유지할 필요가 있다.

### 2) 감독자로서의 교사(Teacher as Director)

상호작용적인 교실에서 때로 교사는 연극의 감독이나 교향악단의 지휘자 같은 역할을 하게 된다. 학습자가 미리 연습하거나 자연 발생적인 언어수행을 할 때 교사는 그 과정이 자연스럽게 효율적으로 흘러갈 수 있도록 하고, 각 의사소통의 상황은 독특성이 있기에 궁극적으로는 학습자가 실생활에서 독자적인 의사소통을 이룰 수 있도록 지도해야 한다.

### 3) 관리자로서의 교사(Teacher as Manager)

이 비유는 단위수업(lesson)과 기간수업(module), 연간수업(course)을 설계하고 그보다 큰 단위의 수업시간을 조직하면서 동시에 그 범주 내에서 개인학습자가 창의성을 발휘할 수 있도록 하는 교사의 역할을 묘사한다. 학습자가 그 목표를 지향하도록 장려하면서 지속적으로 그들을 평가하고 피드백을 준다.

### 4) 촉진자로서의 교사(Teacher as Facilitator)

감독자로서의 역할보다 통제수위를 조금 낮춘 것이 촉진자로서의 역할이라고 할 수 있다. 학습자들이 보다 쉽게 학습 할 수 있도록 학습과정에서 발생하는 장애요소를 제거하고 성공적인 학습방법을 찾을 수 있도록 안내하고 따뜻하게 격려하는 것이다.

### 5) 자원으로서의 교사(Teacher as Resource)

지금까지 언급한 교사의 역할 가운데 가장 비지시적인 역할로서, 통제의 정도가 가장 낮은 것이다. 교사가 자원의 역할을 한다는 것은 학습자가 주도적이 된다는 의미를 함축하고 있다. 학습자들은 필요할 때 교사와 상담하고 조언을 구할 수 있다.

## 5. 소집단 활동

### 1) 소집단 활동의 장점

#### (1) 소집단 활동은 상호작용적 언어사용을 촉진한다.

전통적인 언어 학습에서는 교사의 발화가 지배적이다. 즉, 교사가 강의하고 문법을 설명하고 연습활동을 주관하지만 개별 학습자에게는 불과 몇 초밖에 발화 기회가 부여되지 않는다. 그러나 소집단 활동을 하게 되면 충분한 발화 기회가 주어지게 된다.

Long과 Porter(1985) 연구결과에 의하면 수업시간의 반을 소집단 활동에 할애할 경우 전통적인 전체학습을 할 경우보다 다섯 배 정도 늘어난다고 한다. 즉, 발화의 기회와 발화양이 그 만큼 늘어나는 이점이 있다. 또한 소집단 활동은 학습자 주도 기회, 면대면의 상호교류 기회, 의미협상의 기회, 늘어난 대화활동의 기회를 제공해 준다.

(2) 소집단 활동은 정의적 안정감을 준다.

소집단 활동은 개별학습자가 학급전체 앞에서 발표할 때처럼 긴장하거나 정서적으로 불안해하지 않고 안정감을 느끼게 해준다. 소수의 같은 동료끼리는 자기의 실수로 인해 별로 상처를 받지 않기 때문이다. 그래서 특히 수동적이거나 소극적인 학생에게 학습에 참여할 기회를 유도해 준다.

(3) 소집단 활동은 학습자의 책임감과 자율성을 증진시킨다.

이것은 달리 말해서 학습자들을 학습과정에 직접 참여시킨다는 것이다, 전체 학습 시에는 학습자들이 전체 수업내용이나 교사나 동료가 언급하는 내용에 별로 주의를 기울이지 않는 경향이 있지만 소집단 활동 시에는 의욕적으로 스스로 책임감을 갖고 참여케 된다. 결국 소집단 활동은 교사중심 수업이 아니라 학습자 중심 수업을 유도하는 것이다.

(4) 소집단 활동은 개별학습을 지향한 것이다.

모든 학습자는 서로 다른 학습 능력과 요구를 갖고 있다. 학습자마다 언어의 4기능 능력이 다르다. 소집단 활동은 다양한 학습자들이 자신들의 목적을 달성토록 도와 줄 수 있다. 교사는 소집단의 특성에 맞는 과업을 제시함으로 그 밖의 다른 개인차(예를 들면 문화적 배경, 학문적 적성, 인지유형 등)를 인식하고 이를 이용할 수 있다.

### 2) 소집단 활동 기피의 변명

소집단 활동을 꺼려하는 교사들도 많다. 대개 교사들은 수업의 통제력을 잃거나 학습자들이 교사 몰래 모국어를 사용할 것이라고 생각하는 우려 때문이다. 다음의 그 구체적인 그 이유를 들어 보기로 한다.

❶ 교사가 수업을 통제할 수 없다.
❷ 학습자들이 모국어를 사용할 것이다.
❸ 소집단 활동은 학습자의 오류를 강화할 것이다.
❹ 교사가 모든 소집단을 동시에 모니터링 할 수 없다.
❺ 혼자 학습하는 것을 선호하는 학습자들이 있다.

### 3) 소그룹의 조직

소그룹 활동을 위해서는 교실 환경의 배열 문제가 대두된다. 소그룹 활동은 서로간의 면대 면을 할 수 있는 좌석배치가 요구되기에 원탁이나 큰 사각형 테이블이 가장 적합하다. 그렇지 못할 경우 앞자리와 뒷자리가 서로 마주 볼 수 있게끔 교대로 열을 배치하는 것이 좋을 것이다.

하나의 소그룹은 보통 4~6명으로 구성하는 것이 바람직하다. 각 소그룹에는 한 사람을 리더로 선정하는 것이 보통이며 리더는 어떤 어려운 문제가 생기거나 최종 완성된 과업을 교사에게 가져오도록 한다. 리더는 언어능력이 가장 뛰어난 사람을 세울 수도 있고 자체 그룹 내에서 선발토록 할 수 있다. 혹은 모든 사람들이 공평한 기회를 갖도록 돌아가면서 하도록 할 수도 있다. 어떻게 하든 그룹 멤버들이 리더가 누구인지 정확히 알도록 해야 한다.

### 4) 소그룹 활동에서 교사의 역할

교사는 소그룹 활동의 관리자(manager)로서 활동을 계획하고 조직하고, 시작하고, 감시하고, 시간을 체크하고, 결론을 지어야 한다. 소그룹 활동이 진행되는 동안 주로 전체 학생 앞에 머물러서 모든 상항이 순조롭게 진행되는지 확인하기 위해 한두 개 그룹을 재빨리 점검할 수도 있다. 각 그룹의 리더는 과제나 질문들을 가지고 교사에게 보고하면 바로 즉시 교정(correction)이 이루어지고 새로운 지시가 리더에게 내려준다. 교정된 사본과 지시는 리더를 통해 각 그룹에 전달되도록 한다.

소그룹 활동 중 교사는 활동적이어야 한다. 소그룹 활동 관찰 사항을 기록해 주거나 그룹의 분위기나 진행속도에 민감하게 대처해야 한다. 또한 교정지도(remedial teaching)를 위한 지속적 오류를 잘 관찰해 두어야 한다. 만약 그룹에 부과된 과업(task)이 크게 잘못 진행된다고 보여 지면 교사는 활동을 중단시키고 소그룹 활동을 시작하기 이전 단계로 다시 돌아가도록 해야 한다.

소그룹 활동 시 교사가 삼가야 할 일들의 예를 들면 다음과 같다.

* 자리에 앉아 성적을 매기지 말라.
* 교실을 떠나 휴식을 취하지 말라.
* 특정 소집단에만 너무 많은 시간을 투자하여 다른 소집단에 피해가 가지 않게 하라.
* 요청이 없거나 대폭적인 오류가 없으면 교정하지 말라.
* 모니터링을 하면서 위압적이거나 분위기를 깨뜨리는 일이 없도록 하라.

5)소그룹 활동의 적합한 활동

소그룹 활동에 적합한 활동의 예로는 ①Games ②Role Play & Simulation ③드라마 ④창의적 집단사고(Brain Storming) ⑤정보 차 활동(Information Gap Activities) ⑥프로젝트(Projects) ⑦토론(의사교환) ⑧문제해결과 의사결정(Problem Solving & Decision Making)등을 들 수가 있다.

(1) 시뮬레이션(Simulation):

시뮬레이션은 6명에서 20명 정도의 비교적 큰 규모의 집단을 대상으로 가상의 상황을 설정하는 방식이다. 예를 들면 학급 전체가 무인도에 표류하게 된 난파선의 구성원이라고 상황을 설정하고 각 학생은 의사, 목수, 환경 미화원등의 직업을 설정할 수가 있다.

(2) 프로젝트(Project):

예를 들어 학급을 몇 개의 group으로 나누어 환경 보호 운동을 벌이는 경우, 소집단 A는 환경보호 게시판을 만들고, 소집단 B는 환경조사 설문지를 개발하고, 소집단 C는 3차원의 전시물을, 소집단 D는 환경신문을 만들고, 소집단 E는 촌극을 개발해 볼 수 있다. 이러한 목적이 뚜렷한 프로젝트에 참여할 때 이해와 표현기능을 유의미하게 사용할 수 있다.

(3) 브레인스토밍(Brainstorming):

보통 창의적 집단사고라고도 부르는데 이는 일정한 주제 혹은 맥락에 관하여 신속한 자유연상을 통해 관련된 생각, 개념, 사실, 감정 등을 평가나 토의 없이 나열하게 되는 기법으로 창의력을 유감없이 발휘토록 한다. 소집단은 주어진 범주 내에서 생각할 수 있는 모든 요소들을 복합적 목록으로 작성하되 평가는 하지 않는다.

(4) 정보 차 활동(Information Gap Activities):

정보 차 활동은 정보를 서로 간에 주고, 알기 위한 활동으로 언어의 형식보다 정보의 내용에 초점이 맞춰지고 목표를 달성하기 위해 의사소통적 상호작용이 요구되는 것이 중요한 특징이다. 예를 들어, 초급단계에서는 생일, 주소, 취미, 좋아하는 운동, TV 프로그램 등에 관한 간단한 정보를 표에 적어 넣는 활동을 할 수 있다.

(5) 직소우(Jigsaw):

직소우 교수기법은 일종의 정보 차 활동으로 소집단구성원에게 각기 다른 정보를 주고 흩어진 개별 정보를 전체적으로 취합하여 어떤 목표를 달성토록 하는 것이다. 예를 들어 'strip story'는 많이 이용되는 방법인데 교사가 짧은 이야기나 대화를 종이에 쓴 후 이를 문장별로 오려 뒤섞은 다음 개개인에게 한 장씩 나누어 준다. 학습자들이 받은 각 문장들을 전체 맥락속세서 어디에 속하는지 줄을 서고 자신의 쪽지에 적힌 내용을 읽어 재구성하는 방법이다.

(6) 문제 해결과 의사 결정(Problem Solving & Decision Making):

문제 해결 집단 기법은 특정 문제를 집단이 해결하는 것에 주안점을 둔 것으로 직소우 기법을 포함 시킬 수도 있고 그렇지 않을 수도 있다. 문제 해결 기법에는 지도를 보고 길 찾아가기처럼 단순한 문제 해결에서부터 열차나 비행기 등의 시간표 파악하는 법, 추리소설의 추리과정 등 복잡한 문제 해결 방식도 도입할 수 있다.

## 6. 짝 활동(Pair Work)

### 1) 짝 활동과 소그룹 활동의 차이점

소집단 활동과 짝 활동에는 중요한 차이점이 있다. 소집단 활동보다 짝 활동이 적절한 경우는 (a) 해결하는데 긴 시간을 필요로 하지 않고 (b) 단순한 언어기능을 요구하며 (c) 구조적으로 통제된 과업을 수행할 때이다. 그리고 그룹 활동은 교실 환경 즉, 자석배치에서 신중한 고려가 필요하지만 짝 활동은 좌석의 이동 배치 없이도 대개 가능하다.

바람직한 짝 활동의 예로는 다음과 같은 것이 있다.

- 짝과 대화 연습하기
- 간단한 질의 및 응답연습
- 유의미한 대치 훈련
- 상대방의 쓰기 내용 점검
- 소집단이나 전체 학급 토의 이전의 준비 활동

### 2) 교사의 역할과 학생들의 준수 사항

짝 활동 시 교사의 두 가지 중요한 역할로서는 첫째, 학생들의 활동을 감시(monitor)하는 것으로서 몇몇 짝으로 된 그룹을 청취하고 지속적인 오류가 있는지 살피는 일이다. 짝 활동은 절대적인 오류가 없는 한 도중에 중단되어서는 안 된다. 둘째, 교사는 자원 제공자로서 요구를 받을 때 즉시 정보와 피드백을 제공하는 일이다.

짝 활동을 도입할 때 다음의 규칙을 학생들이 지키도록 해야 한다.

- 짝 활동은 잡담을 위한 시간이 아니다.
- 부과된 과제를 마쳤을 때 학생들은 역할 교대를 해서 과업을 수행한다.
- 활동이 중단되었을 때 과업을 끝내지 못했다면 이는 별로 큰 문제가 되지 않는다.
- 학생들이 필요하다면 도움을 요청할 수 있다.
- 나중에 학생들의 참여도를 점검하는 것을 알려 주어야 한다.
- 인원수가 많은 학급에서는 한 책상에 3명까지 가능하다.

### 3) 짝 활동의 단계

◉ 제 1단계: 준비(Preparation)

제시와 연습을 통해 세심히 준비하여 모든 학생들이 언어사용에 자신감을 갖도록 해야 한다. 필요한 시각적인 보조물을 칠판에 붙여 두는 것도 필요하다.

◉ 제 2단계: 교사-학생간의 본보이기(Teacher-student Model)

한 학생을 불러서 세우고 교사 자신이 한 역할을 맡고 학생이 다른 역할을 맡아 전체 과업을 진행해 나간다. 이 단계를 통해 학생 전체가 어떻게 해야 하는지 알도록 해야 한다.

◉ 제 3단계: 전체 앞에서 짝 활동(Public Pairs)

떨어져 앉아있는 두 학생을 지명한다. 전체 학생에게 잘 들리도록 큰 소리로 말하게 한다. 필요하다면 두 번째 짝 모델을 세워 과업을 반복케 한다.

◉ 제 4단계: 시간제한(Timing)

학급전체에서 그 활동이 얼마나 오래 지속할 것인지 알려준다. 보통 2~3분이면 충분하다.

◉ 제 5단계: 개인적 짝 활동(Private Pairs)

이 단계에선 모든 학생이 동시에 시작하기에 동시 짝 활동(simultaneous pair work)이라고 불린다. 짝 활동이 진행되는 동안 교사는 교실을 돌아다니며 모니터 하고 도와준다. 준비가 철저하다면 간섭할 필요가 거의 없다.

◉ 제 6단계: 전체 앞에서 점검 (Public Check)

학급의 대부분 짝이 과업을 끝마쳤다고 보이면 활동을 중단하도록 한다. 무작위로 한 짝을 지명하여 세우고 전체가 보는 앞에서 부여된 과업을 다시 수행하게 한다. 각 조가 연습을 충분히 했다면 쉽고 빠르게 진행될 수 있다. 두 번째 짝 모델이나 세 번째 짝 모델을 설정하여 똑같은 것을 반복케 할 수도 있다. 이렇게 함으로서 모국어로 잡담하는 것을 막을 수 있다. 나중에 교사가 점검하는 것을 알게 되면 보다 열심히 짝 활동을 하게 될 것이다.

# 4 개별적 영어 교수법

## 1. 문법 번역식 교수법(Grammar Translation Method)

이 방법은 창시자도 없이 구미 각국에서 Latin, Greece의 고전어를 가르치는데 자연스럽게 이용된 방법이다. 주로 그 목적은 문화적 배경을 이해하는데 주된 것이므로 교재란 것은 교과서 외 다른 것 없이 행하여진 전통적인 방법(Traditional Method, Classical Method)인 것으로 실제로 오늘날 우리나라의 고등학교나 대학 영어 교육에서 사용되고 있음을 부인할 수가 없다. 그리고 세계 각국에서 외국어 교육을 시작할 때 이 방법을 택하지 않는 나라는 거의 없는 것으로 안다. 이 방법은 문법의 규칙을 과학의 공식처럼 다루어 원문 자체를 모국어로 번역하는 것을 그 특징으로 하고 있다.

고대 라틴어나 그리스어는 실용적 용법(practical usage)을 필요치 않고 암호 풀이식(deciphering)의 번역으로 충분하므로 그 목적에 부합될 수 있었던 것이다. 이 방법은 독해력의 습득에 그 목적을 두고 있다. 구미에서는 고전을 가르치는데 특히 애용되고 있으나 오늘날 신교육에는 부합되지 않는 것이다. 어떤 학자들은 이 방법이 읽기 능력(reading ability)에 있어서 다른 방법보다도 우수한 성과를 나타낼 수 있다고 주장하고 있는 것으로 독해는 vocabulary나 grammar rule에 의해서 습득된다고 믿고 있는 이 방법은 아래와 같은 특징 및 장단점을 가지고 있다.

◉ 특징

① 바탕이 되는 이론이 없는 교수법이다.(언어학적, 심리학적 이론이 없음)

② 수업은 모국어로 진행되며 목표언어의 능동적 사용이 거의 없다.

③ 개별적으로 독립된 단어 목록의 형태로 많은 어휘를 가르친다.

④ 복잡한 문법에 대해 깊고 정교한 설명을 해 준다.

⑤ 문법은 단어들을 결합하는 규칙을 제공한다.
⑥ 발음 연습은 별로 중요시 않는다. 따라서 듣고 말하는 기술을 가르치는 데는 관심이 없다.
⑦ 읽기 연습이 수업의 중심이 되고 어휘 의미는 번역을 해 준다.
⑧ 외국어 학습의 목적이 문학 연구를 통한 독해력 증진과 논리적 사고력 기르는데 있다.

◈ 장점
① 복잡한 언어자료를 분석 할 수 있는 능력을 함양한다.
② 원문을 정확히 이해 할 수 있는 문법규칙과 독해력이 다른 방법보다 앞선다.
③ 특별한 교수방법론이 필요하지도 않으므로 영어의 숙련자가 아니더라도 교수가 가능하다.
④ 대단위 학급과 advanced course에서 사용될 수 있다.
⑤ 교과서 한권으로도 가능하기에 간편하면서도 경제적이다.

◈ 단점
① 듣기, 말하기 발음 연습과 의사소통 활동은 거의하지 않는다.
② Spoken language보다 written language의 중시한다.
③ Translation에 주력하다 보면 독해력(reading comprehension)의 능력도 점차 뒤떨어진다.
④ Beginning course 에서는 절대 사용되어져서는 안 된다.
⑤ 학습자들은 어휘나 문법을 암기해야 하므로 지루한 느낌을 갖거나 때로는 좌절감을 느낀다.

## 2. 직접 교수법(Direct Method)

이 교수법의 기본 전제는 목표 언어인 제 2 언어나 외국어 학습이 모국어 즉 제 1 언어의 학습과 비슷해야 한다는 것이다. 즉 번역이나 문법 소개를 없애고 외국어를 간접적이 아니라 직접적으로 접하자는 것이다. “Thinking in the target language”가 주장한 슬로건으로 모든 학습활동은 목표어로 진행되어야 한다는 것이다. 여기서는 많은 구두 상호작용(oral interaction), 언어의 자발적 사용, 양 언어간의 번역 배제, 문법규칙에 의한 분석 배제가 핵심이다. Richard 와 Rodgers(1986: 9-10)는 직접교수법의 원리를 다음과 같이 요약하였다.

① 교실에서 수업은 전적으로 목표언어로 수행한다.
② 일상의 어휘와 문장만을 가르친다.
③ 구두의사소통 기술은 소규모 학급에서 질문과 대답을 통한 집중학습으로 개발된다.
④ 문법은 귀납적으로 가르친다.
⑤ 구체적 어휘는 시범, 실물, 그림 등을 통해서 가르치고 추상어휘는 연상을 통해 가르친다.
⑥ 새 교수 요점은 모델과 연습을 통해 가르친다.
⑦ 말하기와 듣기 이해를 모두 가르친다.
⑧ 정확한 발음과 문법을 강조한다.

이상의 특징을 갖고 있는 직접 교수법은 문법규칙이나 번역의 필요성을 느끼지 않는다. 왜냐하면 어린애들이 어법을 외우지 않고 언어를 자유로이 구사할 수 있다고 느끼기 때문이다. 그러므로 이 교수법은 문법 번역식 교수법에 정면으로 대립되는 것으로 hearing 이나 speaking이 주가 되어 외국어 학습에 가장 바람직한 교수법이라 할 수 있다. 그러나 이 방법에도 다음과 같은 단점이 있다.

① 교사는 유창한 영어사용을 하여야 한다. 원어민 채용 시 경제적 부담이 따른다.
② 대규모 학급에서 채택하기 어렵다.(대개 10명 이내)
③ 모국어 사용금지로 의문점이나 불완전한 부분이 간과되기 쉽다.
④ 이론적 지지 기반이 약하며 Teaching Plan 대로 수업이 되기 힘들다.

그러나 이 방법은 학습자가 동기가 높고 원어민 교사를 채용할 수 있는 사설 영어학원에서 가장 널리 받아들이게 되었고 인기를 누려왔다.

◉ 교수 · 학습 절차

이 교수법은 정해진 절차와 순서는 없지만 한 가지 수업 절차에 예를 들어보면 다음과 같다.

* 교사가 교실에 있는 여러 가지 사물을 보여주면서 영어로 말한다.

  This is a book. That is a pencil.

* 교사가 학생들에게 질문을 하거나 명령을 한다.

  Is this a book? Is that a pencil?

* 교사가 학생들에게 그림을 보여 주면서 영어로 설명한다.

  This is a picture. There is a vase on the table.

* 그림에 나타난 새로운 색깔이나 행동의 의미를 몸짓으로 보여준다.

  There are a lot of flowers. This is a red flower. These are yellow flowers. These are white flowers. These are green leaves.

* 학생들에게 새로운 영어단어와 구를 넣어 문장으로 반복하여 말하게 한다.

### 수업적용에서의 유의점

* 교사가 수업을 진행하는 원칙은 다음과 같다.
  - 사물을 보여 주되 모국어로 번역해 주지 않는다.

    demonstrate, never translate
  - 행동으로 하되 설명을 해 주지 않는다.

    act, never explain
  - 문답식으로 진행한다.

    ask questions, never make a speech
  - 오류는 즉시 수정해 준다.

    correct immediately, never imitate mistakes
  - 완전한 문장을 사용한다.

    use sentences, never speak with single words
  - 학생들에게 말을 많이 시킨다.

    make students speak much, never speak too much
  - 교사가 스스로 만든 교안을 사용한다.

    use your lesson plan, never use the book
  - 학생들의 학습 속도를 고려해야 한다.

keep pace with the students, never go too fast

- 자연스럽게 말해야 한다.

speak naturally, never speak too slowly, or too quickly

* 교재를 이용하여 수업을 하는 경우에는 이미 배운 어휘나 어구와 유사한 내용의 글을 교사가 읽어 준 다음에 학생들이 큰 소리로 따라 읽게 한다. 그 다음에 학생 개인별로 읽게 한다.

* 영어로 쓰여 진 글을 번역하지 않고 교사가 그 내용에 관하여 영어로 묻고 학생들이 영어로 대답하게 한다. 이미 말로 익힌 것을 읽게 하며, 책을 읽는 경우에도 번역을 해주지 않기에 의미는 추론해야한다.

* 어려운 어휘나 구문이 나오면 교사가 풀어 말해 주거나, 비슷한 말, 몸동작 등을 사용해서 설명해 준다.

* 직접식 교수법의 약점은 번역을 하지 않고 의미를 전달하고 이해시키므로 개념상의 오해가 생기게 된다. 또한 교실에서 진행되는 대화의 체계가 다양하고 모든 구문을 다 듣게 되므로 학습자들은 자기가 학습한 것에 대한 명확한 개념이 정립되지 않는다.

* 직접식 교수법은 학습자들에게 사물이나 생각에 대한 직접 연상을 요구하므로 추리력이 뛰어난 학습자는 유리하지만 그렇지 못한 학습자는 쉽게 좌절하거나 실망한다.

## 3. 청화식 교수법(Audio-Lingual Method)

미국에서 구조주의 언어학(Structure Linguistics)과 행동주의 심리학(Behavior Psychology)이 발달하면서 이 두 가지 이론을 접목시켜서 새로이 개발한 교수법이 청화식 교수법이다. 이 교수법은 제 2차 세계 대전이 일어나면서 군인들에게 단기간에 유창한 외국어 사용법을 가르쳐야 할 필요성을 생기면서 개발되었다. 즉 ASTP(Army Specialized Training Program)이란 군 언어 특별 훈련계획의 일환으로 비롯된 것이다.

이 교수법 이론의 바탕이 되는 1950년대의 구조주의 언어학자들은 다양한 언어의 "과학적, 기술적 분석"이라고 부르는 활동을 하고 있었는데 교수 방법론자들은 그런 분석들이 언어적 패턴을 가르치는데 적용할 수 있다고 보았다. 동시에 행동주의 심리학자들은 조건화와 습관형성의 모형을 주장하였는데 이것은 청화식 교수법의 기본 활동인 모방훈련과 문형연습(pattern drill)과 완벽하게 어울렸다.

청화식 교수법의 기본원리는 구조언어학자들이 언어교육에 대해서 주장하는 William Moulton Slogan에 두고 있다.

❶ Language is speech, not writing.
❷ A language is a set of habit.
❸ Teach the language, not about the language.
❹ A language is what its native speaker say, not someone thinks they ought to say.

이 교수법은 학습 정도에 따라 다를 수 있지만 speaking은 모방이나 기억(mim-mem)에 의한 문형연습(pattern practice)으로부터 자발적인 대화 상태로 나오게 하는 것을 목표로 하고 있는데 그 주요 특징을 다음과 같이 요약할 수 있다.

① 듣기와 말하기를 먼저 가르치고 그 다음에 읽기와 쓰기를 가르친다.
② 문형연습(pattern drill)과 모방암기(mimicry memorization)를 통해 습관을 형성하고 오류를 최소화시킨다.
③ 구조패턴은 반복훈련을 통해 가르친다.
④ 기본적 회화문을 정확하게 암기시킨다.(정확성 강조)
⑤ 문법 설명을 거의 하지 않으며 문법은 유추에 의한 귀납적 추론으로 가르친다.
⑥ 어휘는 엄격히 통제하고 맥락 속에서 가르친다.
⑦ 발음을 매우 중요시 한다.
⑧ 테이프, 어학실, 시각자료를 많이 이용한다.
⑨ 대조분석(contrast analysis)을 통해 구조들의 순서를 정하고 한번에 하나씩 가르친다.

ALM은 교수법으로서 여러 해 동안 인기를 누렸고 심지어 오늘날까지 ALM의 응용형들이 교실 현장에서 많이 사용되고 있다. 그 대표적인 한 형태가 대치연습(substitution)

이나 문장전환연습(transformation)등을 들 수 있다. 그러나 이 방법이 장기적인 의사소통능력을 기르는 데는 실패함에 따라 ALM의 인기는 시들어졌다. 이 교수법의 단점을 지적하자면 다음과 같은 점을 들 수 있다.

### ◉ 단점

① 단순한 모방 암기의 연습이 실제 진정한 의사소통으로서의 전이가 곤란하다.
② 기계적인 연습(mechanical drill)과정에서 학습자는 지루하고 단조로움을 느껴 학습의욕이나 흥미를 상실한 우려가 있다.
③ 교사로서 수업준비의 작업량이 과다하다.
④ 생각의 여유를 주지 않고 연습에만 치중한 나머지 자신의 의사표현이 거의 없다.
⑤ 실제 상황에서는 자동적으로 언어를 사용치 못해 공허한 학습활동이 되기 쉽다.

### ◉ 교수학습 절차

* 교사와 학생들이 영어로 인사를 한다.
* 교사가 대화문(dialogue)의 순서에 따라 문장 단위로 녹음테이프를 여러 번 들려주고 학생들은 책을 펴지 않고 듣는 연습을 한다.
* 교사가 다시 녹음테이프를 들려주고 학생들이 따라 연습하게 한다.
* 학급을 두 집단으로 나누어 묻고 대답하는 연습을 시킨다.
* 다음에는 여러 개의 분단으로 나누어 연습하게 한다. 분단별 연습이 끝나면 개인별로 지명하여 그 구문의 사용법을 알고 있는지를 확인한다.
* 대화문을 중심으로 문형 연습을 시킨다. 이 경우에 문장의 구조는 같고 어휘만 약간 변경하여 연습시킨다.
* 여러 가지 유형의 연습을 한 다음에 잘 모르는 학생이 있으면 그 문장의 구조에 관하여 공통점을 간단히 설명하고 다시 연습을 시킨다.
* 여러 시간 듣기 연습과 발음 연습을 반복한 후에 문자를 도입하여 읽고 쓰는 학습을 하게 한다.

### ◉ 수업 적용에서 유의점

* 처음 단계에서는 일상생활에서 사용하는 표현과 빈출도가 높은 기본 구문이 들어있는 대화문에 근거하여 학습을 한다. 그러므로 구문을 잘 익히도록 하기 위해서 어휘는 최소한으로 제시하여야 한다.

* 영어 문법이나 규칙을 설명하지 않고 연습을 통해 규칙을 유추하는 능력을 길러준다.
* 처음에는 문형 연습을 구두로 하되 전체, 분단별, 개인별로 연습하게 한다. 구화 연습이 끝나면 인쇄된 읽기 자료를 학습하게 한다. 읽기 연습에서도 음성과 문자의 관계를 인식하는데 역점을 두며 암기하고 연습한 것을 읽게 한다.
* 문형 연습을 할 때는 교사가 학습자들의 발음이나 응답을 듣고 옳고 틀린 것을 즉시 알려주어 강화(reinforcement)효과를 증진시킨다.
* 자주 사용되는 문형 연습의 여러 가지 유형은 다음과 같다.

☼ 따라하기(Repetition): 학생들이 교재를 안 보고 교사의 발음을 따라 반복한다.

Teacher: This is a pencil.

Students: This is a pencil.

☼ 어형변화(Inflection): 문장에서 명사, 대명사, 형용사, 동사를 다른 형으로 바꾸어 연습한다.

Teacher: I bought the book.

Students: I bought the books.

☼ 대치 연습(Replacement): 문장의 한 단어를 다른 단어로 대치한다.

Teacher: John is playing the piano.

Students: He is playing the piano.

Teacher: I gave an apple to Mary.

Students: I gave an apple to her.

☼ 재진술(Restatement): 교사의 지시에 따라 바꾸어 말한다.

Teacher: Tell the boy to help you.

Students: Help me.

Teacher: Tell the girl what she is doing.

Students: What are you doing?

☼ 위치전환(Transposition): 교사가 한 말의 어순을 바꾸어 말한다.

Teacher: I'm happy. (so) Students: So am I .

☼ 문장완성(Completion): 미완성된 문장을 듣고 어떤 말을 넣어 완전한 문장으로 말한다.

Teacher: He has ____ own dictionary.

Students: He has his own dictionary.

☼ 확장(expansion): 교사가 제시한 단어를 넣어 문장을 다시 말한다.

Teacher : I go to the museum.(every Sunday)

Students : I go to the museum every Sunday.

☼ 변형(Transformation): 교사의 지시에 따라 부정, 의문, 시제, 태, 법 등을 바꾼다.

Teacher : I know his address.

Students : I don't know his address.

※ 교사가 모범을 보여주려면 원어민에 가까운 발음과 억양을 사용해야 하므로 유창한 영어 구사력이 필요하다. 유창한 발음을 할 수 없는 교사는 교실에서 녹음테이프를 사용하는 기술을 익혀야 한다.

※ 언어적 재능이 우수하지 않은 학생들은 문법 규칙을 이해하기 어렵고 민감하지 않으므로 어휘와 구문을 이해시키는데 이 교수법을 사용하는 것이 좋다. 한편 언어적 재능이 뛰어난 학생들에게는 이 교수법이 지루한 느낌을 주므로 이 교수법의 효율성이 부족하다는 비평을 많이 받는다.

## 4. 상황적 언어교수법(Situational Language Teaching)

상황적인 언어 교수법은 영국의 구조주의 학자들과 응용언어학자들을 중심으로 형성된 교수법이며 1920년대와 1930년대에 발달된 구화식 교수법(Oral Method)이 그 근본이 되고 있다. Palmer의 습관 형성을 지향하는 학습이론을 수용하고 있으므로 기본구조와 문형의 자동적 통제가 말하기를 통해 먼저 습득되고 읽기와 쓰기도 핵심적인 것으로 간주된다. 가능한 오류를 피하면서 발음과 문법의 정확성을 키우기 위해 구조를 통해서 접근한다. 이 교수법은 언어 사용의 기본을 4 기능 중 말하기로 보고 이를 위해 언어구조에 대한 지식이 필요한데 이 구조에 관한 지식은 상황(situation)과 연결되어야 한다는 기본적 시각을 갖고 있다. 이 교수법에서 '상황적'이란 말은 문형의 제시와 연습의 방법으로 새로운 언어의 의미를 나타내는 구체적 사실이나 그림을 행동, 몸짓과 함께 사용하는 것을 지칭하므로 현재 사용되고 있는 사용되고 있는 상황적이란 의미와는 다르다고 할 수 있다. 이 교수법은 1950년대 이후 많은 교사들이 사용하고 있으며 구화 연습과 문법, 문형 연습의 강조는 현장교사들의 직관과 일치한 점이 많아 지금도 널리 이용된다. 대표적 관련 학자로는 Hornby, 호주인 Pittman, Frisby, French 등을 들 수 있다. 이 교수법의 구체적 특징을 종합해서 말하면 아래와 같다.

◉ 특징

① 영국의 구조주의 언어학자와 응용 언어학자에 의해 제창된 교수법
② 언어 교수는 문어보다 구어로 시작한다.
③ 새로운 언어요소는 상황별로 도입한다.
④ 구조적 교수요목과 단어목록이 기초를 이룬다.
⑤ 목표 언어로 언어를 가르친다.
⑥ 발음과 모법의 정확성을 요구하며 기능어와 내용 어를 포함해야 한다.
⑦ 언어구조와 상황과의 밀접한 관계를 강조하며 구조나 어휘가 제시되는 상황을 통해 의미를 추론토록 한다.
⑧ 학습 어들은 행동주의자들의 습관형성 이론이다.
⑨ 회화 연습이 교수법에 중요한 비중을 차지한다.

◉ 장점

① 상황이라는 유의적 문맥에서 어휘와 구문을 제시한다는 점
② 구문을 중심으로 학습절차 보다 체계화 되었다는 점
③ 과학적 분석을 통해 실용적 언어를 가르치려는 점

이 교수법의 이런 장점을 통해 자료 개발 면에서 *Situation English*(Pittman 1965)와 *Streamline English*(Hartley & Viney 1979)는 널리 알려져 있다.

Richard & Rodgers(1986: 34)는 SLT의 주요 특징을 여섯 가지로 요약 제시하기도 한다.

① Language teaching begins with the spoken language. Material is taught orally before it is presented in written form.

② The target language is the language of the classroom.
③ New language points are introduced and practiced situationally.
④ Vocabulary selection procedures are followed to ensure that essential general service vocabulary is covered.
⑤ Items of grammar are graded following the principle that simple forms should be taught before complex ones.
⑥ Reading and writing are introduced once a sufficient lexical and grammatical basis is established.

## 교수 학습 절차

상황적 언어 교수법의 수업 절차는 학습자의 수준에 따라 다양하지만 대개는 통제된 연습으로부터 자유로운 연습으로 듣기, 말하기로부터 읽기, 쓰기로 진행된다.

- 학습자들은 먼저 듣기 연습을 한다.

  Teacher: (holding a watch) Look. This is a watch. This a watch. (pointing to a clock on the table) That's a clock. That's a clock. (moving across to touch the clock) This is a clock. This is a clock. That's a watch. That's watch.

- 교사는 한 문장을 한 단어씩 읽어주며 이를 몇 번 반복하는 동안에 학습자들은 그 말을 듣는다.

  Teacher: This is a watch. That's a clock. This a clock. That's watch.

- 학습자들은 들은 말을 모방하여 발음 연습을 하고 이를 반복한다.

  Teacher: This　　Students: This (3 times)
  Teacher: Watch　　Students: Watch (3 times)
  Teacher: This is a watch.　　Students: This is a watch (5 times)

- 교사는 학습자들을 개인별로 지명하여 따라 읽게 한다.

  Teacher: This　　Student1: This (6 times)
  Teacher: This is a watch.　　Student 2: This is a watch (5 times)

## 5. 인지적 교수법(Cognitive Approach)

언어학에서 Chomsky 혁명이 일어나면서 언어학자와 언어교사들이 심층구조에 관심을 기울이게 되면서 표층형태와 구조적으로 만들어진 패턴을 기계적으로 연습하는 것을 강조하는 청화식 교수법의 시대는 점차 사그라져 갔다. 즉 행동주의 심리학자들이 인간의 모든 행위는 자극에 의하여 반응으로 나타난다고 믿는데서 습관형성이론을 외국어 학습에 적용시킨 청화식 교수법(Audio-Lingual Method)에 대해 비판적 시각을 갖게 되었는데 그 비판의 이유는 다음과 같이 요약할 수 있다.

① 모국어를 이미 갖고 있는 외국인어 native speaker처럼 제2언어나 외국어를 습관에 의해 자동적으로 사용할 수 있을까 하는데 의문점을 남긴다.
② 시각을 통한 학습을 무시하고 모국어 사용을 금지시킨 외국어 학습이 가능할까?
③ 계속 반복되는 문형연습에서 오는 수업의 단조로움으로 학습의 흥미를 상실케 된다.
④ 문법 설명은 문형연습을 완전히 익힐 때까지 하지 않는다는 것에는 문제점이 되지 않을 수 없다.

이런 이유 때문에 변형 생성문법에 대한 관심이 점차 높아지고 언어는 언어습득의 본질이 규칙 지배적(rule-governed)이라는데 관심이 집중되면서 일부 언어 교육 프로그램은 AML 식의 귀납적 접근법보다 연역적 접근법을 채택하게 되었다. 어린이들은 규칙체계를 무의식적으로 습득한다고 주장하면서 인지적 기초학습(cognitive code learning)방법론 자들은 언어교실에서보다 많은 연역적 규칙학습을 토입하기 시작하였다.

Cognitive란 용어는 J. B. Carroll이 처음 사용한데서 비롯되었는데 Cognitive Code Learning Theory 또는 Cognitive Approach으로 불리는 인지 교수법은 심리학적으로는 인지주의를 언어학적으로는 Chomsky의 변형생성이론을 철학적으로는 이성주의를 바탕으로 하는 교수법이다.

이 교수법은 인간의 언어능력은 행동주의자들이 주장하는 것처럼 백지상태에서 자극과 반응 및 강화에서 형성되는 것이 아니라 선천적으로 거의 모든 언어 능력을 갖고 태어난다고 보기에 인간 두뇌의 인지능력과 정신이 언어습득에 결정적 요인이라고 본다. 그리고 그 언어능력의 중심은 문법능력이고 언어학습은 인간의 언어능력이 최대한 발현될 수 있도록 적절한 입력과 활동을 제공하면 발현된다는 것이다. 다시 말해 영어학습에서 인지능력을 최대한 활성화시키자는 것이다. 이 교수법의 Brown이 얘기한 것처럼 엄격히 볼 때 교수법이라기보다 접근법(approach)에 가까운데 이는 구체적 지도방법이나 수업지도기술을 고안한 것이 별로 없기 때문이다. 그러나 인지주의 접근법을 취하는 학습이론과 수업방식의 특징을 들면 이와 같다.

① 교수책략이나 학습과제는 학습의 인지 발달 수준을 고려해야 한다.
② 유의미한 영어학습을 위해 학습내용이나 활동이 학습자의 흥미를 유발토록 해야 한다.
③ 전체에서 부분으로 학습하는 하향식 방법이 바람직하다.
④ 학습자 중심의 활동을 강조하며 교사는 보조자 역할을 수행한다.
⑤ 언어학습은 습관형성이 아니라 규칙습득으로 본다.
⑥ 교육은 개별화를 지향하며 학습자는 그들의 학습에 책임이 있다고 본다.
⑦ 문법은 반드시 가르치되 연역적(규칙☞연습)이나 귀납적(연습☞규칙)으로 이루어진다.
⑧ 발음은 덜 강조되며 완벽한 발음은 비현실적으로 본다.
⑨ 오류는 불가피하며 학습과정에 전설적으로 사용되어야 한다.
⑩ 어휘교수는 특히 중급 및 고급단계에서 아주 중요한 것으로 본다.
⑪ 읽기와 쓰기가 듣기와 말하기 못지않게 중요하다.
⑫ 교사는 목표언어를 분석하는 능력 뿐 아니라 목표언어에 대해 능숙해야 한다.
⑬ 모국어 사용이 허용되며 소집한 활동과 개인 활동을 권장한다.

## 교수 학습 절차

인지적 교수법은 학생들이 새로운 영어문법 개념을 이해하고 연습문제를 통해 문맥에 맞는 구조를 연습한 다음에 읽기와 듣기를 학습하는 절차로 진행한다. 인지적 교수법의 수업절차를 도식화하면 다음과 같다.

교재에 제시된 새로운 문법 개념을 간단히 설명한다.

↓

새로운 어휘의 의미와 구조를 이해시킨다.

↓

학습한 내용을 중심으로 적절한 언어형태를 선택하게 하는 연습을 한다.

↓

읽기 연습을 시킨다.

↓

읽기와 듣기 연습을 시킨다.

↓

학생들에게 자기의 생각을 다른 사람에게 전달하기 위해
자기가 의도한 말을 표현하도록 한다.

Chastain(1976)에 따르면 언어습득은 이해(understanding), 훈련(drill) 그리고 적용(application)의 세 단계를 거치게 된다고 한다. 이를 토대로 인지적 교수법의 수업활동을 간략히 살펴보면 다음과 같다.

① 1단계(이해단계)
- 교재에 제시된 새로운 문법 개념을 간단히 설명한다.
- 새로운 어휘의 의미와 구조를 이해시킨다.

② 2단계(훈련단계)
- 학습한 내용을 중심으로 적절한 언어형태를 선택하게 하는 연습을 한다.
- 읽기 연습을 시킨다.
- 읽기와 듣기 연습을 시킨다.

③ 3단계(적용 단계)
- 학생들에게 자기의 생각을 다른 사람에게 전달하기 위해 자기가 의도한 말을 표현 하도록 한다.

## 6. 공동체 언어학습(Community Language Learning: CLL)

공동체 언어학습은 소집단 언어학습이라도 하며 학습자의 **정의적 영역**(affective domain)에 관심을 둔 **인본주의 접근법**(humanistic approach)으로서 Curran(1972)의 *Counseling Learning: A whole Person Model of English*에 기초한 것이다. CLL 은 Carl Rogers(1951)의 심리상담기술을 언어학습에 도입한 것으로 상담학습의 기본전제는 인간은 개인적 가치와 목표를 달성한 과정에서 이해, 도움을 받을 필요가 있다는 것이다. 이것은 공동체 속에서 다른 사람들과 함께 같은 목표를 추구하면서 이루러질 수 있다고 보고 있다. Rogers의 상담이론에 따라 이 교수법에서 교사는 **상담자**(counselor) 학습자는 **의뢰인**(client)으로 간주된다. 어떤 형태든 학습이 이루어지려면 집단의 구성원은 개개인을 존중하는 상황에서 학습을 촉진하기 위하여 교사와 학생들이 서로 어울리는 인간관계로 상호 작용할 필요가 있다. 즉 새로운 학습 상황에서 야기되는 **불안감**이 **따뜻한 공동체**로 인하여 감소되며 대인 관계의 의사소통을 저해하는 방어벽을 낮출 수 있다고 본 것이다.

수업은 대략 다음과 같이 진행된다. 7~8명의 학생들의 원형으로 둘러앉아서 돌아가며 각자 모국어로 자기가 하고 싶은 말을 한다. 그러면 counselor는 한 학생이 말할 때마다 그 학생 옆으로 가서 부드럽고 작은 목소리로 그 말을 외국어로 번역해 주고 학생은 이를 모방, 반복한다. 이와 같은 학습 활동은 15~20분 동안 계속 되는 것이 보통인데 counselor는 이를 녹음해 두었다가 다시 테이프를 들려주어 외국어 문장을 판서해 주고 번역해 준다.

이와 같은 과정을 거치는 동안에 학생들은 자기가 하고 싶은 말을 하게 되어 뜻있는 학습을 할 수 있게 되고 또 이렇게 함으로써 자기들 스스로가 학습 교재를 만들어 나가는 결과가 되므로 학습 동기도 높아진다고 Curran은 말하고 있다.

이 방법의 두드러진 특징의 하나는 학습이 **counseling의 형태**로 진행된다는 것이다. 즉 학습은 극히 부드럽고 격식을 차리지 않는 상황 속에서 진행되는 것으로 counselor는 학생에게 아무런 긴장감이나 부담감을 주지 않고 학생이 학교 싶은 말을 외국어로 할 수 있게끔 도와주는 역할을 하는 것이다. 이러한 분위기를 자아내는 위해 counselor는 학생의 말을 번역해 줄 때 흔히 그의 뒤로 살며시 다가가서 한 손을 학생 어깨에 얹고 다정스럽게 번역해 준다. 완벽한 문장을 학생들에게 기대함으로써 그들로 하여금 좀처럼 입을 열지 못하게 하느니보다 일종의 모험심(risk-taking)을 권장함으로써 그들이 발화할 수 있도록 도와주고 잘못된 문법적 오류 등은 차차 고쳐 나가게끔 하는 것이 이 방법의 원리라고 보겠다.

처음에는 매우 힘들고 혼란스러운 상태가 몇 차례의 수업 동안 계속 될지도 모르지만 언제나 상담자와 동료 의뢰인들의 정신적인 후원이 있다. 차츰 학습자들은 한 단어나 어구를 직접 외국어로 말할 수 있게 된다. 이것은 학습자가 상담자에게 전적으로 의존했던 상태에서 떨어져 나가는 첫 신호가 된다. 학습자가 외국어에 점점 더 친숙해지면 점점 더 직접 대화가 이루어지고 상담자는 점점 직접적인 번역이나 설명을 줄여나간다. 여러 수업 단위가 끝나고 나면 아마도 여러 달이나 여러 해가 걸리겠지만 학습자는 구어로는 유창함을 보이게 된다. 이 시점에서 학습자는 독립하게 되는 것이다.

이상에서 언급한 공동체 언어학습은 요약해서 대개 다음과 같은 특징을 지니고 있다.

① 학습자의 정의적 영역을 중시하는 인본주의 접근법이며 전인교육(whole person education)을 지향한다.
② 교사중심이 아니라 학습자 중심이다. 교사는 counselor, 학습자를 상담치료가 필요한 client로 봄
③ 학습자의 의사소통에 방해되는 불안, 위협, 긴장을 해소하며 안정된 가운데 학습효과를 노린다.
④ 모국어 표현을 교사가 외국어로 번역함으로 좀 더 의미 있는 학습이 된다.
⑤ 교사와 학생들이 서로 존중하는 가운데 상호작용을 해야 한다.
⑥ client로 하여금 의존과 무력함에서 점차 독립과 자기 확신으로 나가도록 도와준다.

그러나 이 교수법에도 다음과 같은 단점을 지적할 수 있다.

① 교사인 상담자가 너무 방임적이 될 가능성이 있다.
② 학습에서 너무 귀납적 책략에 의존한다.
③ CLL의 성공은 상담자의 번역력에 많이 의존한다. 잘못 번역된다면 목표어를 효과적으로 이해하기 어렵다.
④ 교육기관에서 언어 프로그램으로 실행하기에는 너무도 제약이 많다.

## 7. 암시 교수법(Suggestopedia)

암시 교수법은 흔히 **최면 연상법**이라고 불리며 이교수법 역시 CLL과 마찬가지로 학습자의 정의적 영역을 중시하는 인본주의적 접근법에 해당한다. 그러나 70년대의 다른 새 교수법들은 CLL만큼 엄격히 정의적인 방법은 아니었다. 예를 들면 암시적 교수법(Suggestopedia)은 불가리아의 심리학자 Georgi Lozanov(1979)의 주장에서 유래한 방법인데, 그의 주장에 따르면 인간의 두뇌는 올바른 학습 조건이라는 것은 긴장을 누그러뜨리고 교사에게 학습의 통제권을 내어 맡기는 것이다. Lozanov에 따르면 사람들은 자신이 성취할 수 있다고 생각하는 것보다 훨씬 많은 것을 배울 능력이 있다. 초감각적 지각에 관한 구소련의 심리학 연구와 요가에서 얻은 통찰을 이용하여 Lozanov는 자료를 최대한 기억할 수 있도록 **정신적 긴장 완화 상태**를 활용하는 학습법을 창안하였다. 그의 교수법에서는 **음악**이 핵심이었다. 분당 60 박자와 독특한 리듬이 있는 바로크 음악이 "긴장이 완화된 집중"을 가능케 하고 그것이 "초학습(superlearning)" (Ostrandor & Schroeder 1979: 65)을 낳게 하였다. Lozanov에 의하면 바로크 음악이 부드럽게 연주되는 동안 사람들은 알파 뇌파의 증가와 혈압 및 맥박의 저하 덕분에 엄청나게 많은 양의 자료들을 받아들일 수 있다.

암시적 교수법을 외국어 학습에 응용하면서 Lozanov와 그의 추종자들은 어휘, 읽기, 대화, 역할극, 드라마, 기타 다양한 전형적 교실 활동들로 실험을 하였다. 그 방법들 중 일부는 이 교수법에서만 사용하는 특이한 것은 아니었다. 주로 차이가 나는 것은 그 활동의 상당 부분이 부드럽고 안락한 의자에서 긴장 완화된 의식 상태로 행해진다는 것이었다. 학생들은 가능한 한 "어린아이 같은" 상태가 되도록 하여 모든 권위를 교사에게 넘기고 때로는 외국어 원어민의 역할(및 이름)을 받아들이도록 권장하였다. 학생들은 그렇게 하여서 "암시가 먹혀드는" 상태가 되었다.

암시적 교수법은 여러 곳에서 비판을 받았다. Scovel(1979)은 Lozanov가 놀라운 결과를 보고한 실험 데이터가 의문스럽다는 것을 웅변적으로 보여주었다. 그리고 암시적 교수법을 사용할 수 있는가 하는 실용성 문제가 음악과 안락의자가 없는 환경에서 교사들이 직면하는 문제이다. 보다 심각한 것은 언어학습에서 암기가 어떤 위치를 차지하는가 하는 문제이다. Scovel(1979: 260-61)은 Lozanov가 "암기에 대해서는 무수히 언급하고, '이해' 및 '창의적인 문제해결'은 언급하지 않는 것을 보면 적어도 이 평자 Scovel은 암시적 교수법이 기억술을 가르치려는 시도이지 언어학습의 훨씬 더 종합적인 행위에 전념하는 것은 아니라는 확신을 갖게 된다." 라고 적고 있다. 한편

Schiffler(1992: xv)를 포함한 다른 연구자들은 "암시적 교수법에 대해 일부 출판물에서 선전하는 것과 같은 과잉 기대는 막기"를 희망하며 보다 온건한 입장을 제안하였다.

다른 디자이너 교수법((Designer Methods)들 (예를 들어 CLL과 침묵식 교수법)과 같이 암시적 교수법도 그 자체로 영업화 되었으며 연구들에 의해서 완전히 정해지지 않은 약속들을 세상에 광고하였다. 그런 의심스러운 주장들을 하기는 했지만 암시적 교수법은 언어 교육계에 몇 가지 성찰을 주었다. 우리는 인간 두뇌의 힘을 믿는 방법에 대해서 조금 배웠다. 우리는 의도적으로 만들어주는 긴장이 완화된 상태가 교실에서 득이 될지도 모른다는 것을 배웠다. 그리고 많은 교사들은 학생들이 편안히 앉아서 긴장을 완화하도록 하는 방법의 하나로 여러 가지 음악을 사용하는 실험을 하였다.

암시교수 교수법의 특징과 단점을 요약하자면 아래와 같다.

### 암시 교수법의 특징

① 요가와 소련심리학에 바탕을 두고 있다.

② 기본원리는 의식집중을 통해 암시(suggestion)의 힘을 이용한다.

③ 학습의 환경적 조건을 강조함: 음악적 배경 , 안락의자, 교실의 장식, 연극무대, 반원형 좌석배치, 그림들은 긴장을 풀기 위함

④ 최적의 학습 환경은 긴장되고 불안한 상태와 그 반대 극에 위치한 수면 상태의 중간이 되는 깨어있는 편안한 상태라고 봄

⑤ 무의식적 자원을 활용해 많은 양의 어휘와 구문을 기억 할 수 있다. (하루에 180개 정도 단어 외우는 것 가능)

⑥ 대화의구성은 실생활과 밀접한 영역에 국한

⑦ 세 가지 원칙은 권위, 커뮤니케이션, 미학과 예술이다.

⑧ 인간 두뇌의 힘을 신뢰하며 학생들에게 자신감 부여

⑨ 음악은 대개 고전음악을 이용하는 것이 좋다.

● 단점

① 환경조성에 다른 실용성문제와 비용이 드는 경제적 문제

② 언어학습에서 암기의 역할을 너무 과대평가, 기억술을 가르치는 시도이지 종합적 행위에 초점을 둘 것이 아님.

③ 교재가 문법 번역식 방법을 절충한 방법으로 제작되기에 문법 설명에 중점 두면 의사소통을 기르는데 부정적 영향을 줌.

## 교수 학습 절차

이 교수법을 적용한 수업 절차는 일정하지 않지만 첫 주 수업의 한 가지 예를 들면 다음과 같이 진행할 수 있다.

### 第1부 (구화복습)

- 배경 음악이 은은히 흐르고 학생들이 안락의자에 앉아 있다.
- 교사가 영어 학습의 필요성과 영어를 쉽고 재미있게 배울 수 있는 방법을 이야기해 준다.
- 새로 학습할 내용을 중심으로 교사가 가상의 상황을 설정하여 천천히 이야기한 후에 몇 가지 질문을 하면 학생들이 우리말로 대답을 한다.
- 학생들에게 새로운 이름을 하나씩 갖도록 하고 직업과 역할을 맡도록 한다.
- 학생들은 새로운 이름에 맞추어 서로 인사를 하고 직업과 하는 일을 묻고 대답하게 한다.

### 第2부 (제시와 토론)

- 교사가 한글과 영어의 대역 판으로 제작된 대화문의 유인물을 학습자들에게 나누어준다. 왼쪽 난에는 영어가 쓰여 있고 오른쪽 난에는 국어로 번역되어 있다.
- 교사가 학습자들에게 학습할 대화문의 영어 문법과 어휘에 관하여 유의해야 할 점이나 요점을 간단히 설며하고 간단하게 토론을 한다.
- 교사가 음악에 맞추어 음량과 억양을 조절하면서 대화문을 읽는다. 교사가 한 줄씩 또는 한 구절씩 읽고 낮은 목소리를 번역을 해주면서 학습자들은 교재에 나와 있는 번역판을 본다.

### 第3부 (음악회)

- 교사는 다시 음악에 맞추어 대화문을 읽고 학습자들은 눈을 감고 듣는다. 이때는

처음과 다른 음악을 사용하고 대화문을 모두 읽어 준다.

- 교사는 학습자들에게 대화문에 나오는 등장인물의 이름이 쓰인 모자를 주고 등장인물이 하는 말을 읽도록 한다. 이 때 학습자들에게 등장인물의 배역에 맞추어 읽도록 한다.
- 학습자들에게 대화문에 있는 역할에 따라 다양한 활동을 하도록 한다. 즉 문답과 반복, 번역 등의 활동의 시킬 수 있다.
- 교사와 학습자들이 (종이)공을 던져 주면서 질문하고 대답하는 놀이를 한다.

## 8. 침묵식 교수법(Silent Way)

암시적 교수법처럼 침묵식 교수법(Silent Way)은 이론적 지주로 정의적 이론보다는 인지적 이론에 더 의지 하였다. 그 창시자인 Caleb Gattegno가 교육에서의 인본주의적 접근법에 관심이 있다고는 하고 있으나, 침묵식 교수법의 많은 부분은 문제 해결식 접근법이 특징이었다. Richards와 Rodgers(1986: 99)는 침묵식 교수법의 배경 학습 이론을 다음과 같이 요약하였다.

❶ 학습은 학습자가 배울 것을 기억하거나 반복하기 보다는 발견하고 창조하면 촉진된다.
❷ 학습은 실물이 동반되면 촉진된다.
❸ 학습은 학습할 자료를 포함하는 문제를 해결함으로써 촉진된다.

1980년대에 유행한 교육 사조인 발견 학습은 주입식 학습보다는 여러 사실과 원리들을 스스로 발견하는 학습을 옹호하였다. 이런 방식으로 학생들은 자기가 투자한 시간에서 얻은 지식의 개념적인 위계조직을 형성하였다. 발견 학습은 Ausubel의 "포섭(subsumption)"을 더 잘 하도록 해 주는데 기계적 학습의 기회가 줄어들면서 인지 범주를 만들어내기 때문이다. 발견 학습 방법에서는 귀납적 과정 또는 장려되었다.

침묵식 교수법은 그런 **발견-학습 절차**를 활용하였다. Gattegno(1972)는 학습자들의 독립성, 자율성, 책임감을 발달시켜야 한다고 믿었다. 동시에 침묵식 교수법으로 배우는 학생들은 언어 문제를 해결하는 과정에서 서로 **협동**해야했다. 교사는 손을 잡아 이끄는 사람은 아니지만 자극을 주는 사람으로 많은 시간을 **침묵**하는데 그것이 이 교수법의 명칭이 생긴 까닭이다. 교사는 모든 것을 명명백백하게 설명해주어야 한다는 본능, 조금이라도 실수를 하면 도와주어야 한다는 본능을 억제하여야 하며 학생들이 해결책을 찾아내는 동안 방해되어서는 안 된다.

교실에서는 침묵식 교수법은 한 세트의 **퀴지네레(cuisenaire)막대들**, 즉 작고 길이가 다양하며 채색이 된 막대들을 전형적인 교육 보조 재료로 사용하였다. 이 막대들은 어휘(색깔, 수, 형용사[long, short]), 동사(give, take, pick up, drop), 그리고 통사규칙(시제, 비교급, 복수 만들기, 어순 등)등을 소개하는데 사용되었다. 교사는 단일 단어로 주는 자극이나 짧은 어구 혹은 문장들을 두 번 제시하고는 교사의 수정은 최소한으로 받고 이해와 발음을 다듬어 갔다. 발음 모델, 문법 어형 변화표 등은 차트를 사용하여 소개하였다.

암시적 교수법과 마찬가지로 침묵식 교수법도 비판을 면치 못하였다. 어떤 점에서는 침묵식 교수법은 의사소통적인 분위기를 장려하기에는 너무 가혹한 교수법이며 교사는 너무 학생과 거리를 두었다. 학생들은 침묵식 교수법이 허용하는 것 보다는 더 명시적 안내와 수정을 필요로 한다. 언어의 요소 중에는 학생들에게 말해 주어서 득이 되는 것들도 있다. CLL에서도 그러했지만 학생들은 교사가 직접 설명을 해주면 쉽고 분명히 이해할 것을 가지고 여러 날 여러 시간을 끌 필요가 없는 것이다. 막대기나 차트는 몇 과가 지나고 나면 그 효력이 다하게 되고 새로운 자료들이 소개되어야 하는데 이때가 되면 침묵식 교수법 수업도 다른 언어 수업과 다를 바가 없다. 침묵식 교수법의 특징을 요약하면 아래와 같다.

● 특징

① 주입식 학습이 아니라 발견 학습에 의한 문제해결식 학습법이다.
② 학습과 중심 교수법이나 정의적 이론이 아니라 인지적 이론에 더 의존하고 있다.
③ 모국어 사용을 철저히 통제한다.
④ 자극 반응 연습은 시각적인 것에 주로 의존
⑤ 초기 수업 과정에선 색깔 있는 막대기를 이용한다.
⑥ 교사는 최소한의 본보기만 제시하고 학생들이 어휘와 구문의 뜻을 짐작케 함.

## 교수 학습 절차

학습자의 수준에 따라 여러 가지 절차를 사용한다.

◉ 처음 수업

- 교사가 아무 말도 하지 않고 색깔별로 구분하여 만든 피델차트(Fidel Chart)에 있는 5-6개의 색깔 블록(block)을 가리킨다. 차트에 있는 색깔 블록들은 영어의 모음과 자음을 나타낸다.
- 교사가 첫 번째 색깔 블록을 가리키며 /a/ 라고 말한다. 교사가 또 다른 색깔 블록들을 가리키며 /e/ /o/ /i/ 라고 말한다.
- 학생들을 하나씩 가리키며 그 발음을 소리 내어 발화하게 한다. 지명을 받은 학생이 발음을 잘못하면 옆에 있는 다른 학생이 도와주어 발음하게 할 수 있다.
- 교사가 막대(rod)를 가리킨 다음에 차트에 있는 세 가지 색깔 블록을 가리킨다. 학생들이 'rod'이라고 말한다.
- 교사가 다시 차트에 있는 네 가지 색깔 블록을 차례로 가리키며 학생들이 'a rod'이라고 말한다.
- 이와 같은 절차로 여러 학생들에게 발음을 해 보도록 한다. 학생의 발음에 잘못이 있으면 교사가 입 모양만 보여주고 발화는 하지 않는다.
- 정확하게 발음하지 못하는 학생의 경우 정확하게 발음할 때까지 기다린다.
- 교사가 'pick up the green rod'이라고 한번 말해 주고 학생들이 번갈아 가면서 발음을 하게 한다.
- 학생들이 색깔 블록을 보면서 몇 가지를 선택하여 구나 문장으로 발화한다. 학생들이 선택하여 간단한 명령이나 복잡한 명령을 해본다.
- 교사는 학생들에게 수업 시간의 느낌을 묻고 그 반응을 들어본다.
- 교사는 학생들에게 숙제나 과제물을 주지 않는다.

◉ 후속 수업

- 전체 교수요목 순서에 따라, 소리, 구, 문장 등의 자료를 제공하며 수업을 진행한다.
- 색깔, 장소를 나타내는 전치사(in, on, under, near, far, over등) 비교급과 최상급 등을 학습하게 한다.

- 일반적으로 음성연습이 끝나고 나서 문형, 구분, 어휘 등을 연습하게 한다. 학생들이 구문을 이해하였다고 생각하면 막대를 이용하여 그 구문을 사용할 수 있는 상황을 교사가 만들어 준다.
- 여러 가지 구문을 연습한 후에 학생들이 발화한 것을 써보게 한다.

## 9. 전신반응 교수법(Total Physical Response: TPR)

전신반응 교수법(Total Physical Response: TPR)의 개발자인 James Asher(1977)는 사실은 1960년대에 TPR을 가지고 실험을 시작하였다. 그러나 거의 10년이 지나서야 비로소 그 방법이 학계에서 널리 논의가 되었다. 오늘날 TPR은 그 단순성이 가장 큰 매력 포인트가 되어서 언어 교사에게는 일상적인 어휘가 되었다.

TPR은 그 이론에 여러 다른 성찰들을 조합하였다. 아동의 언어습득 원리는 중요하였다. Asher(1977)는 어린아이들은 제1언어를 배울 때 말하기 전에 많이 들으면 듣기는 **육체적 반응**(팔을 뻗기, 움켜잡기, 움직이기, 보기 등)을 동반한다는 것에 주목하였다. 그는 또한 우뇌학습에도 관심을 보였다. Asher에 의하면 신체 동작 활동은 좌뇌의 언어 처리에 선행하는 우뇌의 기능이라는 것이다. Asher는 또한 언어 교실이 때로는 지나치게 불안을 야기하는 곳이라고 확신하고 가능한 스트레스가 없는 교수법 학생들이 지나치게 자의식을 느끼거나 방어적이지 않는 교수법을 개발하기를 원했다. 그래서 TPR교실은 학생들이 많이 **듣고 행동**하는 교실이었다. **교사**는 학생들의 행위를 지휘하는 매우 **지시적인 역할**을 하였다. 그는 "교사는 학생들이 배우는 드라마의 연출자이다."라고 했다.(Asher 1977: 43)

전형적으로 TPR은 명령법을 많이 사용하였는데 심지어는 고급단계에서도 그러하였다. 명령은 대개 학생들이 신체를 움직이거나 긴장을 푸는 손쉬운 방법이었는데 이를 테면 다음과 같은 것들이었다.: Open the window, Close the window, Stand up, Turn around, Pick up the book, Give it to John, Raise your hand, Walk to the door, etc. 이러한 교사의 지시에는 말로 반응할 필요가 없기에 학습자로서는 부담이 없게 된다. 그리고 때로는 의문문(interrogative)도 사용되었는데 이 경우 학생들은 가리키는 일만 하면 되었다.: Where is the book? Who is John? 차츰 학생들은 하나씩 질문에 대답할 수 있을 만큼 그리고 스스로 질문을 하고 그 과정을 계속 할 수 있을 만큼 자신감을 느끼게 되었다.

Asher의 학습이론은 행동주의 심리학의 견해를 다소 반영하는데 자극(S)과 반응(R)이 명령과 행동으로 되풀이 되는 것으로 보여 지기 때문이나 반드시 그러한 것이라 볼 수 없다. 학습자가 말하는 부담감이나 긴장을 해소하는 측면에서 인본주의적 접근법을 주관한다고 볼 수 있다.

Richards 와 Rodgers(1986)는 Asher가 이러한 학습이론을 위해서 바탕을 두는 가설은 다음과 같이 기술하고 있다

① 언어학습을 위한 선천적인 생체-프로그램(bio-program)은 모국어와 제2언어 발달을 위한 최적의 경로를 보여준다.
② 두뇌의 측면화(brain lateralization)는 좌반구와 우반구 학습기능을 정의한다.
③ 학습자의 정의적 여과장치(affective filter)에서 일종의 긴장감이 학습행위에 존재하며 이는 학습을 방해하므로 긴장감을 완화되면 그만큼 학습효과가 커진다.

위의 첫 번째 가설은 모든 사람에게는 특별히 타고난 언어습득의 생체 프로그램이 존재하여 뇌와 신경시스템이 특정한 순서와 특정 모드 속에서 언어를 습득할 수 있다고 한다. Asher가 말한 특정 순서란 듣기가 말하기에 우선되어야 하며 특정 모드만 개인의 신체와 언어가 동일시되고 조화되어야 하는 상태를 말한다. Asher가 말한 특정한 순서란 다음과 같이 정리 할 수 있다.

❶ Comprehension (=listening) precedes production(=speaking)
❷ Listening ability is acquired by the bodily response
❸ Do not attempt to force speaking from students until they are ready for spontaneous production.

다음으로 두 번째 가설은 두뇌의 좌반구와 우반구가 각기 서로 다른 기능을 담당하고 있는 것은 두뇌의 측면화(lateralization)현상 때문이며 어린이가 자라감에 따라 뇌가 양분되어 각각의 기능이 전문화 되는데 대부분의 언어학습은 좌측 두뇌를 사용하도록 되어있다고 보는 것이다. 그래서 Asher는 Piaget의 연구를 바탕으로 아이들은 우측두뇌의 활동을 통해 언어를 습득하며 언어활동은 우측두뇌의 활동이 충분히 선행되면 발하기와 관련된 좌측 두뇌 활동이 유발되어 말을 쉽게 배울 수 있다고 주장하므로 우측 두뇌 활동을 지속하는 전신반응 교수법은 결국 말하기와 관련한 활동을 활성

화 시킨다는 것이다.

마지막으로 세 번째 가설은 제 2 언어 습득이론에서 Krashen이 세운 5개 가설 중 정의적 여과가설(Affective Filter Hypothesis)과 비슷한 것으로 성공적 언어 습득에서 가장 중요한 것은 언어습득을 방해하는 요인인 스트레스와 불안, 긴장감을 적게 하는 것이며 듣고 신체적 반응만 보이게 되면 말하는 부담감이나 스트레스는 줄어들게 되는 것이다.

TPR이 다른 교수법과 달리 갖는 일반적 특징을 들면 다음과 같다.

● 특징

① 우뇌학습을 통한 학습을 강조한다.
② 행동주의 심리학 이론을 적용하며 교사가 자극(명령)을 주고 학생은 신체적 반응을 하게 한다.
③ 말하기를 처음부터 강요치 않기에 긴장감이나 불안감 없이 수업을 할 수 있다.
④ 외국어를 처음 배우는 초기 학습 단계에 좋은 교수법이다.
⑤ 실물을 사용하거나 행동하기에 학습자들이 의미를 쉽게 파악할 수 있다.
⑥ 교사는 학습자의 반응을 통해 쉽게 이해정도를 파악할 수 있다.
⑦ 언어와 행동의 협응(coordination)을 강조한다.
⑧ 정의적 여과가설을 수용하는 자연 교수법(Natural Approach)과 유사한 면이 있다.
⑨ 이해 중심 접근법(comprehension based approach)에 속한다.

● 단점

① 언어학습 초기단계에는 효과적이나 높은 단계로 올라갈수록 한계성을 보인다.
② 청취력 향상에는 도움이 되나 다른 언어기능의 개발에는 제한성을 지닌다.
③ 교사와 활동 유형이 제한되어 흥미를 지속시키지 어렵다.
④ 수업의 긴장감을 줄이다 보니 학습자들의 행동이 장난으로 치우칠 우려가 있다.
⑤교실이 소란스러울 염려가 많으므로 옆 반의 수업에 때로는 방해가 될 수 있다.

## 교수 학습 절차

● 초보단계: 이 교수법은 교사의 명령, 교사의 명령을 듣고 해석, 학생들의 행동 반응,

확인의 순서로 이어지는 학생 활동이 주류를 이룬다.

- 복습(review): 전 시간에 학습한 내용을 보습하는 활동으로 교사가 빠르게 학습한 명령어를 제시하며 학생들은 명령에 따라 행동을 한다.

  Yumi, throw the red flower to Maria.

  Sumi, pick up the knife and spoon and put them in the cup.

  Hana, take a drink of water and give the cup to Elaine.

- 새로운 명령어 제시(new commands): 이번 시간에 학습할 새로운 명령어들을 제시하며 행동을 보여준다.

  Wash your hands.(your face/ your hair/ the cup)

  Look for a towel.(the soap / a comb)

  Hold the book.(the cup / the soap)

- 명령어 듣고 행동하기(Listen and act)

  ⓐ 교사의 명령을 듣고 학생들이 행동을 한다.

  ⓑ 학생들이 그 명령에 익숙해지면 좀 더 빠르게 명령을 한다.

  ⓒ 처음에는 자발적으로 해 보겠다는 학생에게 명령을 하여 행동하게 한다.

  ⓓ 나머지 학생들을 지명하여 행동하게 할 수 있다.

  ⓔ 교사가 간단한 질문을 하고 명령어를 사용하여 학생들이 행동하게 한다.

  Where is the towel? Namsu, look for the towel and point to the towel.

  Where is the toothbrush? Sumi, look for the toothbrush and hold the toothbrush.

- 역할 바꾸기(Role reversal): 어느 정도 명령에 익숙해지면 자원한 학생이 명령을 하고 교사가 다른 학생들이 행동을 한다.

● 읽기와 쓰기 지도: 초보단계에서 여러 날 또는 몇 주 동안 듣고 행동하는 연습과 활동을 한 다음에 문자를 도입하여 가르칠 수 있다. 초보 단계를 거쳐 어느 정도 듣기 능력이 습득 되었다고 인정되면 다음 저차로 읽기와 쓰기를 가르친다.

- 이번 시간에 학습한 구문과 어휘를 써주고 학생들이 읽어보게 한다.
- 이런 시간에 학습한 구문과 어휘를 공책에 베껴 쓰게 한다.

## 10. 자연적 접근법(Natural Approach: NA)

자연적 접근법 또는 자연교수법은 Krashen과 Terrell(1983)이 제안한 여러 가지 이해 중심 교수법(comprehension-based approach)을 중 가장 잘 개발된 교수법이라고 말 할 수 있다. Asher가 TPR과 같은 이해중심 접근법(comprehension-based approach)에 대해서 했던 여러 가지 주장을 받아들여 Krashen과 Terrell은 학습자가 말이 자연히 떠오를 때까지 **발화**를 **연기**하는 것이 도움이 되며 교실에서는 가능한 긴장을 완화해야하고 아주 많은 양의 의사소통과 분석보다는 "**습득**"이 이루어져야 한다고 생각하였다. 사실 자연적 접근법은 초급 단계에서는 TPR 활동을 할 것을 권장하였는데 이때는 "**이해 가능한 입력**"이 언어습득을 촉발하기 위해서 필수적인 시기라는 것이다.

언어 지도의 목적은 여러 가지가 있을 수 있다. 어떤 경우에는 구두 언어로 의사소통을 하기 위해 제2 언어를 배우고 어떤 경우는 문자로 의사소통을 하기 위해 제2 언어를 배우고 어떤 경우는 문자로 의사소통을 하기 위해 배우고 또 어떤 경우에는 학문적으로 초점을 맞추는 경우도 있을 것이다. 예를 들어 강의를 듣거나 교실 상황에서 말을 하거나 혹은 연구 보고서를 쓰는 일 등이다. 자연적 접근법은 기본적 대인간 의사소통 기술, 다시 말해 일상적인 언어 상황인 회화, 물건 사기, 라디오 듣기 등과 같은 상황에서의 의사소통을 목적으로 하고 있다. 교사의 초기의 임무는 **이해 가능한 입력**, 다시 말해 학생들이 이해할 수 있거나 현재의 학습자의 수준을 조금 넘어서는 수준의 입력을 제공하는 것이다. 침묵기 동안에 학습자는 말할 준비가 되었다고 느낄 때까지는 아무 말도 할 필요가 없다. 교사는 학습자에게 입력을 제공하는 원천이 되고 재미있고 지적으로 자극을 주는 교실 활동인 명령, 게임, 촌극, 그리고 소집단 활동 등을 다양하게 창조하는 사람이다.

자연적 접근법에서 학습자는 Krashen과 Terrell이 정의한 다음의 세 단계를 지나가는데 (a)**발화 이전 단계**(pre-production stage)는 듣기이해 기술을 발달시키는 단계이다. 여기서는 TPR을 자주 사용하게 된다. (b)**초기발화 단계**(early production stage)는 대개 학생이 새 언어를 가지고 씨름을 하면서 오류를 많이 만드는 것이 특색이다. 간단한 질문에 대한 응답, 단어가 짧은 구를 이용한 표현, 인사말 등을 말하게 한다. 교사는 이 단계 동안에는 의미에 초점을 맞추지 형태에 초점을 맞추지 않으며 따라서 너무 큰 오류여서 의미 전달이 불가능하거나 방해를 하지 않는다면 학생들의 오류를 수정하려고 크게 신경 쓰지 않는다. (c)마지막 단계는 **발화단계**(speech emergent stage)로서 보다 복잡한 게임, 역할극이 개방형인 대화, 토의, 확대된 소집단 활동 등을 포함하는 보다 길어진 담화로 발화를 확대시키는 단계이다. 이 단계에서의 목표는 유창성을 증진시키는 것이므로 교사는 오류 수정을 아주 드물게 하여야 한다.

자연적 접근법에서 가장 논란이 되는 부분은 "침묵기(silent period)"(구두발화를 연기하는 것)와 이해 가능한 입력을 크게 강조하는 부분이다. 말이 "떠오를" 때까지 구두 발화를 연기하는 것은 단점이 있다. 말이 절대로 떠오르지 않는 학생들은 어떻게 하는가? 그리고 소위 이 말이 떠오르는데 걸리는 시간이 모두 다른 학생들과 함께 교사는 어떻게 교실 수업을 효율적으로 이끌 수 있는가? 더구나 이해 가능한 입력이 나는 것도 딱 꼬집어 내기에는 어려운 개념이다.

좀 더 긍정적인 측면으로는 대부분의 교사와 연구가들은 우리가 학습자들에게 곧장 말을 하도록 강요하는 경향이 너무 많다는 것을 인정하고 있으므로 자연적 접근법이 주는 충고를 받아 들여서 학생들이 새 언어에 익숙해질 때까지 얼마 동안은 침묵기가 학생들에게 유익하다. TPR과 기타 입력을 통하여 학생들의 언어 자아는 그리 쉽게 위협을 받지 않으며 그들을 당황하게 할 모험을 택하도록 곧바로 강요되지는 않는다.

자연적 접근법은 **습득-학습 가설, 모니터 가설, 자연적 순서 가설, 입력 가설, 정의적 여과 가설** 등 5가지 가설이 근거하고 있다. 이러한 가설들은 영어교육에서 학생들에게 이해 가능한 언어입력을 많이 제공해야 하며 구문보다는 어휘를 많이 가르치고 초기단계에서는 영어의 듣기와 읽기에 역점을 두어 수업을 하고 흥미 있게 수업을 이끌어 가는 것이 바람직하다는 주장이다. 각 가설은 구체적으로 살펴보기로 한다.

## 습득-학습 가설(Acquisition-Learning Hypothesis)

Krashen은 외국어를 익히는데 습득과 학습의 두 가지 방법이 있는데 양자를 개념적으로 달리 구분하고 있으며 학습이 결코 습득으로 이끌어 간다고 보지 않는다. 언어습득은 어린이들의 모국어 사용과정에서 관찰되는 것으로서 의사전달 위한 언어 사용이 무의식적으로 자연스럽게 일어날 과정이다. 이와는 대조적으로 언어 학습은 외국어를 배울 때 일어나는 것으로서 의식적으로 언어의 문법지식 즉 규칙이 발달되는 과정이다. 그것은 결국 한 언어형태에 대한 명시적 지식과 이 지식을 입으로 표현하는 능력을 말한다. 학습이 일어나도록 하기 위해선 형식적 교수가 필요하고 오류의 수정은 학습된 규칙의 발달을 돕는다. Krashen & Terrel(1983: 27)은 습득과 학습을 다음과 같이 특징적으로 구분하고 있다.

■ 습득과 학습의 구분(Krashen & Terrel, 1983: 27)

| Aquisition | Learning |
|---|---|
| – similar to child language aquisition<br>– 'picking up' a language<br>– subconscious<br>– implicit knowledge<br>– formal teaching does not help | – formal knowledge of language<br>– 'knowing' about a language<br>– conscious<br>– explicit knowledge<br>– formal teaching help |

Krashen은 어린이 뿐 아니라 사춘기를 지난 성인들도 비록 완벽하지는 않지만 언어를 습득할 능력이 있다고 말한다.

## 모니터 가설(Monitor Hypothesis)

영어의 의식적인 학습 (conscious learning)에는 자기가 학습해서 표현할 말을 감시하고 검색해서 스스로 수정하는 (self correction)과정이 필요하다. 곧 학습된 언어지식은 모니터 작용을 하여 수정을 한다는 것이다. 모니터를 지나치게 많이 사용하는 사람은 표현상의 실수와 오류를 범하지 않지만 문법적 오류가 생기지 않을까 두려워 말을 하지 않는 경향이 있으며 모니터를 너무 사용치 않으면 표현상의 실수가 많다. 그러므로 모니터를 적절히 사용하는 것이 이상적이다. 모니터를 성공적으로 사용하려면 3가지 조건이 필요한데 첫째, 언어규칙을 알고 있어야 하며(knowledge of rules) 둘째, 언어형태에 집중(focus on form)해야 되고 규칙을 선택하고 적용할 시간(time)이 있어야 한다.

## 자연적 순서 가설(Natural Order Hypothesis)

언어학습에서 문법구조의 습득은 예측 가능한 순서대로 습득된다고 한다. 모국어 뿐 아니라 제2언어 습득에서도 어떤 문법구조는 다른 것에 앞서서 습득된다고 보는 자연적 순서가 있다고 보는 것이다. 이 순서는 문법적 단순성이나 교실에서 가르친 순서와 무관하다. 이들은 ESL 상황에서 문법 형태소 습득 순서가 다음과 같이 일어난다고 본다.

### ESL 상황에서의 문법 형태소 습득 순서( Krashen & Terrel 1983 )

| | | | | | | |
|---|---|---|---|---|---|---|
| - ing(진행형)<br>- s(복수형)<br>- be(연결계사) | ☞ | - be ing<br>(조동사+진행형)<br>- a, the(관사) | ☞ | - 불규칙과거 동사 | ☞ | - 규칙과거 동사<br>- s(3인칭단수)<br>- `s(소유격) |

### 입력가설(Input Hypothesis)

입력가설은 학습이 아니라 습득과 관련된 가설로서 학습자가 한 언어에 대해 노출된 정도와 언어습득 사이의 관계를 설명하기 위한 주장이다. 학습자들이 현재 언어 능력의 수준(i)보다 한 단계 위 (i+1)의 언어입력(노출)될 때 가장 잘 이해하여 습득케 된다는 가설이다. (i+1)이란 곧 이해 가능한 입력(comprehensible input)을 가리킨다.

### 정의적 여과 가설(Affective Filter Hypothesis)

정의적 여과 가설에서는 학습자의 감정, 태도가 언어습득에 필요한 입력을 자유로이 통과시키거나 방해하며 차단하는 조절 가능한 여과기로 본다. 정의적 여과가 낮은 것이 보다  필요한 입력을 덜 방해해서 언어습득이 보다 쉽게 이루어진다. 예를 들어 불안감이 낮을 때 자신감을 갖고 상호작용하며 자신들이 받는 입력에 대해 보다 수용적이 된다. 정의적 여과기설 입장에서 볼 때 제 2 언어습득에서 어린이는 나이가 많은 습득자보다 정의적 여과가 보다 낮기에 언어습득에 보다 유리하다.

자연 교수법은 언어의 일차적인 기능을 의사소통이라 여기고 외국어 교육에서 의사소통 능력을 가르쳐야함을 중요시하는 교수법을 말한다. 여기서 '자연'이란 표현을 쓰는 이유는 외국어 학습방법은 모국어 습득 방법과 같이 무의식적이고 비공식적인 상태의 자연스런 상황에서 가능하다고 보기 때문이다. 외국어 학습의 환경변수가 일정한 상태에서 발화 연습을 하기 보다는 입력에의 노출(exposure)과 학습에 대한 정서적 준비 및 말하기 전에 많은 시간의 이해를 강조한다.

자연교수법의 기본 원리는 학생의 모국어에 의존하지 않고 어린이가 모국어를 자연스럽게 배우는 원리를 적용하여 의사소통 상황 속에서 목표언어를 자연스럽게 배우는 원리를 직접 사용해서 가르치는 방법이다. 따라서 목표언어 자체를 가능한 많이 접촉하도록 하고 언어를 배우려고 하는 심리적 태세를 극대화하며 **발화**보다는 **듣기**에 더 큰 비중을 둔다. 또 이해 **가능한 입력의 자료**로서 글이나 그림 등의 여러 가지 자료를 적극적으로 이용한다는 것이 특징이며 **이해우선, 이해중심의 교수법**이라 할 수 있다.

자연교수법에서는 언어의 성질에서 **의미의 중요성**을 특히 강조하였는데 그것은 언어교육에서 어휘의 역할을 강조한 것으로 여겨진다. 언어란 의미와 메시지 소통의 수단이며 언어의 습득은 목표 언어의 의미를 이해해야만 가능하다는 견해를 가지고 학생이 충분히 이해할 수 있는 언어 자료를 단계적으로 그리고 지속적으로 접하게 함으로써 목표 언어를 습득하게 할 수 있다는 것이 이 교수법 원리의 근간이라 할 수 있다.

◉ 특징

① 이해중시교수법(comprehension-based approach)의 하나로서 초급 단계에선 TPR 활동을 권장한다.

② 5가지 가설 습득-학습가설, 모니터 가설, 자연적 순서 가설, 입력 가설, 정의적 여과 가설에 근거하고 있다.

③ 학습과 습득을 구분하며 외국어 학습에서 습득을 강조한다.

④ 학습자의 정의적 측면(불안감, 감정, 태도)을 중시하며 정의적 여과가 낮을 때 상호작용을 활성화 시킨다고 본다.

⑤ 외국어 교육에서 의사소통 능력을 중요시하는 교수법이다.

⑥ 언어습득 활동은 pre-production stage(=comprehensive), early production stage, speech emergence stage 로 구분한다.

⑦ 초기 발화단계에선 한 단어 응답, 문장 완성 응답의 발화를 하며 마지막 단계에선 게임, 역할극, 정보활동, 문제 해결 등 인본주의적 및 정의적 활동을 통해 자연스런 말하기를 격려한다.

⑧ 단점으로는 오류수정을 통한 피드백이 전혀 없으며 언어형태의 초점을 맞춘 명시적 교수(explicit instruction)의 부족을 들 수 있다.

⑨ 교사의 역할은 학습자에게 이해 가능한 언어입력(노출)의 제공, 부드럽고 친근한 학습 분위기 유도, 정의적 여과를 낮추는 일, 다양한 집단과 학습내용, 상황에 부합된 학습 활동의 선정 및 조직 등이다.

⑩ 소재와 내용을 실생활과 연력 되도록 조직하고 학습자 상호간에 실질적인 의사소통 활동이 일어나도록 실물 교재, 그림, 지도, 광고문, 게임 등을 이용한다.

## ■ 자연교수법을 적용한 수업모형

| 단 계 | 과 정 | 활 동 |
|---|---|---|
| 도 입 | 목표확인 | – 인사<br>– 전시학습상기 내용소개<br>– 목표확인 |
| 전 개 | TRP | – 교사의 시범<br>– 대표학생의 시범<br>– 명령을 통한 자료의 소개와 제시<br>– 듣고 따라 행동하기 |
| | 어휘 및 표현 소개 | – 실물, 잡지, 광고의 이용<br>– 그림카드 제시<br>– 추측하기<br>(Yes/No, either – or 질문) |
| | 활 동 | – 활동방법에 대한 소개<br>– 자료 및 도구 준비<br>– 활용유형에 따른 집단 구성 |
| | | – 어휘 및 표현을 위한 여러 가지 활동(정의적 활동, 문제해결 활동 기타) |
| | | – 교사와 학생들의 상호작용 |
| 정 리 | 수업의 정리 | – 내용에 대한 정리<br>– 차시 예고, 인사 |

# 11. 의사소통 중심 언어 교수법(Communicative Language Teaching)

현대 교수법의 특징을 살펴보면 언어의 의사소통 기능과 언어의 실제 사용을 중시한다. 의사소통 중심 언어교수법(Communicative Language Teaching: CLT)은 의사소통 중심 접근법의 일반적인 표준으로 인식되며 CLT의 정의나 교실 적용에 있어서는 다양한 해석이 가능하다.(Brown 1994: 6) 이러한 CLT는 하나의 교수법이라기보다 접근법으로 파악할 수 있다.

이 교수법은 언어교수의 목적은 의사소통 능력(communicative competence)을 개발하는 것이다. 의사소통 능력이란 용어는 사회언어학자인 Dell Hymes(1972)에 의해 최초로 사용되었다. 그가 언급한 의사소통능력이란 언어의 문법성에 관한 지식, 언어능력의 한계에 관한 지식, 발화의 사회적 의미의 타당성에 관한 지식, 일정한 발화의 사용 가능성에 관한 지식을 말한다. 즉, 의사소통 능력은 언어에 대한 지식, 실행 가능성, 적합성, 실용성, 수행가능성을 포함하는 언어 사용 능력을 말하는 것이다.

한편 Halliday(1975)는 언어의 의사소통기능을 보다 상세화 하여 모국어 학습에서 언어가 수행하는 7가지 기본 기능을 다음과 같이 분류하였다.

❶ **도구적 기능:** 사물을 얻기 위한 언어 사용
❷ **통제적 기능:** 다른 사람의 행동을 조절하기 위한 언어 사용
❸ **상호작용 기능:** 다른 사람과 상호작용 하기 위한 언어 사용
❹ **개인적 기능:** 개인의 감정과 의미를 표현하기 위한 언어 사용
❺ **발견적 기능:** 학습하고 발견하기 위한 언어 사용
❻ **상상적 기능:** 상상의 세계를 창조하기 위한 언어 사용
❼ **표상적 기능:** 정보를 설명하고 전달하기 위한 언어 사용

의사소통능력의 정의 중 가장 널리 수용되어 온 정의는 Canale & Swain(1980)의 정의인데 그들은 의사소통능력이 다음의 4가지 요소로 구성되어 있다고 주장한다.

#### 1) 문법적 능력(Grammatical Competence)

발화문의 의미를 정확하게 이해하고 표현하는데 요구되는 통사적, 음운론적, 의미론적 지식을 총칭하는 것이다. 이는 종래의 언어 능력 부분에 해당된다.

#### 2) 사회 언어적 능력(Socio-Linguistic Competence)

사회 언어적 능력은 각기 다른 사회 문화적 상황에서 발화문을 적절하게 표현하고 이해하는 능력이다.

#### 3) 담화능력(Discourse Competence)

개별 의미가 전체 담화나 텍스트에서 제시되는 방법과 그 해석에 관한 능력

#### 4) 책략적 능력(Strategic Competence)

대화자들이 말을 시작하거나 끝맺는 것, 자기 말을 수정하고 대화를 유지하는 등의 전략에 관한 능력.

이와 같이 의사소통 능력이란 용어는 거시적 개념에 해당된다. 종래 같으면 언어학습의 목표가 언어능력 즉 문법적 능력의 형성이란 미시적 개념에 불과 한다고 볼 수 있는데 비해 의사소통 능력은 포괄적 개념을 갖고 있다.

Richards & Rodgers(1995)는 언어기능과 상호작용이 중시 되는 의사소통 중심 언어 교수법의 언어 이론을 다음과 같이 특징지었다.

❶ Language is system for the expression of meaning.

❷ The primary function of language is for interaction and communication.

❸ The structure of language reflects its functional and communicative uses.

❹ The primary units of language are not merely its grammatical and structural features, but categories of functional and communicative meaning as exemplified in discourse.

의사소통 중심 언어 교수법을 보면 언어 이론에 관한 저술은 방대한데 반해 이 교수법의 구체적 적용인 학습 방법이나 이론은 아주 적은 편이다. 그러나 학습 이론의 기초가 되는 몇 가지 요소들은 의사소통 중심 언어 교수법에서 발견된다. 첫 번째 요소는 '**의사소통의 원리**'로서 실제 의사소통에 관련된 활동들이 학습을 촉진 시킨다는 것이고 두 번째 요소는 '**과제의 원리**'는 의미 있는 과제를 수행하기 위해 언어를 사용하는 활동이 학습을 촉진시킨다는 것이다. 세 번째 요소는 '**유의미의 원리**'로서 학습자에게 의미 있는 언어 학습 과정을 유지시킨다는 것이다. 즉 문형을 기계적으로 연습하는 것보다 실제적이고 의미 있는 과제의 수행에 의해 학습이 증진된다고는 본다.

한편 Brown(2001)은 다음의 여섯 가지 서로 연관된 특징들로 CLT를 기술하고 있다.

① 교실 수업이 목표는 의사소통 능력의 모든 구성요소들(문법적, 담화적, 기능적, 사회 언어학적, 책략적 능력)에 초점을 맞춘다. 목표는 따라서 언어의 구조적인 면과 화용적 인면을 서로 얽히게 해야 한다.

② 언어 교수기법은 학습자로 하여금 의미 있는 목적을 달성하기 위해 활용적이고,

진정성이 있고, 기능적으로 언어를 사용하는데 참여시키도록 설계한다. 언어 조직 형태들은 관심의 중앙에 있지 않고, 그런 목적을 달성하기 위한 일면이다.

③ 유창성과 정확성은 의사소통적 기법에 깔려 있는 상호 보완적인 원리들로 본다. 때로는 학습자가 의미 있는 언어를 사용하도록 하기 위해서 유창성을 정확성 보다 더 중요하게 여겨야 한다.

④ 의사소통적 수업을 받은 학생은 궁극적으로는 교실 밖에서 연습을 하지 않은 상황에서 이해하고 표현하는데 언어를 사용하여야 한다. 교실에서 하는 과업은 따라서 그런 상황에서 필요한 기술을 학생들에게 갖춰 주어야 한다.

⑤ 학생들에게 자신의 학습 과정에 주의를 집중할 기회를 주어야 하는데 이것은 자신의 학습 유형에 대한 이해와 자율학습을 위한 적절한 책략을 개발함으로써 가능하다.

⑥ 교사의 역할은 촉진자, 안내자의 역할이지, 지식을 베푸는 증여자의 역할이 아니다. 따라서 남들과 진정한 언어적 상호작용을 통하여 의미를 형성할 것을 학생들에게 권장하여야 한다.

이 여섯 가지의 특성들은 이전의 접근법들로부터 몇 가지 중요한 점에서 이탈하였음을 의미한다. 어떤 면에서 그 이탈들은 긴 역사를 특징 지웠던 여러 가지 교수법들을 넘어선 점진적인 산물이다.

지금까지 언급한 의사소통 중심 교수법의 여러 특징들을 종합해 보면 다음과 같다.

① 언어의 구조나 형식(form)보다는 의미에 초점을 두며 의사소통기능(communicative function)을 먼저 고려하기에 상호작용(interaction)학습을 중시한다.

② 문법적 정확성보다 담화의 적절성 및 유창성을 강조한다.(적절성 및 유창성의 강조)

③ 실생활에서 쓰이지 않는 부자연스런 예문의 연습이 아니라 실제의 자연스런 언어자료(authentic text)를 사용한다.(진정성이 있는 언어자료)

④ 오류를 의사소통과정의 자연스런 발전과정으로 보여 의사소통에 심각한 장애가 되지 않는 한 교정하려고 하지 않는다.(교정의 최소화)

⑤ 교사는 의사소통 활동을 도와주는 조언자로서 의사소통을 촉진할 수 있는 상황을 많이 만들어 주어야 한다.(학습자 중심 교수법)

⑥ 의식적 언어학습보다 과업이나 유의미한 활동을 통해 이루어지는 무의식적 습득활동을 강조한다.(실제적이고 있는 과제수행에 중점)

⑦ 음성 ☞ 어휘 ☞ 문법으로 이루어지는 상향식 접근이 아니라 사회적 심리적 관계와 대화의 장소, 시간 등의 상황을 먼저 이해하고 상황에 적절한 언어 표현을 구사할 수 있는 하향식 접근이다.(하향식 접근법)
⑧ 담화 수준 혹은 문장 이상의 수준에서 언어를 다룰 수 있어야 한다.
⑨ 사회적 상황, 기능, 대화자와의 역할이 단어나 문법 학습보다 우선시 된다.
⑩ 경쟁적 학습이 아니라 소집단 활동을 통한 협동학습(cooperative learning)을 강조
⑪ 짝 활동, 소집단 활동을 통한 상호작용적 학습의 실시
⑫ 언어의 4기능을 구분하지 않고 총체성에 근거해 통합 과정중심 지도(시험도 총체적 평가 시도)
⑬ 학습의 내용과 언어교육의 목표를 통합한 내용중심지도이다.
⑭ 개념－기능중심 교수요목(notional-functional syllabus)을 도입한다.
⑮ 의사소통활동으로 기능적 의사소통활동(functional communication activities)과 사회적 상호작용 활동(social interaction activities)으로 구분되는데 전자는 단서를 가지고 문제를 해결하는 과업 중심 수업(예: 파트너 찾기, 비밀 찾기, 빠진 부분 찾기)을 진행하고 후자는 대화와 토론, 역할극, 모의상황, 즉흥극 등 과업활동으로 수업을 진행한다.

끝으로 의사소통중심 언어 교수법의 이해를 돕기 위해 Finocchiaro & Brumfit (1983)이 제시한 청화식 교수법과 의사소통 중신 언어 교수법의 비교 도표를 제시코자 한다.

### ■ 청화식 교수법과 의사소통적 언어 교수법의 비교(Brown 2001: 45)

| 청화식 교수법(ALM) | 의사소통적 언어 교수법(CLL) |
|---|---|
| 1. 의미보다는 구조와 형태에 관심을 기울인다.<br>2. 구조 중심의 대화를 보다 많이 암기할 것을 요구한다.<br>3. 언어 항목들이 반드시 맥락 속에서 주어져야 하는 것은 아니다. | 1. 의미가 최고로 중요하다<br>2. 대화가 사용된다면 의사소통을 중심으로 하고 꼭 암기해야 하는 것은 아니다.<br>3. 맥락을 제공하는 것은 기본 전제이다. |

| 청화식 교수법(ALM) | 의사소통적 언어 교수법(CLL) |
|---|---|
| 4. 언어를 배운다는 것은 구조, 소리, 단어를 배우는 것이다. | 4. 언어를 배운다는 것은 의사소통 하는 법을 배우는 것이다. |
| 5. 완전 학습 혹은 "과잉 학습"을 모색한다. | 5. 효과적인 의사소통을 모색한다. |
| 6. 훈련은 핵심적인 교수기법이다. | 6. 훈련이 있을 수는 있으나 주변적인 것이다. |
| 7. 원어민과 같은 발음에 도달하려고 한다. | 7. 이해 가능한 발음에 도달하려고 한다. |
| 8. 문법 설명은 피한다. | 8. 학습자를 돕는 것이면 어떤 장치라도 용납된다. – 학습자의 연령, 흥미 등에 따라서 다르다. |
| 9. 의사소통 활동은 오직 엄격한 훈련과 연습을 오랜 기간 거친 후에 한다. | 9. 의사소통을 하려는 시도를 아주 초기부터 장려한다. |
| 10. 학생들의 모국어 사용은 금한다. | 10. 가능한 경우에 모국어의 분별 있는 사용이 용납된다. |
| 11. 초급 수준에서는 번역을 금지한다. | 11. 학생들이 필요하거나 도움을 얻을 경우에는 번역을 사용한다. |
| 12. 말하기가 완전 학습 될 때까지 읽기와 쓰기를 미룬다. | 12. 요구된다면 첫날부터도 읽기와 쓰기를 시작 할 수 있다. |
| 13. 목표어의 체계는 그 체계의 패턴들에 대해 명시적으로 가르쳐서 학습시킨다. | 13. 목표어의 체계는 의사소통을 하려고 애를 쓰는 동안에 학습된다. |
| 14. 언어적인 능력이 요망되는 목표이다. | 14. 의사소통 능력이 요망되는 목표이다. |
| 15. 언어의 다양성이 인식되지만 강조되지는 않는다. | 15. 언어적 변이가 교육자료와 교수법에 핵심개념임. |
| 16. 단원의 순서는 오직 언어적 복잡성 원리에 의해서 결정된다. | 16. 흥미를 유지시키는 내용기능이나 의미의 고려라면 어떤 것이라도 순서를 결정한다. |
| 17. 교사가 학습자를 통제하고 교육이론과 상치되는 행동을 못하도록 막는다. | 17.교사는 학습자가 언어를 가지고 행동하도록 동기 유발을 하는 모든 방법을 사용하여 돕는다. |
| 18. "언어는 습관이다". 따라서 어떤 대가를 치르더라도 오류는 막아야 한다. | 18. 개별 학습자는 가끔 시행착오를 통하여 언어를 만들어낸다. |
| 19. 형태적 정확성이라는 의미에서의 정확성이 일차적인 목표이다. | 19. 유창성과 수용할 만한 수준의 언어가 일차적인 목표이다. 정확성은 추상적인 개념이 아니라 맥락에서 판단한다. |
| 20. 학생들에게 기계나 통제된 교육 자료에 구현된 언어 체계와 상호 작용하도록 기대한다. | 20. 학생들에게 짝 활동이나 소집단 활동을 통하여 육성이나 혹은 문자로 사람들과 상호 작용하도록 기대한다. |
| 21. 교사에게 학생들이 상용하게 될 언어를 명시하도록 기대한다. | 21. 교사는 학생들이 어떤 언어를 사용할지 정확히 알 수 없다. |
| 22. 내적 동기가 언어 구조에 대한 흥미에서 나오게 될 것이다. | 22. 내적 동기는 언어를 통하여 의사소통되는 내용에 대한 흥미에서 나온 것이다. |

## 수업 모형

의사소통 중심-언어교수법이 수업모형은 대개 다음과 같이 이루어진다.

| 단 계 | 과 정 | 활 동 |
|---|---|---|
| 도 입 | 학습 동기유발 | - 인사<br>- 전시학습 상기<br>- 동영상과 목표확인<br>- 학습활동 및 목표확인 |
| 전 개 | 상황제시 및 의사소통표현 이해 | - 시각자료를 통한 의사소통 상화 이해<br>- 언어 표현과 상황의 개략적 이해 |
| | 의사소통 전 활동 | - 어휘, 주요 구문연습(exercise) |
| | 의사소통 활동 | - 게임을 통한 의사소통 활동<br>- 활동을 통한 의사소통 활동<br>- 역할극을 통한 의사소통 활동 |
| 정 리 | 평가 및 확인 | = 의사소통 기능 정리, 차시예고, 인사 |

# 12. 총체적 언어 접근법(Whole Language Approach)

총체적인 언어(Whole Language)라는 표현은 언어학자가 아닌 교육자들, Harte와 Burke(1997), Goodman(1981), Watson(1989)등이 사용한 용어로 영어를 모국어로 하는 아이들이 어떻게 책을 읽고 이해하게 되는가를 연구할 때 사용하였다. 이들은 문해력(literacy)의 개념을 강조했으며 쓰기의 개념을 자기가 생각하고 있는 것을 자기 힘으로 발견해내는 것으로 보았다. 그리고 독서는 텍스트와 독자의 상호작용 과정으로 기술하고 있다.

총체적 언어 접근법의 시작은 영어를 모국어로 하는 아이들에게 읽기를 어떻게 지도하면 좋은가에 대해 생각한 끝에 상향식 지도(bottom-up processing)가 아닌 총체적

이상에서 제시한 교수 전략으로서의 총체적 언어학습은 아동의 학습과정을 중시한다는 점에서 그 특징을 찾을 수 있으며, 이를 전통적 학습과 비교하여 설명하면 다음과 같다(이성은 · 황경희, 1998b).

첫째, 총체적 언어 학습의 과정에서 제시되는 모든 내용은 말하기, 듣기, 읽기, 쓰기의 언어 영역의 기본적인 의사소통 수단을 긴밀하게 연결시켜 관련 교과와의 자연스러운 통합을 도모한다. 반면에 전통적 학습은 구체적인 언어 기술을 향상시키는 데에 초점을 둔다.

둘째, 총체적 언어 학습은 아동과 교사가 활동의 종류를 함께 선택한다. 반면에 전통적 학습은 교사에게 학습 내용, 방법, 교재 선택의 결정권이 있다.

셋째, 총체적 학습은 개별화된 활동과 협력 활동을 적절히 조화시킨다. 반면에 전통적 학습은 교사에 의한 전체적인 학습이 주를 이루고 개별 활동이나 협력 활동은 가끔 일어난다.

넷째, 총체적 언어 학습은 표준화된 성취 수준에 의해서 아동들을 평가하지 않으며 학습과 정중에 끊임없이 평가한다. 반면에 전통적 학습은 획일적 평가 방법에 의해 정해진 시기에 객관적 기준에 의해 상대 평가를 한다.

다섯째, 총체적 언어 학습에서 학습과 훈련의 과정은 아동 자신에게 필요한 정보를 얻는 즐거움을 느끼게 하는 활동이 되게 한다.

여섯째, 총체적 언어학습은 사회, 수학, 과학, 미술 등의 교과를 비롯하여 자연물, 각종 정보자료 및 시청각 매체 등 다양한 자료를 교재로 활용한다.

이상의 내용을 표로 나타내면 다음과 같다.

■ 총체적 언어 접근법과 전통적 언어 접근법의 비교

| 구 분 | 총체적 언어교육 접근법 | 전통적 언어교육 접근법 |
|---|---|---|
| 학습목적 | - 학습자의 최대한의 성장과 장점의 확산<br>- 의미에 의한 언어능력의 전체적인 향상<br>- 관련 교과와의 자연스러운 통합 | - 언어기술의 향상 |
| 학습내용 및 방법 | - 교사와 아동이 함께 결정<br>- 학습시간과 계획에 융통성 부여<br>- 학교 내 · 외에서 학습의 장 선택<br>- 다양한 자료 활용<br>- 실수 수용 | - 교사에 의해 결정<br>- 학습시간과 계획이 고정<br>- 교실 내에서 학습의 장 마련<br>- 제한된 자료 이용<br>- 실수 교정 |

이상에서 언급한 총체적 언어 접근법의 특징을 전반적으로 요약하자면 다음과 같다.

① 문법, 어휘, 발음 등의 요소를 개별적으로 가르치지 않고 언어를 총체적, 종합적으로 가르치는 방법이다.
② 학습자 중심의 인본주의 교육이론에서 비롯되었다.
③ 진정성(authenticity)이 있는 학습, 개별 학습, 협력 학습, 자기 주도적 학습을 권장한다.
④ 언어 4기능의 자연스런 통합을 도모하여 사회, 수학, 과학 등 다른 교과의 자료를 교재로 활용키로 한다.
⑤ 아동과 교사가 활동의 종류를 함께 선택한다.
⑥ 의미 이해 중점을 둔 학습자 중심 학습을 강조.
⑦ 아동의 개별 학습뿐 아니라 사회적인 상호작용을 촉진하는 협력 학습이다.
⑧ 문학작품을 중심으로 한 언어지도에 초점을 두고 있다.
⑨ 평가는 학습과정 중에 끊임없이 평가한다.
⑩ 오류를 두려워하지 않도록 하며 오류는 학습의 표시로 간주한다.
⑪ 방법론이라기보다 학습자들의 언어사용을 격려하고 권장하는 교수 철학이며 접근법이다.

## 13. 과업중심 언어 교수법(Task-based Language Teaching: TBLT)

과업중심 언어교수법은 과제수행 교수법이라고도 하며 의사소통 중심 이론(Communicative Approach)의 원칙과 학습책략, 제2언어 습득 연구에 근거하여 개발된 방법으로 과업을 언어 교수의 핵심 단위로 사용한다.

Peter Skehan(1998: 95)은 과업을 다음과 같은 것이 있는 활동이라고 보았다.

- Meaning is primary.
- There is some communication problem to solve.
- There is some sort of relationship to comparable real-world activities.
- Task completion has some priority.
- The assessment of the task is in terms of outcome.

즉 과업이란 실제로는 특수한 형태의 교수 기법(special form of technique)이다. 어떤 경우에는 과업과 기법은 동의어가 될 수도 있다(예를 들면, 문제 해결 과업/기법, 역할극 과업/기법 등). 그러나 또 다른 어떤 경우는 하나의 과업을 구성하는 것이 여러 개의 기법이다. 과업은 대개 기법보다 그 궁극적 목표가 더 크다.

과업 중심 지도는 사실상 새로운 교수법이라기보다는 방법론적으로 과업을 초점의 중앙에 놓는 것이다. 그것은 학습 과정을 의사소통적 과업의 한 집합으로 보며 그 과업들은 교육과정의 목표들과 직접적으로 연계되고 그 목적은 언어 자체를 위한 연습을 넘어서는 것이다.

과업 중심 지도는 사실 CLT의 틀 안의 한 시각인데 교실 내에서 시용 키 위해 다음과 주의 깊은 교려가 필요하다.

- 그 과업들은 궁극적으로 학습지로 하여금 언어의 형태를 넘어서 실제 세상의 맥락으로 지향하게 하는가?
- 그 과업들은 의사소통의 목적에 구체적으로 기여하는가?
- 그 과업의 요소들이 그냥 단순히 되는 대로 개별적으로 한데 던져진 것이 아니라 주의 깊게 설계되었는가?
- 과업들의 목표가 아주 구체적이어서 기법 하나하나의 성공여부를 판단할 수 있는가?
- 그 과업들의 학습자로 하여금 진정으로 문제 해결 활동에 참여하게 하는가?

과업 중심 교수법은 학습자 중심의 접근방법(learner-centered approach)의 이론적 원리라고 할 수 있는 차별화와 상호 의존적 학습개념을 반영하고 있어 여기에 제시되는 과업은 학습자들이 이미 알고 있는 지식과 새로운 지식에 대하여 협의(negotiation)의 형식으로 문제해결에 접근하게 되며 이러한 활동을 통해 목표언어를 사용하게 함으로써 그 자체를 의미의 협상(negotiation of meaning)으로 보기도 한다. 따라서 과업중심 교수법은 배울 목표언어의 언어요소를 중심으로 조직하는 것이 아니라 목표언어를 사용해서 달성해야 할 과업을 중심으로 가르친 내용을 조직하게 된다. 이것은 목표언어의 언어요소 그 자체에 초점을 두는 것이 아니고 목표언어를 사용해서 해결해야 할 과제를 부여하여 그 문제를 해결하는 과정에서 간접적으로 목표언어를 배우게 하는 방법인 것이다.

과업중심 교수법에서는 목표언어를 사용하도록 하는 과제를 제시하는 것이 중요하다. 예를 들어 다음에 설명할 정보 차 활동(information gap activities)을 이용하여 두 사람간의 정보에 공백을 만들어 주면 정보의 공백을 메우기 위해서 스스로 생각도 많이 해야 하고 상대방이 가진 정보도 이용해야 하므로, 모국어를 사용하지 않는 진정한 의사소통에 매우 근접하게 접근 할 수 있다. 이와 같이 언어의 실제 사용 측면과 더불어 무엇보다도 중요한 것은 학생들이 스스로 생각하면서 다른 학생과 상호 활동을 해 본다는 것이다. 다시 말해서 학생들이 학습 과정에 직접 참여하여 경험을 축척해 나간다는 것이다.

이를 위해서는 한 학급의 전체 학생을 여러 개의 조나 소집단으로 나누어 그룹별로 활동을 시켜야 한다. 그룹별로 활동을 하면 진정한 의미의 언어사용(의사소통)을 할 수 있는 이유를 제공해 줄 수 있을 뿐만 아니라, 언어 연습의 경우에도 학생들이 같은 형태의 질문이나 대답을 반복하는 데에 대한 이유를 제공해 줄 수 있다. 교사가 전체 학생을 대상으로 질문하고 대답하는 것보다 학생들이 조별로 질문하고 대답하게 하면 학생들 개개인의 언어 연습 기회가 훨씬 많아진다. 또, 학생들이 그룹별 활동을 함으로써 학생들 개개인의 사용하는 전체적인 영어의 양이 그렇지 않는 경우보다 훨씬 많아진다. 이것은 언어사용의 실제성을 보다 크게 반영하는 방식이기도 하며, 학생들의 학습 참여 강도를 높여서 언어 연습의 질을 놓이는 방법이기도 하다. 과업을 부여하여 그룹별로 활동을 하면, 학생들 자신이 자신의 학습과정에 참여하게 되므로 그 학습에 대하여 책임지는 셈이 되고, 책임감을 가지면 가질수록 학습한 내용은 그만큼 학생들 자신의 것이 될 확률이 놓다.

과업중심 교수법에서 교사는 촉진자(facilitator)로서 항상 학습을 위한 주요 조건을 유지해야 한다(Nunan, 1989). 학습을 촉진하는 것은 노출의 양과 언어사용의 적당한 양과의 조화를 말한다. 과업 교수법에서 강조하는 것은 교사의 안내를 통하여 학습자가 주로 짝이나 소집단으로 과업을 수행하는 것이다. 과업중심 교수법에 있어서 각 단계별로 교사의 역할이 중요한데, 과업 전 단계에서는 교사가 미리 구성한 과업을 학습자가 이해한 후 수행할 수 있도록 적절하게 안내하는 역할을 하고 과업단계에서는 과업의 목표에 따라 학습자들이 능동적으로 참여하여 과업을 수행하도록 한다. 이 때 교사는 수행할 과업의 목표에 따라 역할을 달리한다. 과업 후 단계에서 교사는 언어의 형식에 초점을 둠으로써 언어 안내자(language guide)로서의 역할을 하기도 한다.

지금까지 과업중심 교수법의 중요한 특징을 종합해 보면 다음과 같다.

① 목표 언어의 언어 요소를 중심으로 수업 활동이 구성되는 것이 아니라 과제를 수행하는 과정에서 목표 언어를 배우게 한다(언어 학습보다 과제 완수가 우선).

② 의미 협상(negotiation of meaning)을 통한 문제 해결식 접근.
③ 짝 활동이나 소그룹 활동이 위주이고 학생들은 서로 마주 본다.
④ 교사는 학습의 촉진자(facilitator)겸 장려자, 충고자, 상담자이다.
⑤ 학습자는 학습과정에 능동적으로 참여한다.
⑥ 교사와 학습자가 서로 협의하여 진행 중인 과정의 교수요목을 결정한다.
⑦ 언어 학습을 상호 작용하는 여러 요소의 복합적 과정이며 종합적 방법으로 습득될 수 있다.
⑧ 의사소통의 방해가 될 경우에만 오류를 지적한다.
⑨ 언어를 문맥 속에서 파악하여 구성요소의 집합이상으로 본다.
⑩ 학습의 결과보다는 과정을 중시한다.
⑪ 과업은 상호작용에 따라 직소 과업(jigsaw tasks), 정보차 과업(information-gap tasks), 문제해결 과업(problem-solving tasks), 결정 과업(decision-making tasks), 의견교환 과업(opinion- exchange tasks)으로 구분할 수 있다.

## 교수 학습 절차

(1) 과업 전 활동(Pre-task Activities)

이 단계에서는 교사는 학생들에게 과업의 주제와 목표를 소개하되 개인의 경험과 관련하여 제시하거나 마임, 브레인스토밍(창의적 집단사고)을 통하여 제시한다. 또한 유용한 단어나 구를 가르치지는 않지만 과제를 수행하기 위해 미리 안내한다. 학생은 브레인스토밍을 통하여, 창의적 생각이나 주제와 관련된 개인의 경험 말하기, 과제수행 방법 생각하기, 유사한 과제에 관하여 듣기 활동을 통해 과제수행을 위한 준비를 하도록 한다. 과업과 관련된 읽기재료가 있다면 먼저 읽도록 한다.

(2) 과업 활동(Task Activities)

학생들이 짝이나 소집단별로 과업을 하되 과업 수행 중에는 영어로 대화하게 한다. 교사는 교실을 돌아다니며 학생들의 동기를 촉진시키고 모니터 역할을 하며 질문에 응답하기도 하고 어려움을 갖고 있는 소집단에 참여하여 문제해결에 도움을 준다. 그리고 학생들에게 자신들이 수행한 과제의 결과나 과정을 전체 학생들 앞에서 짝이나 그룹별로 발표하도록 한다. 이 때 교사는 발표내용에 관하여 의견을 말해주지만 오류

수정을 공개적으로 하지 않는다.

### (3) 과업 후 활동(Post-task Activities)

이 단계에서는 과제나 과제수행에 대한 느낌을 이야기하고 조별평가를 조별로 실시한다. 때로는 유창한 발표를 녹음하여 듣게 하거나 과업을 수행하는 방법을 필요한 경우에는 그 언어자료를 연습토록 한다.

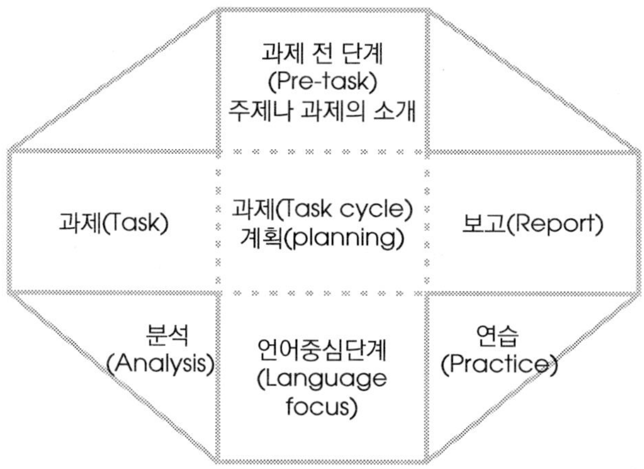


| 단 계 | 교 사 활 동 | 학 생 |
|---|---|---|
| 과제 전<br>(Pre-task) | – 학생에게 과제의 주제와 목표를 제시하기<br>– 유용한 단어나 구를 제시하기 | – 주제와 관련된 과제 제시하기<br>– 과제수행 방법 생각하기<br>– 유사한 과제에 대하여 듣기 |
| 과 제<br>(Task) | – 모니터 역할하기<br>– 소집단별 활동 안내하기<br>– 학습자의 동기를 촉진하는 역할하기 | – 짝이나 소집단별 과제수행하기<br>– 소집단별 과제수행 발표하기<br>– 과제 수행하기 |
| 과제 후<br>(Post-task) | – 많이 쓰인 단어나 구를 정리하기<br>– 과제수행에 사용한 표현 정리<br>– 결과 확인 및 평가하기 | – 과제수행에 대한 느낌 이야기하기<br>– 과제수행 중에 사용한 표현 익히기<br>– 자기 평가 및 조별 평가하기 |

## 14. 컴퓨터 보조 언어학습(CALL)

언어 교육에 컴퓨터가 활용되기 시작한 것은 1960년대부터이다. 현재까지의 CALL의 발전은 교육 이론과 기술의 진보에 따라 대개 3단계로 이루어지는데 이는 행동주의적 CALL, 의사소통적 CALL, 통합적 CALL이 바로 그것이다.

행동주의적 CALL은 1960년대와 1970년대에 도입된 것으로 행동주의 학습이론에 바탕을 두고 있다. 행동주의적 CALL은 기계적으로 반복적인 문형연습이라는 특징을 갖고 있고 컴퓨터가 기계적 가정교사의 역할을 맡았다. 이에 반해 의사소통적 CALL은1970년대 후반과 1980년대 초반에 출현하였는데 여기서는 한정된 구문을 기계적으로 반복하기보다는 창조적 문장을 의사소통을 위해 생성하도록 권장되었다. 이 형태의 CALL은 학습의 발견과 표현, 그리고 발전과정이라는 인지주의적 이론에 바탕을 두고 있다. 이 시기에 개발된 CALL 소프트웨어는 텍스트 재구성 프로그램과 시뮬레이션이 있는데 전자는 언어의 패턴과 의미를 발전하기 위하여 단어나 글을 재구성하는 프로그램이고 시뮬레이션은 학생들이 소그룹/토론을 통해 스스로 학습목표를 달성토록 고안된 프로그램이다.

한편 통합적 CALL은 1980년대 후반과 1990년대 초반에 나타났는데 사회적 인지주의 접근법을 받아들어 사회적 맥락에서 언어사용을 강조하며 실제적 환경에서 과업중심, 내용중심의 언어활동을 강조한다. 또한 언어학습에서 듣기, 말하기, 읽기, 쓰기의 기술을 통합한 형태로 개발되었다. 기술적인 면에서 볼 때 의사소통적 CALL은 개인 컴퓨터와 더불어 발전된 형태지만 통합적 CALL은 멀티미디어와 연계된 컴퓨터의 출현으로 가능하게 되었다.

"Warschauer · Healey(1998: 59)"는 언어교수에 컴퓨터적 '요소'를 도입하는 이점을 다음과 같이 언급하고 있다.

❶ 다양한 모드의 연습과 피드백
❷ 과 인수 학급에서의 개별화
❸ 프로젝트에 대한 협동적이거나 경쟁적인 짝 활동 혹은 소집단 활동
❹ 재미요소
❺ 가능한 자원과 사용되는 학습유형의 다양성
❻ 많은 양의 언어 데이터를 이용한 탐구적 학습
❼ 컴퓨터를 이용한 실생활 기술 습득

현재 컴퓨터를 통한 언어학습 연관하여 시도되고 있는 응용프로그램이나 활동들로는 다음과 같은 것이 있다.

❶ **공동 프로젝트**: 한 컴퓨터 터미널에 2-4명의 학생이 함께 하여 인터넷 웹이나 기타 정보 출처로부터 얻는 데이터를 이용하여 연구 프로젝트를 수행할 수 있다. 데이터의 분석은 데이터 운영 프로그램 혹은 통계 프로그램을 이용하여 할 수 있다. 표, 그래픽, 텍스트를 이용하여 결과를 학급의 다른 학생들에게 발표할 수 있다.

❷ **작문의 동료 편집**: 디스켓을 교환하거나 컴퓨터 네트워크 상에서 자료를 교환하는 것은 작문의 초안에 대해 동료 편집을 효율적으로 할 수 있는 수단을 제공한다. 많은 교사들이 현재 전자우편을 사용하여 학생들과 상호 교신하고 있는 학생들도 마찬가지 이다. 교사들은 이 기술 공학을 통하여 손쉽게 마지막 초안에 대해 코멘트를 할 수 있다.

❸ **전자우편**: 영어교육을 위해 전자우편을 사용하는 가장 명백한 형태는 학생들에게 전 세계의 개개인과 실제 의사소통을 할 가능성을 주는 것이다. 토의를 위한 전자우편 리스트들을 관심 있는 주제에 관해 읽고 쓸 기회를 제공한다. 전자우편 "펜팔"도 인기가 있다. 웹을 통하여 일부 채팅 프로그램들은 학생들에게 신기한 실시간 의사소통을 제안한다. 교사들은 전자우편 의사소통을 학생과의 대화일지나 다른 교사들과의 협동을 위해 사용하여 왔다.

❹ **웹 페이지 설계**: 빠른 속도로 증가하는 교육 기관들이 웹 페이지 설계에 관한 강좌를 학생들에게 제공해왔다. 그 과정에서 학생들은 컴퓨터 공학 일반에 대래 알게 될 뿐만 아니라 어떤 주제에 대해 연구하고, 작문 및 설계를 하고, 다른 학생들과 협동을 하는 데 영어를 이용한다.

❺ **수업 자료의 강화**: 광범위한 종류의 소프트웨어 프로그램들이 손쉽게 이용 가능하게 되면서 강좌의 목표가 강화되고 추가 자료가 사용가능하게 될 수 있다. 많은 교과서가 이제는 CD-ROM 디스크와 함께 나오는데 이것들은 연습용 문제, 자기 점검 시험 그리고, 추가 읽기 자료들로 가득 차 있다. 일부 강좌 프로그램은 각 단원마다 온라인 부분을 포함하는데 이것은 인터넷 관련 활동을 장려한다. 외국어 읽기 과정은 난이도가 예측되는 지점에 어휘와 문법적인 정보를 제공하는 컴퓨터 적응 프로그램을 통하여 향상될 수 있다.

❻ **게임과 시뮬레이션**: 간과해서는 안 될 것에, 사람을 참여시키고 그 중 많은 것이 구두 언어를 사용하는 게임과 시뮬레이션이 있는데 이들은 게임의 목적을 추구하기

위하여 기능적 언어를 사용하게 만드는 동기 자극적인 문제 해결 과업을 학생들에게 제시한다. 교실에서 그런 게임들을 잘 계획해서 사용한다면(예를 들어, 어떤 동사, 시제, 의문, 위치, 부사를 연습하는 것) 교실에 약간의 흥미를 더해줄 것이다.

❼ **컴퓨터 적용 시험**: 현재 가장 널리 표준화된 시험은 컴퓨터를 이용한 시험이다. 조만간 대부분의 언어 학습자는 반응을 함과 동시에 수험자의 수준을 가늠하도록 설계된 그런 시험을 치러야 할 필요가 있을 것이다. 처음 몇 항목 동안 정답과 오답이 전자적으로 분석되어 너무 쉽지도 어렵지도 않고 최적의 도전을 안겨 줄 문항을 문제 은행에서 뽑아서 제시하게 된다.

❽ **발화 처리**: 아직은 겨우 수평선상에 떠오른 상태이지만 최첨단에 가까이 다가선 것이 바로 인간의 발화를 처리(이해)하고 반응하는 컴퓨터의 이용 가능한 공학적 능력이다. 언어 교실을 위한 발화 인식 프로그램은 수많은 잠재적 적용성을 가지고 있다. 즉 발음의 단순 연습, 학습자의 음운과 운율 요소 통제의 정확성을 보여주는 그래픽 피드백, 빨리 타자를 할 수 없는 사람들을 위한 보다 빠른 입력, 그 외에도 희망 사항은 많이 있다. 비록 "CALL이 '지능적'이라고 옳게 불러지려면 아직 갈 길이 멀지만" 새로운 기술 공학은 점점 더 세련되어지고 있다.

이상에서 언급한 CALL의 전반적인 특성을 종합하면 다음과 같다.

① 다양한 학습 자료를 흥미롭고 입체적으로 제시할 수 있기에 학습의 동기를 유발할 수 있다.**(재미를 통한 학습 동기 유발)**

② 보통 학습에서는 모든 학습자가 같은 속도로 동시에 배우지만 CALL에서는 학습자가 일정한 프로그램을 선정하여 가지 수준에 맞게 계속적으로 반복하여 자기 훈련을 할 수 있다.**(개별화된 학습의 가능성)**

③ 특히 내향적인 학습자에게는 남의 시선을 의식치 않고 편안한 학습 분위기에서 학습할 수 있어서 효율적이다.**(내향적 학습자에게 효율적)**

④ 일반 교실에선 교사의 지시에 따라 수업이 이루어지기에 수동적 학습을 하기 쉬우나 CALL에서는 자기 주도적, 학습자 중심의 학습을 할 수 있다.**(자기 주도적 학습 가능)**

⑤ 외국인이나 교사와 더불어 직접 대화 할 때 질문에 답해야 하는 강박감 때문에 다소 불안감이 고조되어 학습을 저해할 수 있으나 CALL에서는 남의 시선을 의식치 않고 스스로 연습해 볼 수 있다.**(정의적 장애의 극복)**

⑥ 교사나 학습자에게 다양한 형태의 상호 작용적 발견 학습의 기회를 준다.**(다양한**

상호작용 기회 제공)

⑦ 동료와 상호작용 하면서 동료와 자기 평가가 자연스럽게 이루어지도록 한다.(상호작용을 통한 동료와의 자기평가)

⑧ 수업 시간에 컴퓨터 기기나 프로그램의 오류가 발생하면 의도한대로 수업이 이루어지기 힘들다. 따라서 수업 전 사전 점검이 꼭 필요하다.(기계적 사전 점검 필요)

⑨ CALL을 위해서는 컴퓨터실이 갖추어져 있어야 되고 그곳에서 비용문제가 대두된다.(경제적인 문제)

⑩ 컴퓨터를 이용해 본 경험이 없는 학습자에게는 사전 컴퓨터 작용 방법의 지도가 요구된다.(컴퓨터 작동방법의 사전지도)

⑪ 실제 교사수업에 비해 인간적이고 인격적 교류가 제한적일 수 있다.(인격적 교류의 제한)

## 수업 모형

| 단 계 | 과 정 | 활 동 |
| --- | --- | --- |
| 수업 준비 | 수업목표 설정 및 운용 프로그램 지정 | –수업목표를 실현할 수 있는 최적 프로그램 선정<br>–컴퓨터의 작동이 정상적인지를 확인<br>–사용할 학습 프로그램이 과오 없이 제대로 잘 작동되는지 확인 |
| 도 입 | 도입 및 제시 | –인사<br>–전시학습 상기<br>–본시학습내용 소개<br>–목표 확인 |
| 전 개 | 투입행동 확인 | –컴퓨터를 통한 자료의 소개와 제시<br>–시각자료를 통한 학습자의 선지식 관련성<br>–주제에 대한 학습자의 경험 묻기 |
| | 언어-상황 개념 형성 | –새로운 표현의 기능과 쓰이는 상황 묻고 답하기<br>–표현을 듣고 해당 시간, 장소, 등장인물 고르기 |
| | 표현의 숙달 및 응용 | –새로운 표현 컴퓨터로 연습하기(개별/소그룹)<br>–새로운 표현 컴퓨터로 응용하기(개별/소그룹)<br>–교사와 학생간의 컴퓨터를 통한 상호작용 |
| 정 리 | 수업의 정리 | –내용에 대한 정리<br>–차시예고, 인사 |

## 15. 웹 기반 영어 교수법(Web-based English Teaching)

오늘날 인터넷의 보급과 확신으로 인간은 무한한 정보 지식에의 접근이 가능할 뿐 아니라 웹을 통하여 상호 작용적이며 다양한 학습 경험할 수 있는 동적인 매체가 되어 가고 있다. 이는 교육의 새로운 패러다임을 예고하고 있는데 실제로 웹은 학습자로 하여금 전에는 가능하지 않았던 새로운 학습 경험을 개발하기 위한 기회를 제공해 준다. 전 세계에 걸쳐 있는 학습자들이 웹상에서 다양한 학습 자원을 동등한 입장에서 접근할 수 있는 것이다.

거기에다 인터넷 정보의 80% 이상이 영어로 되어 있어서 영어 학습에 있어 좋은 환경을 제공해 주고 있으므로 웹 기반 학습을 통한 영어교육을 제7차 교육과정에서 주어진 영어교과 단위수의 부족을 극복할 수 있는 방법으로 활용될 수 있다. 더욱이 정보통신 기술(Information & Communication Technology: ICT) 활용교육이 대두되면서 인터넷과 웹을 활용한 교수학습 방법은 갈수록 그 중요성이 커질 전망이다.

웹 기반 수업은 인터넷을 통해 가장 쉽고 빠르게 접속할 수 있는 웹을 주요 교수매체로 하는 새로운 수업방법이라고 할 수 있다. 즉, 웹 사이트의 구성이 교수를 위해 제작되고 활용되는 것을 말한다. 반면에 웹 기반 학습은 웹을 통하여 제공되는 학습자의 학습과정을 지원하는 다양한 사태를 이용하여 학습자가 자기교수에 따라 학습하는 형태이다. 다시 말해 웹 기반 수업은 수업사태를 구조화시키는데 관심이 있지만 웹 기반 학습은 학습자의 학습과정을 구조화시키는데 관심이 있다고 하겠다.

그리고 1980년대까지 교수이론은 큰 흐름으로 볼 때 행동주의와 인지주의로 분류되어 왔으나 사회의 정보화, 다양화, 복잡화, 컴퓨터화가 급속히 이루어짐에 따라 교육에서도 이를 반영한 새로운 교수이론인 구성주의가 등장하게 되었다. 구성주의에 입각한 교수원리를 요약해 보면 다음과 같다.

① 학습자에게 의미 있는 과제를 제시한다.
② 학습자들이 의미를 구성하는 과정을 보조한다.
③ 교사와 조력자의 역할을 수행할 수 있도록 보조한다.
④ 학습의 환경은 실제 환경의 복잡함을 그대로 반영하여야 한다.
⑤ 학습자들이 실제로 상호 작용할 수 있는 환경을 제공한다.
⑥ 동료와의 상호 작용할 수 있는 환경을 제공한다.
⑦ 주제에 대한 실제 전문가와의 상호작용이 가능하도록 한다.

⑧ 학습과정에 대해 반추해 볼 수 있는 환경을 제공한다.

웹 기반 교육에서는 정해진 교수내용과 정해진 교과과정을 반복적으로 전달하는 기존의 틀을 벗어나 계속해서 변화하는 세계가 그대로 반영된 생생한 자료로 교육이 이루어질 수 있는 환경을 제공하게 되며 학습의 유의미성을 증가시키기 위해 웹이 교수에 활동된다는 점이 부각되고 있다. 뿐만 아니라 기존의 학교 체제에서는 교실, 자료실, 도서관, 시청각실이 가기 분리된 형태였으나 웹 기반 교육에서는 이러한 장소의 통합을 가능하게 한다. 심지어는 박물관, 서점, 공원, 공고기관의 방문 같은 교실 외적 수업까지지도 통합할 수 있는 길을 제공한다. 이로써 교수 자와 학습자 모두에게 통합적 환경을 제공하게 된다. 곧 웹 기반 교육은 월드 와이드 웹(www)이 제공할 풍부한 정보와 통합적 환경을 활동하여 이루어지는 일종의 원격교육이라고 볼 수 있다.

다음으로 웹 기반 교육의 중요한 원리들을 살펴보도록 한다.

### (1) 상호작용 학습(Interactive Learning)

컴퓨터의 일방적인 제시방법으로는 교육적인 효과를 제대로 거둘 수 없다는 문제점에서 출발하여 상호작용 학습은 최적의 상호작용 환경을 통하여 학습자의 학습과정에 주도적인 참여와 유의미한 학습의 실현을 목적으로 한다. 웹이 지니고 있는 풍부한 자료제시 기능을 벗어나 웹 기반 교육이 실제로 의미 있는 학습이 되기 위해서는 상호작용적 설계가 효과적으로 이루어져야 한다.

### (2) 자기 주도적 학습(Self-Directed Learning)

여기서 자기 주도의 용어는 정신적 내부적 경향을 가진 용어라기보다는 외부적으로 관찰할 수 있는 학습활동 혹은 행동자로 정의된다. 웹을 학습자들에게 다양한 자원을 활용하여 과제를 선정하고 실제와 동일한 맥락을 제공하며 수평적인 상호작용을 경험하게 하고, 또 학습 결과에 대해 검토해 볼 수 있는 최적의 환경을 제공한다. 인터넷은 교실 외부 학습자원에 쉽게 접근 연결함으로써 학습에 필요한 물적, 인적 자원의 한계를 벗어나 교사와 학생들이 학교 외에 있는 과학자나 전문가들과 의사소통할 수 있을 뿐 아니라 교과서 외의 학습 자료도 검색할 수 있으며 학습과 개개인의 수준에 따라 사용할 수 있다.

### (3) 문제해결중심 학습(Problem-Solving Learning)

구성주의에서의 학습은 개인적 경험에 의해 세계에 대한 이해를 구성하는 과정이므로 효과적인 학습을 위해서는 실제적 경험이 학습자에게 주어져야한다. 문제 해결 중심 학습은 모든 학습내용을 학습자 스스로 찾아서 학습하는 학습자 중심의 환경이며 수업은 그룹 활동을 통해 문제를 해결하는 협동학습과 자기 스스로 학습을 하는 자기 주도적 학습 형태를 띤다. 학습지는 웹을 통해 다양한 정보자료를 확인하고, 찾고, 평가하는 방법을 학습할 뿐 아니라 그 자료들을 문제 해결의 도구로 사용하는 것을 배운다.

### (4) 자원기반 학습(Resource-Based Learning)

자원기반학습은 정보 문제 해결 능력을 기르기 위해 특정 교과의 주제를 이용하는 방법이라고 할 수 있다. 즉, 보다 일반적인 문제해결능력을 기르기 위한 교수전략의 하나이다. 교사는 학습목표를 설정하고, 학습목표에 맞는 주제를 설정한다. 그 후 학생들에게 유의미한 질문을 제시한 후 학생들이 인터넷상에서 웹 서핑을 통해 관련된 자료를 탐구하여 해결방법을 제시하도록 요구한다. 교사는 먼저 인터넷 사이트를 검토, 선정하여 학생들에게 제시하고 학생들로 하여금 자료를 수집 및 기록할 때 보다 자료의 출처와 검색과정을 밝히도록 요구한다. 이런 일련의 자료탐색, 자료평가 및 활용과정은 개인 또는 소집단 프로젝트로 실시할 수 있다.

웹 기반 영어교수법에서 주로 이용하는 교수-학습활동 유형으로는 다음과 같은 것을 들 수 있다.(김정렬 2001: 384-386)

## 1) 개인 간 의사 교환 활동

### ① 전자 펜팔(Keypals)활동

E-mail이나 뉴스그룹, IRC 등을 이용하여 의사교환을 하는 활동으로(Harris 1997), 학생들은 영어권 원어민 학생들이나 관심 분야의 전문가들과 짝을 이루어 의사소통 활동을 함으로써 영어를 실제 사용할 수 있는 기회를 제공받을 수 있게 된다. 이 때 교사는 학생들에게 단순한 친교활동에 국한되지 않도록 의사 교환의 목표와 시기, 회수 그리고 분량을 정해주는 것이 좋다.

### ② 전자 가정교사(Electronic Tutoring)활동

웹은 지식이 쓰이는 실제 세계를 학습자와 연결시켜 주는 역할을 제공할 수 있다. 이러한 역할을 담당하는 전자 가정교사 활동은 대학, 기업, 정부 또는 학교의 해당 지식 분야의 전문가들이 상호작용적 형식으로 특별한 주제를 학습하고자 하는 학생들을 위하여 전자 가정교사의 역할을 수행하게 하는 활동이다.

### 2) 교실 연결(Classroom Connection)활동을 통한 협력학습

전통적인 교실수업에서는 주로 개인적인 성취가 강조되어 왔다. 이에 반해 웹을 활용한 수업 환경에서는 학습자들이 동료, 전문가, 교사 또는 지역사회의 인사와 협력이 이루어질 수 있는 환경을 제공함으로써 자연스럽게 협력학습 방법을 익힐 수 있게 한다. 웹을 통한 협력학습의 유형에는 시사문제, 여러 나라의 기후조건, 자연현상 관찰, 10대들의 패션 감각, 좋아하는 인용구, 각 국의 식사 습관 및 요리법, 고유명절 등 다양한 주제와 관련된 정보를 교환하는 정보교환(information exchange) 활동과 자신이 속해 있는 지역의 자료를 수집하여 서로의 학습내용과 결과를 공유하는 자료생성(database creation)활동, 그리고 정보 수집과 교환활동의 결과를 전자신문, 전자잡지, 전자저널과 같은 형태로 웹상에 출판하는 전자 출판(web publishing) 활동이 있다.

### 3) 문제 해결 활동(Problem Solving Projects)

문제해결 활동은 모든 연령의 학습자들에게 제공할 수 있는 가장 도움이 되는 교육활동이며 웹은 전 세계의 사람들과 협동하여 하나의 문제를 해결할 수 있는 활동으로 확장될 수 있다.

#### ① 정보검색 활동(Information Searches)

이 활동에서 학생들은 하나의 문제를 해결하기 위한 단서를 제공받고 관련된 자원들을 탐색하는 활동이다. 정보 검색 활동은 장기간 지속될 수 있으며 참여 학생들은 광범위하고 학문적인 조사활동이나 분석, 의사소통 활동 등을 할 수 있다.

#### ② 연속 창작(Sequential Creation) 활동

학생들이 일반적인 문서나 시, 단편소설 혹은 그림 등을 서로 협동하여 하나씩 완성해 나가는 활동이다. 예를 들면, '세계 평화'에 관한 시를 창작하기 위하여 교사가 다른 학교의 학생이나 전 세계의 프로젝트에 참가하는 학생들에게 시의 1연을 제시하면 학생들은 다음 연부터 협동하여 시를 완성해 나간다. 이러한 과정을 몇 번이고 반복하면서 전 세계의 학생들이 창작할 수 있어 서사시의 양만큼 시를 완성해 갈 수 있다.

③ 동시적 문제 해결(Parallel Problem Solving) 활동

다양한 유형의 웹 사이트들은 학생들에게 공통의 해결해야 할 문제를 제시하고 학생들이 개별적으로 학습한 뒤 그들의 문제해결 방법이나 결과를 공유하는 활동이다. 이는 문제해결에 필요한 정보를 쉽게 얻을 수 있으며, 동시에 같은 문제를 해결하는 또 다른 방법을 교환할 수 있다는 장점으로 인해 학습자들의 학습을 촉진하거나 강화시키는 방법이 된다.

④ 가상 모임(Virtual Gatherings) 활동

가상 모임 활동은 지리적으로 떨어져 있는 전 세계의 교사와 학생들이 채팅 활동에 참여하여 실시간으로 대화하거나 정해진 시간에 E-mail을 사용하여 하나의 주제와 관련된 토론을 하는 활동이다.

⑤ 시뮬레이션(Simulations) 활동

이 활동은 학생들에게 소설이나 희곡의 주요 인물의 역할을 담당하게 하여 새롭게 내용을 구성해 보도록 하는 것이다.

### 4) 프로젝트 학습

프로젝트 학습의 특징은 학생들이 그룹별로 스스로 프로젝트의 목표와 단계 및 소요기간을 설정하고 듣기, 말하기, 읽기, 쓰기의 네 가지 언어기능을 이용하여 프로젝트를 완성해 나가는 가운데 영어공부가 되도록 하는 것이다. 이 때, 교사는 학생들에게 필요한 안내와 정보를 제공하며 학생들이 무엇을 하고 있고, 또 어떤 어려움을 겪고 있는지를 파악하여 필요한 자원을 제공받을 수 있도록 도와주는 조정자 또는 촉진자로서의 역할을 한다. 학생들에 의해 수행된 프로젝트는 마지막으로 검토되고 수정되어 결과물로 제출하고 평가를 받으며 동료 학습자들과 결과물을 공유하게 된다.

이상으로 언급한 웹 기반 영어교수법의 특징을 요약하면 다음과 같다.

① 학교 안이라는 제약을 넘어 교사나 학습자에게 장소의 통합을 통한 통합적 환경을 제공한다.
② 풍부하고 다양한 학습자원의 접근을 통한 학습 경험이 가능.
③ 원어민과 다양한 형태의 상호작용을 촉진하는 환경을 제공한다.
④ 교실 외부 학습 자원과 쉽게 연결되므로 교과서 외의 학습 자료를 이용하는 것이 가능하다.

⑤ 개별학습, 또는 자기 주도적 학습 환경을 구축할 수 있다.
⑥ 구성주의 교육이론에 따른 실제적 경험을 통해 세계에 대한 이해를 구성하게 된다.
⑦ 교사는 학습자의 경험을 도와주는 촉진자 역할을 하게 된다.
⑧ 영어학습의 강력한 동기를 부여하며 창조적 학습을 경험케 한다.
⑨ 커뮤니케이션의 기본 언어가 영어이며 원격교육의 일종이다.
⑩ 멀티미디어 학습 자료 제시를 통해 학습 내용의 이해를 향상시킨다.

## 수업 모형

김정렬(2001: 387-390)은 영어과가 가지는 교과의 특성과 자기 주도적 학습방법, 그리고 인터넷의 기능과 특성, 자료를 활용하는 방식 및 수준 차에 따른 정보 활용 능력 등을 고려하여 웹 기반 활용형, 웹 기반 제시형, 웹 기반 탐구 형으로 나누었는데 그 구체적 모형은 다음과 같다.

### 1) 웹 기반 활용형 교수-학습모형

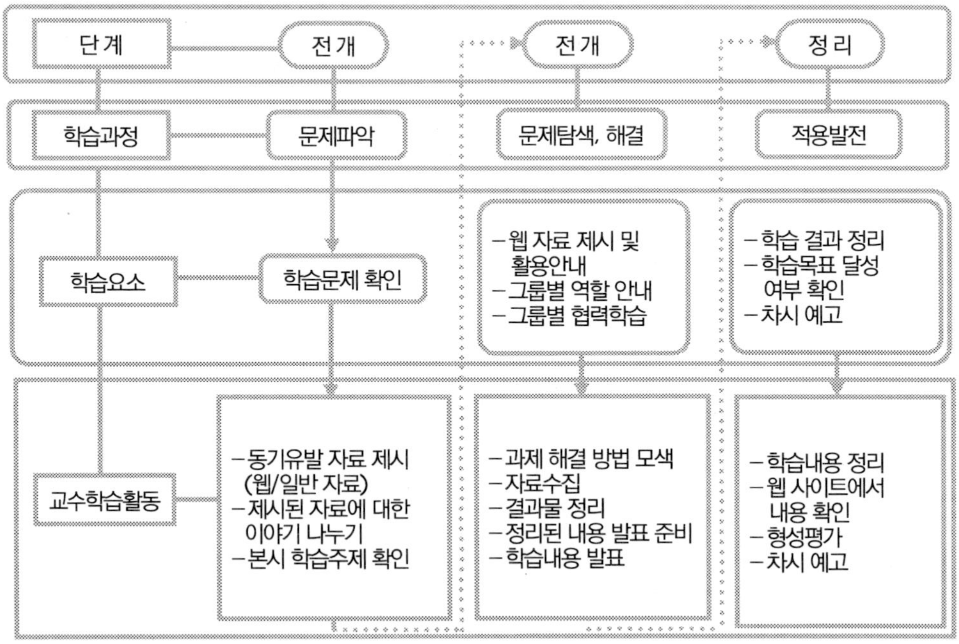

2) 웹 기반 제시형 교수-학습모형

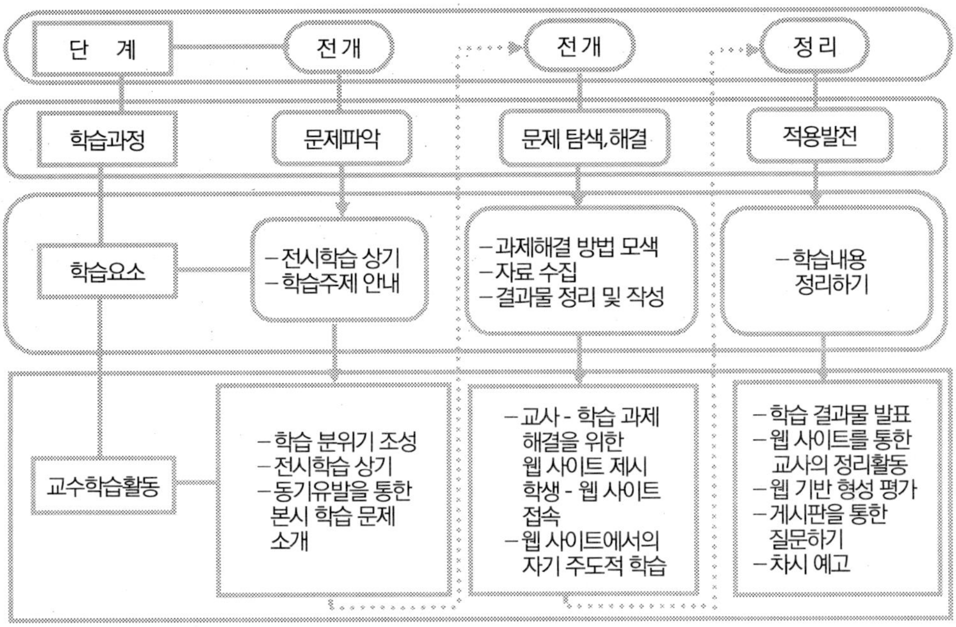


3) 웹 기반 탐구형 교수-학습모형

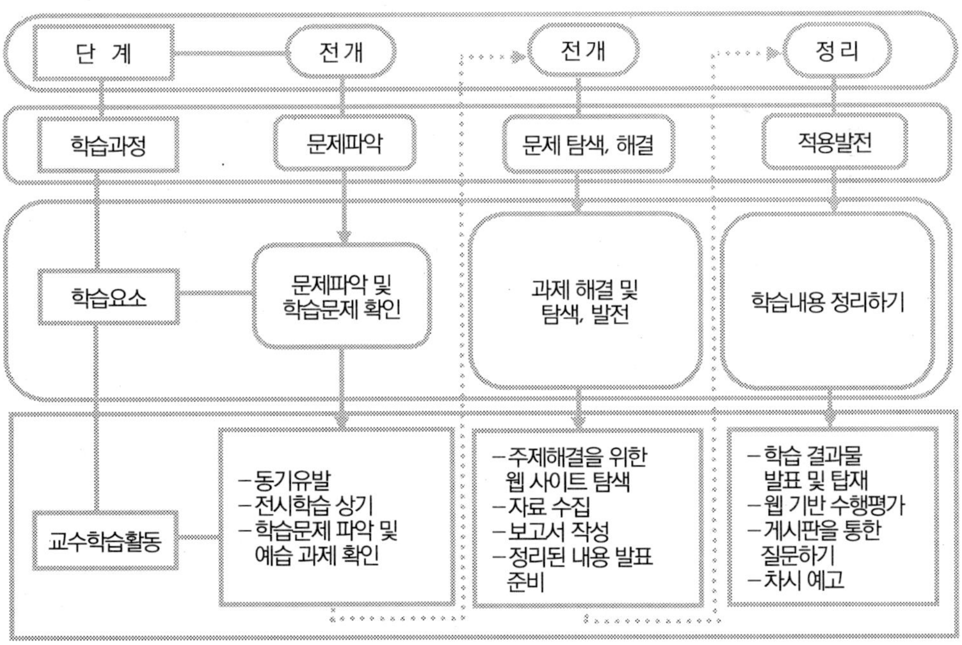

지금까지 영어 교수법의 변천사를 개별 교수법 이론에 따른 역사적 관점에서 그 주된 흐름을 개략적으로 살펴보면 다음과 같다. 1940년대의 1950년대에 교육계는 과학적으로 순서를 배열한 언어 구조들을 조건화를 통하여 학습자의 머릿속에 행동주의적으로 프로그래밍을 해야 한다고 확신하였다. 곧 후천적인 모방과 연습을 통해 언어 습관을 형성하는 것이 언어 습득이라고 본 것이다. 1960년대에 와서는 Chomsky의 생성문법이 어떻게 교실 언어 수업에 맞추어 질 수 있는지 그리고 언어의 인지적인 기호를 흡수 과정에 어떻게 투입할 수 있는지 관심을 두었다. 인지 주의적 언어 습득관은 인간의 인지구조에 언어 습득 능력이 생득적으로 존재함을 얻고서 언어 교실에서 이러한 언어 능력이 최대한 발현되도록 적절한 입력과 활동을 제공하게 되었다. 그래서 교실 내에서 보다 많은 연역적 규칙을 도입하기에 이르렀다. 1970년대에는 정의적 요인이 일부 실험적인 교수법의 전면에 부상하였다. 1970년대 말고 1980년대 초기에는 우리가 교실에서 포함시켜야 할 언어 기능을 보다 잘 이해하게 되면서 의사소통적 접근법이라고 하는 접근법이 대두되었다. 1980년대 말과 1990년대 근원적으로 의사소통의 속성들을 강조하는 접근법이 발달하였고 교실은 진정성(authenticity), 실제 세상의 모방, 의미 있는 과업들로 특성화하였다. 이 때는 언어의 형식보다는 가능을 정확성보다는 유창성을 강조한 나머지 오류의 수정을 최소화하며 교사는 의사 활동을 돕는 조언자로서 역할을 수행하게 되었다. 1990년대 후반기에는 와서는 인터넷의 급속한 보급과 발달로 학습자들이 교실이라는 제한된 온실을 떠나 바깥세상의 무한한 정보와 지식을 접근하는 것이 가능케 되어 연습치 않은 언어를 사용할 수 있도록 하는 도구를 그들에게 갖추어 주고 있다. 즉 웹을 통하여 상호작용을 하면서 여러 다양한 경험을 할 수 있고 구성주의 교육 이론에 따라 학습자들이 의미를 구성하는 과정을 교사가 수행하고 있다. 즉 사회의 정보화, 다양화, 복잡화, 컴퓨터화가 급속히 이루어짐으로 교육의 새로운 패러다임을 만들어 가고 있는 것이다.

# 5 영어과 교육과정

## 1. 교육과정이란?

교육과정이란 교육 프로그램의 계획, 실행, 평가, 그리고 관리를 위한 원리와 절차를 의미한다. 이러한 교육과정은 교육내용을 선정하고 등급화(grading)하는 교수요목(syllabus)과 학습과제와 활동을 선정하는 방법을 두루 포함하는 개념이다. 반면에 교수요목은 교육과정의 하부 구성요소로서 무엇을 가르치고 어떤 순서에 의하여 가르칠 것인지를 상세화 한 것이다. Allen(1984: 61)은 교육과정과 교수요목의 차이를 다음과 같이 기술하고 있다.

> ...curriculum is a very general concept which involves consideration of the whole complex of philosophical, social and administrative factors which contribute to the planning of an educational program. Syllabus, on the other hand, refers to that subpart of curriculum which is concerned with a specification of what units will be taught(as distinct from how they will be taught, which is a matter for methodology).

교육과정과 교수요목을 정의함에 있어서 학자마다 그 내용을 조금씩 달리하고 있다. Brumfit(1984)은 교수요목을 정의함에 있어서 내용의 선정과 조직에 초점을 맞추고 있는 반면에 White(1988)는 Richard & Rodgers(1986)의 3 단계 구분의 두 번째 단계인 설계의 단계에 교수요목을 포함시키고 있다.

교육과정은 아직 지어지지 않는 집의 설계도를 의미한다. 그래 교육과정은 어디까지나 교육목적, 내용, 방법에 초점을 두고 집을 성공적으로 짓기 위해 필요한 체계를 구성하는 것이라고 볼 수 있다.

## 2. 교육과정의 설계

### 1) 비례적 수업 모형

비례적 수업 모형의 이론적 배경은 영어교육의 목표가 의사소통에 있다는 데 두고 있다. 이 모형에서는 언어의 형태와 의사소통 기능의 비율을 수업의 진행에 맞추어 배합하는데 이를 도식화하면 아래 그림과 같다.

■ 비례적 수업 모형

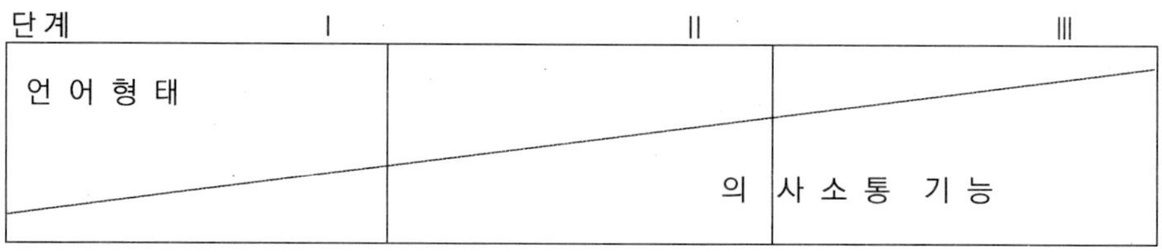


위에 도표에서 보듯이 영어학습의 초기 단계에서는 언어의 형태에 많은 비중을 두고 상대적으로는 의사소통기능에 덜 비중을 둠으로 언어기능 습득에 주력한다. 그러다가 점점 학습단계가 진행되면서 의사소통기능을 확대 · 심화시켜 영어의 유창한 사용에 도달하게끔 한다.

비례적 수업모형의 목표는 다음과 같다.

① 학습 초기단계에서는 새로 도입된 어휘와 구문 등 언어항목에 대한 이해력을 기른다.

② 학생들로 하여금 문법적 정확성을 중심으로 영어사용의 유창성을 기르게 한다.

③ 수업목표를 영어의 사용에 두고 교재, 과업, 주제 등에서 나타나는 문제들을 해결할 수 있는 능력을 기르도록 한다.

④ 초기단계에선 듣기와 말하기 능력을 기르고 읽기와 쓰기는 듣기와 말하기 기능과 함께 도입하여 표현력을 증진시킨다.

⑤ 읽기의 지도는 정독을 통하여 대의를 파악하게 한 후 다독으로 나간다.

### 2) 균형적 수업 모형

균형적 수업모형은 3 단계로 나누어 영어를 배워 나가도록 하는 교육과정 모형으로 언어사용능력의 배양을 목적으로 하는 수업모형이다. 초기 단계에서는 영어의 형태와 문법을 체계적으로 다루는 구조적 단계이고 다음 단계는 의사소통기능, 담화 및 수사학적 요소들이 강조되며 언어형태에 관한 학습은 그 비율이 점차 줄어든다. 마지막 단계에서는 전문적 영어학습단계로서 전문적이고 특수한 내용을 다루게 되는데 이 모형을 그림으로 나타내면 아래와 같다.

**■ 균형적 수업 모형(Yalden 1987: 96)**

| 구 조 영 역 | 의 사 소 통 영 역 | 전 문 영 역 |
|---|---|---|
| 언 어 의 형 태 | 형 태 적 요 소 / 기 능, 담 화 및 화 술 적 요 소 | 특 수 어 형 및 전 문 교 과 영 역 |

## 3. 교육과정의 변천

해방 이후 우리나라의 영어교육은 중 · 고등학교와 대학에서 실시해 오다가 1997년부터 초등학교에서도 현재 실시하고 있는 중이다. 지금까지 영어과 교육과정은 일곱 번의 개정을 거쳐 현재에 이르고 있다. 각 교육과정의 연대별 구분은 아래와 같다.

제1차 교육과정기 (1955. 8～1963. 2)
제2차 교육과정기 (1963. 2～1974. 12)
제3차 교육과정기 (1974. 12～1981. 12)
제4차 교육과정기 (1981. 12～1988. 3)
제5차 교육과정기 (1987. 3～1992. 2)
제6차 교육과정기 (1992. 6～2002 )
제7차 교육과정기 (1997. ～현재)

위에서 일곱 차례에 걸친 영어과 교육과정 개정 중 가장 최근에 이루어진 6차 영어과 교육과정과 제7차 교육과정은 어떤 차이가 있는지 구체적으로 살펴보도록 하겠다. 1992년에 제정된 제6차 교육과정과 1997년에 개정된 7차 교육과정은 5차 교육과정 때의 문법중심 교육과정에서 탈피하여 의사소통 중심과 학생중심 교육과정으로 전환하였다는 점에서는 유사하다. 그러나 제7차 교육과정은 6차와는 달리 다음과 같은 특징을 가지고 있다.

1) 7차에서는 '학년별로 획일적인 교육과정의 제시'에서 탈피하여 '수준별 교육과정'으로 전환함으로써 '학습 속도의 개별화'와 '학생의 교과 선택'이 가능하게 되었다. 수준별 교육과정은 다음과 같은 세 가지 형태를 띠고 있다.

❶ **심화 · 보충형 수준별 교육과정**: 초등학교 3학년~6학년까지 적용되며 같은 학년 학생들의 진로를 똑같이 유지하되, 학습속도가 빠른 학생은 심화 학습을, 늦은 학생은 보충 학습을 할 수 있도록 운영한다.

❷ **단계형 수준별 교육과정**: 중학교 1학년(7-a 단계)에서 고등학교 1학년(10-b 단계) 까지 적용되며 각 단계의 말에 평가를 받아서 일정한 수준 이상이 되는 학생만 다음 단계로 진급하도록 하며 각 단계 내에서 수준 차가 발생할 때에는 심화 · 보충형 교육과정을 운영한다.

❸ **과목선택형 수준별 교육과정**: 고등학교 2학년과 3학년에 적용되며 학생들은 수준과 필요에 따라 과목을 선택하여 공부할 수 있다.

여기서 심화 · 보충형 수준별 교육과정과 단계형 수준별 교육과정이 국민 공통 기본 교육과정이며 과목선택형 수준별 교육과정은 선택 과목 교육과정에 해당된다. 그리고 이러한  수준별 수업은 자기 주도적 학습에 바탕을 두고 있다.

2) 목표와 학습 내용을 포괄하는 개념인 '성취 기준'이 새로이 등장하였다. 성취 기준을 제시함에 있어 언어 기능을 6차 교육과정에서처럼 이해, 표현 기능으로 나누지 않고 듣기, 말하기, 읽기, 쓰기로 나누어 제시하고 있다. 그러나 이러한 제시 방법은 학습의 순서를 나타내는 것이 아니라 각 기능간의 연관성과 각 기능의 통합적인 학습을 강조하는 것이다.

3) 6차 교육과정에서는 유창성을 주로 강조하였으나 7차 교육과정에서는 유창성과 더불어 정확성도 중요시하고 있다. 따라서 의사소통 기능과 예시문 이외에 문자 언어를 사용한 의사소통 활동에서 정확성을 염두에 둔 '문자 언어 활동에 필요한 언어 형식'을 제시하고 있다.

## 4. 제7차 교육과정

### 1) 제7차 교육과정 개정의 배경

제 7차 교육과정에서는 교육 수요자의 요구가 다양하게 분출함에 따라 '21C 세계화·정보화 시대를 주도할 자율적이고 창의적인 한국인 육성'을 기본 방향으로 설정하고 다음과 같은 영어교육을 지향하고 있다.

- 개인차를 고려한 학생 중심의 영어교육
- 의사소통 능력을 중시하는 영어교육
- 활동과 과업 중심의 영어교육
- 논리적 사고력과 창의력을 기를 수 있는 영어교육
- 국가 발전과 세계화에 기여하는 영어교육

제7차 영어과 교육과정은 이러한 시대적 요구를 충족시키기 위하여 그 동안 축척하여 온 경험과, 1997년부터 우리 교육 사상 처음으로 초등학교에서 영어교육을 시작하면서 나타난 여러 가지 문제점을 전반적으로 검토·분석하여 개선하였으며, 특히 4년 동안 초등학교에서 영어를 배운 학생들이 중학교에 진학하는 점을 감안하여 중학교 영어교육과정과 연계가 되도록 하였다.

앞장에서 언급한 것처럼 영어과 교육과정의 3단계(초등 3)에서 6단계(초등 6)까지는 심화·보충형 수준별로 운영하고, 7단계(중학교 1학년)부터 10단계(고등학교 1학년)까지는 학기별로 나누어서 각 단계에 두 개의 하위 단계(a. b)를 두어 총 8단계의 단계(7-a, 7-b, 8-a, 8-b, 9-a, 9-b, 10-a, 10-b)로 나눈다(최진황 외, 1997). 그리고 이들 단계에서는 단계형 수준별 교육과정을 적용하고, 동일 단계 내에서는 초등과 마찬가지로 심화·보충형 수준별로 운영한다.

### 2) 영어과 교육과정 개정의 중점

#### 가. 생활 영어 중시

제7차 중학교 외국어(영어)과 교육 과정은 21세기 지식·정보화 시대에 대비하여 학생들로 하여금 국제 공용어인 영어의 중요성을 알게 하고, 영어에 대한 관심과 흥미를 유지시키며, 영어 의사소통 능력을 기르도록 하는 데 중점을 두었다. 따라서 제7차 중학교 외국어(영어)과 교육 과정은 일상생활에서 실제 사용할 수 있는 생활 영어를 자연스럽게 구사할 수 있게 하는 데 중점을 두고 개발되었다.

#### 나. 언어 사용 능력의 신장

우리 영어교육의 취약점은 문법 번역식 교수 방법에 너무 치중해 온 결과 의사소통 능력이 부족하며, 교육 현장에서도 교사의 구어 능력의 부족이 문제가 되어왔다. 이를 극복하기 위해서 초등학교에서는 음성 언어 중심의 영어 교육을 통하여 영어 사용 능력을 길러 주고, 점차적으로 문자 언어교육의 비중을 늘려 가도록 내용이 구성되었다. 학생들이 영어를 들을 수만 있다면 언제나 영어로 말을 해낼 수 있다고 보는 것이다. 따라서 교사는 초보단계에서는 멀티미디어를 활용하거나 교사가 직접 교실 영어를 구사하여 학생에게 가급적 듣기 훈련의 기회를 많이 제공할 필요가 있으며, 이 점에 유의하여 교수·학습활동을 전개하여야 할 것이다.

#### 다. 활동·과정/ 과업 중심의 학습 중시

제7차 중학교 외국어(영어)과 교육 과정에서는 학생들이 영어에 흥미를 가지고 자연스럽게 배울 수 있도록 하기 위하여 교사 중심의 일방적 설명보다는 학습자 스스로 과업을 수행하고 활동을 하도록 권장하고 있다. 활동 중심의 교육에서는 교사의 역할이 중요한데, 그 중에서도 소집단 관리 능력이 매우 중요하다. 교사는 수업을 진행하면서 모니터로서 학생들의 실수가 있는지 여부와 학업에 집중하고 있는지를 감안하여야 하며, 자원 공급자로서 학생의 요청이 있을 때 도와주고 정보를 제공해 주어야 한다. 언어활동은 그 자체가 하나의 의사전달 과정으로서, 학생들이 과업에 참여하여 적극적으로 의미 있는 메시지를 전달하려는 의지가 더 중요한 것이므로, 결과만을 중시하는 학습 풍토는 지양되어야 한다.

### 라. 성취 기준의 명료화 및 상세화

제7차 외국어(영어)과 교육 과정에서는 성취 기준의 명료화와 의사소통 기능과 예시문, 소재, 기본 어휘를 상세화 하였다. 제6차 교육과정에서는 내용이나 예시문 등이 너무 포괄적이며, 어휘나 소재가 제한적이어서 교과서를 집필하는 데 다양한 표현을 쓰기가 어려웠다는 비판을 제7차 교육과정에서는 충분히 고려하였다. 제7차 교육과정에서는 제6차 교육과정의 '내용'을 성취 기준으로 개칭, 상세화 하였다.

성취 기준은 약330개로 제6차 교육 과정과 비교할 때 6배 정도로 상세화 하였으며, 의사소통 기능 예시문과 기본 어휘 수를 크게 늘려 교사나 학생에게 풍부한 학습 자료를 제공하여 다양한 표현을 익히게 하고, 성취하여야 할 목표를 명확히 알고 학습에 임하도록 하였다.

### 마. 수준에 맞게 학습할 수 있는 여건 마련

제7차 중학교 외국어(영어)과 교육 과정은 단계형 수준별 교육 과정으로 운영하되, 동일 단계 내에서는 심화・보충형 수준별 수업을 하도록 권장함으로써 수월성 교육도 할 수 있고 학습 부진아에게 보충 과정을 제공하여 정상으로 끌어올릴 수 있는 여건을 마련하였다.

수준별 교육에서 추구하는 이상적인 형태는 개별화 지도(individual teaching)라고 하겠으나, 이 방법은 학생 수만큼 교사가 있어야 가능하므로 세계 어느 나라에서도 공교육 제도에서 획일적으로 개별화 학습을 시행하는 경우는 찾기는 어렵다. 비슷한 연령과 동일한 지역 사회를 배경으로 살아가는 학생들은 공통점을 가지고 있으므로 대부분 국가에서는 학년별 반 편성을 하여 지도한다. 그러나 선진국의 수업 형태는 같은 학급 내에서는 소집단 활동(small group work)으로 수업을 진행하는 것이다. 각자의 학습 능력에 따라 학급을 소집단으로 편성하고 수준에 따라 차별화된 수업 내용을 제공하고 있는데, 이 방법이 수준별 교육의 요체이다.

수업 방법의 한 예로 한 시간의 1/3은 기본 과정에 대한 내용과 그룹별 활동 등을 전제적으로 설명한다. 다음에는 소집단 활동으로 들어간다. 교사는 소집단(분단)을 고르게 순회하면서 학생들을 집중적으로 지도하고 있는 동안 다른 집단의 학생들은 개별 학습이나 협력 학습을 학생들끼리 해 나가도록 하는 것이다. 이 때 교사는 개인차를 반영하여 심화과제나 자유선택 과제를 제시해 준다. 마지막으로 교사는 대집단 형태로 다시 돌아와 학습을 정리해 준다.

이러한 수업 형태에서는 교사의 방임적 태도가 지나쳐서 학생들끼리 자습식 수업이 되지 않도록 유념해야 한다. 또 이 수업 방법을 교사가 수업내용을 충분히 소화시킬 능력이 없으면 전체적 수업보다 효과가 떨어지는 수업이 될 우려가 있다.

### 3) 수준별 교육과정의 개념, 목적, 특징 및 문제점

수준별 교육과정이란 학생들이 배워야 할 수업내용을 학생들의 학습능력에 맞추어 교과별로 수준을 달리하여 개발된 상태의 교육과정이라고 할 수 있다. 이는 전통적으로 내려오는 일제식 수업, 획일화된 수업에서 탈피하여 학생들이 자기의 수준에 맞는 내용을 학습할 수 있도록 하는 수업이다.

수준별 교육과정의 목적은 학생의 능력, 적성, 필요, 흥미에 관한 개인차를 최대한도로 배려한 수업을 통해 학생 개개인의 성장 잠재력과 교육의 효율성을 극대화 할 수 있도록 하는데 있다.

수준별 교육과정의 실시를 주장하는 타당성의 근거는 학생들이 출신배경, 능력, 적성, 삶의 기대 등 다양한 면에서 서로 간 차이가 있으며 이 같은 다양한 속성을 지닌 학생들을 혼합시켜 교육하는 것 보다 유사하고 동질적인 특성을 지닌 학습자들을 나누어 가르치는 것이 더욱 효율적인 것이라는 신념에 근거한다.

수준별 교육과정의 중요한 특징으로는 이 교육과정이 수요자 즉 학생중심의 교육과정이라는 점과 교육과정의 차별화, 개별화, 다양화를 들 수 있다. 이 교육과정의 실시로 예상되는 문제점으로는 ① 성적평가의 난이성, ② 교수방법 및 기술적인 문제, ③ 교사 상호간의 문제, ④ 중간층 학생들의 처리 문제, ⑤ 교실이동으로 인한 혼란, ⑥ 교사 업무의 부담 증가 등을 들 수 있다.

### 4) 수준별 교육과정의 유형

학생의 능력에 따른 다양한 교육기회를 제공하기 위하여 교과별로 어떤 유형의 수준별 교육과정을 적용할 것인지는 교과 내용의 성격에 따라 달라지게 된다. 비교적 학습내용의 위계가 분명하고, 학습 집단 구성원의 능력의 개인차가 심하게 작용하는 교과의 경우에는 '단계형 수준별 교육과정'을, 교과의 내용이 다양한 종류의 과목을 통괄하는 영역으로 구성되어 있고, 학습 집단 구성원의 능력별 개인차가 그다지 심하게 작용하지 아니하는 경우에는 '심화 · 보충형 수준별 교육과정'을 도입하였다. 이외에도 '과목선택형 수준별 교육 과정'을 도입하였는데 이는 고등학교 선택 중심 교육과정에 적용되는 교육과정으로 11, 12학년의 2년 동안에 편성·운영되며, 학생의 능력, 적성, 필요, 관심의 차이를 반영하는 다양한 과목을 개설하여 자신의 진로와 능력 수준에 알맞은 과목을 학생 스스로가 선택할 수 있도록 구성한 교육과정 운영체제이다.

### ■ 수준별 교육과정의 유형

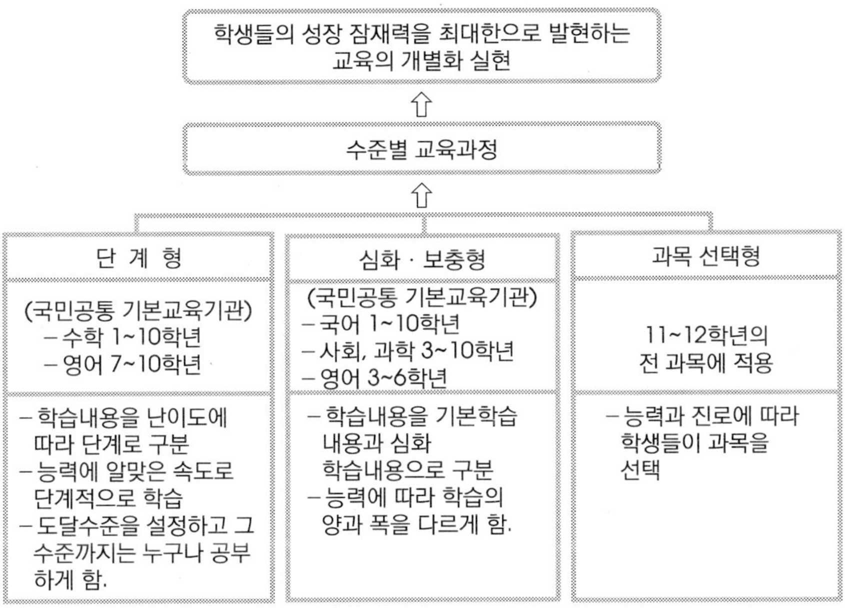


## 5) 수준별 교육과정의 운영

### (1) 단계형 수준별 교육과정

단계형 수준별 교육과정은 학습의 난이도나 논리적 위계를 기준으로 하여 학습내용을 여러 단계로 구분하여 조직한 교육과정으로서, 학생들은 기초적이고 쉬운 학습내용으로부터 어려운 학습내용까지를 자신의 능력에 알맞은 학습속도로 단계적으로 학습하게 된다. 따라서 비교적 학습내용의 위계가 분명하고, 학습 집단 구성원의 능력의 개인차가 심하게 작용하는 교과에 적합한 유형이다.

제7차 교육과정에서 단계형 수준별 교육과정은 국민공통 기본 교과 중 수학 교과와 중등 영어 교과에 적용하고, 단계형 수준별 교육과정의 각 하위 단계는 심화·보충 수업 운영이 가능하도록 기본 교육 내용과 심화·보충 교육 내용으로 편성하였다. 한 단계를 하위 단계로 세분화함으로써 발생하는 장점은 재이수시 단계가 짧아지므로 학습의 낭비를 최소화할 수 있으며, 특정 단계에서 학습 장애가 생겼을 때 조속히 조치하여 무의미한 학습이 오래 지속되는 것을 방지할 수 있다는 점이다. 그러나 단계를 세분화할수록 학생의 능력과 필요 등에 더 잘 부응할 수 있다는 긍정적 효과를 가져 올 수 있는 반면에 교사 수급, 시설, 학사 운영 체계, 자료 개발 등의 조치들이 추가적으로 지원되어야 한다. 아울러 단계형과 관련하여 도달수준 설정, 진급 자격 기준, 진급을 위한 평가 실시 방법, 보충과정, 재이수, 집단 편성 등의 문제가 고려되어야 한다.

### (2) 심화 · 보충형 교육과정

심화 · 보충형 수준별 교육과정은 교과의 내용이 다양한 영역으로 구성되어 있고, 학습 집단 구성원의 능력별 개인차가 그다지 심하게 작용하지 아니하는 교과에서 학습내용의 범위와 수준을 달리하여 조직한 교육과정이다. 모든 학생이 이수해야 할 최소 기준으로 기본학습내용을 구성하고, 학생의 능력수준에 따라 성취기준에 도달한 학생에게는 기본 학습내용을 심화 확대하는 '심화학습' 내용을, 성취 기준에 미달한 학생에게는 기본 학습내용의 가장 핵심적인 개념과 지식을 보충하는 '보충 학습' 내용을 제공할 수 있도록 구성하였다. 제7차 교육과정에서 심화 · 보충형 수준별 교육과정은 국민 공통 기본 교과 중  국어, 사회, 과학, 초등 영어 교과에 적용하되 영어는 3학년에서 6학년까지 기본 과정의 심화 · 보충 과정의 학습내용을 구성하였다.

심화 · 보충형 수준별 교육과정은 시간(단위) 배당 기준에 제시된 연간 수업 시수의 기본 교육 내용을 중심으로 운영하되, 심화 학습과 보충 학습도 함께 이루어지도록 한다. 기본 학습 시간을 최대한 확보하여 모든 학생이 각 교과목별 학습 목표를 성취하도록 지도하되, 심화 · 보충을 위한 시간이 부족할 경우 재량 활동에 배당된 시간의 일부를 이용하거나 별도의 시간을 확보하여 학생의 학습 결손 정도와 능력에 따른 적절한 지도를 하도록 하였다.

#### ❶ 심화 · 보충형 수준별 교육과정의 편성 · 운영 방식

심화 · 보충형 수준별 교육과정은 일정한 기간 동안 기본 과정을 공통적으로 적용한 후에 심화 과정과 보충 과정을 독립적으로 진행하는 방식이 기본적인 모형이다.

즉 기본 과정 이수 후 형성 평가를 통해 선행 학습 활동에 대한 심화 과정과 보충 과정 대상을 구분하여 교육과정에 차별화를 기하려는 것이다. 심화 학습내용은 기본 학습의 주요 개념들을 응용하는 내용으로 구성하고, 보충 학습내용은 기본 학습내용에서 제시된 기본 개념들을 분명히 이해하여 후속 학습에서 일어날 수 있는 학습 곤란을 최소화할 수 있도록 내용을 구성한다.

❷ 하위 과정의 배치 시기 및 배치 기준

하위 과정(심화 과정과 보충 과정)의 배치 시기는 가능한 단위 학습(소단원 또는 항목)을 기준으로 이루어지는 것이 바람직하다. 즉 필요에 따라 단위 시간, 단원, 학기를 기준으로 할 수도 있으나, 이는 학생의 특성이나 학교 현장의 여건, 교과의 성격, 내용 영역의 특성 등에 따라 신축적으로 운영되어야 할 것이다.

심화 과정 배치 기준은 기본 과정 학습 목표의 80% 이상 성취 수준으로 하되, 학생의 요구와 교사의 판단을 고려해서 단위 학교에서 자율적으로 결정하여야 한다.

### 6) 영어과 교육과정의 목표

총괄적인 목표

⇩

일상생활에 필요한 영어를 이해하고 사용할 수 있는 기본적인 의사소통 능력을 기른다. 아울러 외국문화를 올바르게 수용하여 우리 문화를 발전시키고 외국에 소개할 수 있는 바탕을 마련한다.

구체적인 목표

- 가. 영어에 흥미와 자신감을 가지며 의사소통 할 수 있는 기본 능력을 기른다.
- 나. 일상생활과 일반적인 화제에 관해서 자연스럽게 의사소통을 한다.
- 다. 외국의 다양한 정보를 이용하고 이를 활용할 수 있는 능력을 기른다.
- 라. 외국의 문화를 이해함으로써 우리 문화를 새롭게 인식하고 올바른 가치관을 기른다.

### 7) 영어과 교육과정의 내용

#### (1) 내용체계

■ 제7차 영어과 교육과정 내용 구성 모형

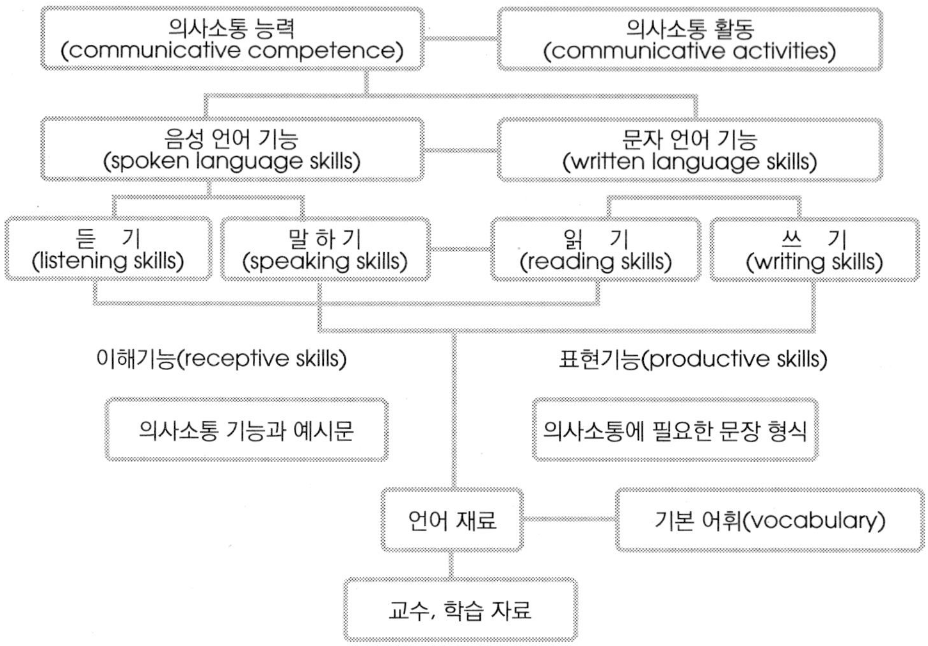


① 언어 기능

제7차 교육 과정의 언어 기능은 듣기, 말하기, 읽기, 쓰기의 네 가지 기능으로 구분되어 성취 기준이 기술되어 있다. 이것은 이들 기능이 서로 배타적인 영역이거나 학습의 순서를 나타내기 위한 것이 아니라 기술의 편의상 가장 일반적인 분류에 따른 것이다. 언어의 네 가지 기능은 서로 연관이 있어 한 기능의 향상은 다른 세 기능의 향상을 촉진하며, 한 기능은 다른 기능으로 전이되다. 이러한 기능 간의 관계는 매개 언어(medium)가 무엇이냐에 따라 음성/문자 언어 기능으로도, 혹은 이해/표현 기능으로도 분류가 된다. 이 점을 분명히 하기 위하여 제7차 교육과정은 내용 체계 속에 다음과 같은 모형과 해설을 명시해 주고 있다.

◉ 듣기, 말하기, 읽기, 쓰기의 언어 4기능을 통합적으로 사용할 수 있는 능력을 점진적으로 함양시킬 수 있게 한다.

| 언어 기능 | 음성 언어 | 문자 언어 |
|---|---|---|
| 이해 기능 | 듣 기 | 읽 기 |
| 표현기능 | 말하기 | 쓰 기 |

이해/표현과 음성/문자의 구분을 나타내는 선을 가는 선으로 표시한 것은, 이들이 상호 배타적임을 주장하거나 학습 순서를 나타내기 위한 것이 아니라 서로 연관되어 있으며 어느 쪽으로도 통합될 수 있음을 보여주는 것이다.

② 의사소통 활동

의사소통 중심의 영어 교육은 문법적 지식은 풍족하나 적절한 의사소통에 어려움을 겪는 학생들을 양산해 왔던 종래의 영어교육에 대한 현실적인 대안이다. 또한 이는 교양으로서의 영어교육보다는 의사소통을 위한 영어교육을 기대하는 사회적 요구의 반영이기도 하다. 의사소통 능력은 의사소통 능력 훈련을 통해서만 신장될 수 있으며 (Savignon, 1972), 문법적인 분석이나 기계적인 연습 및 암기를 통해서는 길러질 수 없다. 의사소통 활동은 듣기, 말하기를 포함하는 음성 언어 활동과 읽기, 쓰기를 포함하는 문자 언어 활동으로 이루어진다. 그래서 제7차 영어과 교육과정에는 음성 언어 활동 영역에 '의사소통 기능과 예시문'이, 문자 언어 활동 영역에 '의사소통에 필요한 문장 형식'이 수록되어 있다. 의사소통 기능의 범주는 학자에 따라 구분을 달리하고 있으며 7차 영어과 교육과정에서는 7개의 대 영역 범주와 이를 다시 46개의 중 영역으로 구분하고 각 중영역마다 3~4개의 소 영역을 두어 전체 의사소통 기능 항목이 80개의 소 영역으로 나뉘어져 있다. 각 소 영역에는 예시문이 3~9개정도 수록되어 있다. 참고로 7개의 대 영역 범주와 46개의 중 영역 범주를 살펴보면 다음과 같다.

1. 친교활동: 인사, 소개, 감사, 주의 끌기, 칭찬/축하/감탄, 약속, 기원, 음식 권유/응답
2. 사실적 정보교환: 사실적 정보, 사실 확인, 사실묘사, 습관, 경험, 계획, 수정, 비교
3. 지적 태도표현: 동의나 반대, 제의/초대, 제안, 기억, 가능/불가능, 확신하기, 의무, 허락, 지시/금지, 의견표현
4. 감정표현: 좋아함/싫어함, 희로애락, 원하는 것, 동정, 소망/의지, 불평
5. 도덕적인 표현: 사과/변명, 후회, 관심
6. 설득과 권고: 설득, 요청, 충고, 권고
7. 문제해결: 원인/결과, 길 안내, 물건사기, 음식주문, 되묻기, 이해점검, 전화하기/받기

또한 소 영역에 해당하는 의사소통 기능 범주와 그에 해당하는 예시문을 들면 다음과 같다.

(Communicative) Function : Saying Good Bye(작별인사)

Formal expression: ① Good bye Mr______ .
② I hope to see you again.
③ Have a nice evening/ weekend.
④ I really must be going.

Informal expression: ① Bye.
② So long.
③ See you later/ tomorrow.
④ Have a nice weekend/ vacation.
⑤ I've go to go.

③ 언어 재료

자연스러운 언어활동을 위하여 7차 교육과정에서 소재, 문화, 언어, 어휘, 단일 문장의 길 이에 대하여 제시하고 있다.

■ 제7차 영어과 교육과정의 언어재료

| 영 역 | 내 용 |
|---|---|
| 소 재 | – 교육과정의 '소재'를 참조하여 적절한 것을 선택하여 사용<br>– 학생들의 흥미, 필요, 인지적 수준 등을 고려하여 학습의욕을 유발할 수 있는 내용<br>– 성취 기준 달성에 적합한 내용<br>– 상호작용에 적합한 내용<br>– 심화 학습과 발전 학습에 적합한 내용 |
| 문 화 | – 의사소통에 필요한 영어권의 생활양식과 언어, 문화<br>– 영어권에서 문화적으로 적절한 언어적, 비언어적 행동양식<br>– 영어권 문화와 우리 문화의 언어적, 문화적 차이 |
| 언 어 | – 초등학교에서는 음성 언어 중심으로 하고, 문자 언어는 음성 언어의 보조 수단으로 사용<br>– 자연스러운 언어습득과 실제적인 의사소통 활동에 도움이 되는 언어 |

| 영 역 | 내 용 |
|---|---|
| 언 어 | – 일상생활에서 많이 쓰이는 언어<br>– 인지적인 수준을 고려한 언어<br>– 소리와 의미의 식별, 소리와 문자의 관계, 말의 연결, 말의 속도에 따른 음운 변화, 상황에 따른 음운변화 및 자연스러운 발화 등에 도움이 되는 언어 |
| 어 휘 | – 교육과정의 '기본 어휘표'를 중심으로 사용<br>– 학년/단계별로 사용할 수 있는 새로운 어휘 수<br>3학년 : 80~120낱말 4학년: 80~120낱말<br>5학년 : 90~130낱말 6학년: 90~130낱말<br>(전체 450낱말 이내, 30낱말의 사용 외래어 사용 허용)<br>7(7-a, 7-b)단계 : 200낱말 내외 8(8-a, 8-b)단계 : 250낱말 내외<br>9(9-a, 9-b)단계 : 350낱말 내외 10(10-a, 10-b)단계: 450낱말 내외<br>(전체 1,250낱말 내외, 초등학교 30낱말 외래어 포함하여 50낱말의 상용 외래어 사용 허용) |
| 단 일<br>문장의 길이 | – 3, 4학년 : 7낱말 이내<br>– 5, 6학년 : 9낱말 이내<br>(단, and, but, or을 사용하는 경우에는 예외로 한다.) |

(2) 단계별 성취기준

'성취 기준(achievement standards)'은 제7차 교육과정에서 새로이 정립되어 사용되는, 목표와 학습내용을 포괄하는 개념이다. 성취 기준은 교육과정의 내용 제시의 상세화를 추구하는 과정에서 그 필요성이 제기된 개념으로서 다음과 같이 개념을 정의 할 수 있다.

◉ 성취기준의 개념

① 성취기준은 교과별로 설정된 교육과정상의 교육 목표와 교육 내용을 분석하여 학생들이 달성해야 할 능력 또는 특성의 형태를 진술한 것으로서, 주로 학생의 입장에서 진술된다.

② 각 교과의 하위 내용을 영역별로 진술한 것으로서, 제6차 교육과정의 교과별 내용을 한 단계 더 상세화한 수준에서 내용과 행동(수행활동, 지녀야 할 특성)이 결합된 형식을 취하며, 내용 기준과 행동 기준으로 구성된다.

제7차 영어과 교육과정의 내용은 성취 기준의 형태로 진술되어 있으며 수준별 교육과정 진술을 위한 총론 지침에 따라 기본 과정과 심화 과정의 성취 기준이 제시되어 있다. 보충 과정은 기본 과정의 성취 기준에 이르게 하는 과정이므로, 기본 과정과 같은 성취 기준을 가지게 되어 교육과정에 별도로 기술하지 않아도 된다. 그러나 심화 과정의 경우 기본 과정의 성취 기준을 달성한 학생들이 추가 활동과 과제를 통해 기본 과정을 심화할 수 있게 하는 과정이므로 교육과정상에 심화 과정의 성취 기준을 따로 제시해 줄 필요가 있다.

그러나 기본 과정의 항목 모두가 심화 과정 항목을 가지는 것은 아니며 가질 수도 없다. 제7차 영어과 교육과정에서는 학년마다 기능별로 3~7개의 기본 과정 성취 기준과 2개의 심화 과정 성취 기준을 제시하였다. 그러므로 교과서 집필자나 교육과정 독자는 심화 과정의 정의에 입각하여, 교육과정상에 심화 과정 항목으로 제시되어 있지 않은 기본 과정 항목도 필요에 따라 해당 심화 과정 성취 기준을 설정할 수 있다.

성취 기준을 진술하는 방식에는 두 가지가 있다. 첫째는, 한 성취 기준을 해당이 되는 단계마다 중복하여 진술하는 것이고 둘째는, 누적적으로 진술하는 것으로, 이는 초등학교 3학년에 진술된 성취 기준이 초등학교 4학년, 5학년, 그리고 그 이후의 학년 및 단계까지 계속하여 해당되는 것으로 보는 것이다. 제7차 영어과 교육과정은 이와 같은 누적적인 진술 방식에 의거하여 각 단계마다 새로운 성취 기준을 제시하게 되어, 교과서 집필이나 교수 · 학습 활동시 순환 혹은 반복하여 작용된다.

● 학년별 성취 기준 항목별 내용

■ 초등학교 제7차 영어과 교육과정의 성취 기준의 항목별 내용(3, 4학년)

| 항목 | | 3학년 | 4학년 |
|---|---|---|---|
| 언어기능 | 듣기 | ①언어의 소리와 강세, 리듬, 억양을 듣고 식별한다.<br>②낱말을 듣고 그 대상을 안다.<br>③한 문장으로 된 간단한 지시, 명령을 듣고 반응을 보인다.<br>④개인, 과정, 학교생활에 관련된 쉽고 간단한 대화를 듣고 이해한다.<br>⑤짧고 쉬운 내용의 챈트나 노래 등을 듣고 즐긴다.<br>⑥쉽고 간단한 게임이나 놀이의 내용을 듣고 이해한다.<br>⑦관용적인 표현을 이해한다.<br><심화 과정><br>⑧낱말들을 듣고 낱말들간의 의미 관계를 안다.<br>⑨한 문장을 듣고 그 문장이 나타내는 그림을 찾아낸다. | ①일상생활에 관한 간단한 대화를 듣고 이해한다.<br>②주변의 사물과 사람에 관한 쉽고 간단한 설명을 듣고 이해한다.<br>③한 두 문장으로 된 명령이나 지시를 듣고 행동한다.<br>④쉽고 간단한 설명을 듣고 단순한 과업을 수행한다.<br>⑤쉽고 간단한 대화를 듣고, 대화가 일어난 장소와 시간 등을 안다.<br>⑥일상생활과 관련된 쉽고 간단한 말을 듣고 중심 낱말을 찾는다.<br>⑦쉽고 간단한 역할 놀이의 내용을 이해한다.<br><심화 과정><br>⑧쉽고 간단한 말을 듣고 의도, 목적을 대강 이해한다.<br>⑨두 문장을 듣고, 뜻이 같은지 혹은 다른지를 구분한다. |

| 항 목 | | 3학년 | 4학년 |
|---|---|---|---|
| 언어기능 | 말하기 | ①강세, 리듬, 억양에 맞게 말한다.<br>②주변의 친숙한 대상의 이름을 말한다.<br>③실물이나 그림을 보면서 낱말 또는 한 문장으로 말한다.<br>④개인, 가정, 학교생활에 관해 쉽고 간단한 대화를 한다.<br>⑤짧고 쉬운 챈트나 노래를 따라 한다.<br>⑥쉽고 간단한 게임이나 놀이에 참여한다.<br>⑦안사하기와 같은 관용적인 표현을 한다.<br><심화과정><br>⑧실물이나 그림을 보면서 문장 단위로 말한다.<br>⑨개인, 가정, 학교생활에 관해 대화를 한다. | ①일상생활에 관한 쉽고 간단한 대화를 한다.<br>②주변의 사물과 사람에 관해 간단히 설명하거나 묻고 답한다.<br>③한 문장으로 지시 또는 명령을 한다.<br>④필요시에 도움을 요청하는 말을 한다.<br>⑤짧고 쉬운 챈트나 노래를 한다.<br>⑥쉽고 간단한 역할놀이에 참여하여 적절한 말과 행동을 한다.<br><심화 과정><br>⑦적절한 표정, 몸짓 등을 사용하여 대화를 한다.<br>⑧실물이나 그림 등의 자료를 이용하여 필요한 말을 간단히 한다. |
| | 읽기 | | ①알파벳 인쇄체 대·소문자를 식별하여 읽는다.<br>②쉽고 간단한 낱말을 따라 읽는다.<br>③그림, 실물, 행동의 도움을 받아, 쉽고 간단한 낱말의 의미를 이해한다.<br><심화 과정><br>④주변의 영어 문자에 관해 호기심을 가진다.<br>⑤컴퓨터 자판의 알파벳 문자를 익힌다. |

# 6 한국 영어 교육의 역사

## 1. 한국 영어교육의 시대 구분

한국에서 최초로 설립된 영어교육기관은 영어학교라고도 불리는 동문학(同文學)으로서, 1883년에 설립되었고 따라서 우리나라에서 정식 영어교육이 시작된 지는 120년이 넘는다. 120년이 넘는 한국의 영어교육의 시대구분은 크게 대별하여 세 시대로 구분할 수 있다.

| | |
|---|---|
| 구한말기(이조말기) | (1883～1910) |
| 일제 식민기 | (1910～1945) |
| 해방 이후기 | (1945～현재) |

물론 최초의 영어교육기관이 설립된 1883년 이전에도 영어사용과 관련된 제한적인 접촉이 있었다. 제한적 접촉의 3가지 루트는 ①영미 선교사들과 일부 한국인간의 선교목적상 제한적 접촉 ②영미 선박이 한국과의 통상목적으로 한국 근해에서 이루어진 접촉 ③중국과 일본에 파견된 외교사절이나 유학생들이 가졌던 접촉이나 가져온 서적을 통한 접촉을 들 수 있다. 그러면 위의 시대구분에 있어서 영어교육의 내용과 특징을 중심으로 살펴보도록 하겠다.

## 2. 구한말기(이조말기) (1883～1910)

이 시기에 영어교육기관은 크게 두 가지 종류의 기관들로 구분된다. 하나는 정부주도의 영어교육기관으로 정부의 실무적 필요 즉 통역관, 외교관, 정부관리 등 실무자

양성을 위해 세운 관립학교들로서 여기에는 동문학, 육영공원(育英公院), 영어학교, 관립영어학교 등이 있다.

다른 하나는 선교적 목적으로 선교사들에 의해 세워진 사설영어교육기관으로서 배재학당, 이화학당, 정신 여학교, 경신학교 등이 있다. 배재학당은 Appenzeller에 의해 1885년 세워진 최초 사설교육기관이고 이화학당은 1886년 Scranton 부인에 의해 설립되었다.

이 시기의 영어교육은 한국의 개화정책과 맥을 같이 하고 있으며 특히 윤치호, 박영효, 서재필, 유길준 등 개화파 인사들의 공헌이 컸다고 볼 수 있다. 이 당시 영어교육에서 도입한 교수법은 Native Speaker에 의한 직접교수법(Direct Method)이 사용되었고 거의 모든 과목을 영어로 가르쳤다. 선교사들이 세운 사설교육기관은 제1차 목적은 선교였고 영어교육은 수단에 불과하였다. 그러나 이들 사설교육은 한국인의 개화사상의 자극과 서양문물 소개에 긍정적 영향을 미치게 되었다.

이 당시 세워진 동문학은 조선총리 통상사무 고문이었던 독일인 목인덕이 세운 학교로 통역관 양성이 주목적이었다. 나중에 이 학교는 Halifax가 이어받아 가르치게 되었다. 독립협회 부회장을 지낸 남궁억은 동문학 출신으로 나중에 독립신문 영문판 주필이 되었다.

육영공원은 1886년에 설립된 학교로 Gilmore, Bunker, Hulbert가 강의를 담당하였고 모든 과목을 영어로 강의하였고 교재도 영어로 된 것을 사용하였다. 육영공원은 서구학문 도입에 크게 기여하게 되었다.

배재학당은 1886년에 Appenzeller에 의해 세워진 학교로 처음에는 영어과목만 가르쳤지만 나중에 다른 여러 과목으로 확대되었고 영어과목으로 성경이 사용되었다.

이 시기에 영어교육과 관련된 보조 자료는 사전, 문법서, 번역 성서 등이 있다. 1897년 Gale 목사에 의해 출간된 *A Korean Dictionary*, John Ross 선교사의 *Corean Primer*(1877), Underwood의 *An Introduction to the Korean Spoken Language* (1889)와 *A Concise Dictionary of Korean Language in Two Parts, Korean-English & English-Korean*(1890)이 있고 신약성서와 구약성서가 1900년과 1910년에 각각 번역되었다. 문학 작품으로는 천로역정(1899), 로빈슨 표류기(1908), 걸리버 여행기(1908)등이 번역되었다. 영어를 접할 수 있는 기회가 많아지고 미국적 교육제도의 영향을 많이 받게 되었다.

## 3. 일제 식민기(1910~1945)

일제 식민기 영어교육은 1909년 한일합방으로부터 우리나라가 일본으로부터 해방되던 해까지의 기간이다. 일제 식민기 영어교육에서는 관립영어학교들은 다 폐지되고 선교사들이 세운 사설교육기관만이 그 명맥을 유지해 나갔다. 그래서 일제 식민기 초기는 영어교육의 위축기(1911~1921)라고 할 수 있는데 이 시기에는 이화학당, 연희전문학교만이 겨우 존립할 수 있었다.

그러나, 3 · 1운동에 큰 충격을 받은 일본은 강압정책에서 다소 누그러뜨려 긴장완화 정책인 유화정책으로 방향을 약간 선회하여 조선인들이 입학할 수 있는 경성제국대학을 설립하게 되었고 대학입학시험에 영어를 포함시켰고 법문학부의 일부도 영문과가 설치되었다. 영문과 출신의 유명인사로는 이효석, 최재서씨가 대표적이다. 한편 이화여자전문학교에선 문과를 English Department라 부르고 주로 생활 영어교육을 실천하였는데 반해 경성제대 영문과에서는 영국 고전문학 중심의 영문학 과목을 다루는 것이 전통이 되었다. 이를테면 Shakespeare나 Dickens의 작품이 단골 메뉴가 되었다.

일제식민기의 영어교육은 영국식 영어를 가르치고 다룬데 있다. 그것은 일본이 개방을 할 때 영국과의 접촉이 먼저 이루어졌고 한국의 영어교육을 받은 지성인들이 일제 식민기하에서 영국식 영어를 배웠기 때문이다. 또한 이 시기에는 시험을 위한 영어교육, 문법규칙의 기계적 암기, 구어보다 문학 중심의 문어 영어 중시 등을 들 수 있다.

## 3. 해방 이후기(1945~현재)

해방이후기는 영어의 전성기라고 할 수 있다. 1945년 일본이 2차 세계대전에 패망함에 따라 미군이 한반도에 진주함에 따라 우리나라는 자연히 미국과의 접촉이 잦아지고 미국영어의 영향아래 있게 되었다. 또한 1950년 6 · 25사변으로 U.N.이 진주함에 따라 영어를 접할 수 있는 기회가 많아지고 미국적 교육제도의 영향을 많이 받게 되었다.

또한 1960년대 들어와 Fulbright와 East West Center의 장학금 혜택을 입어 미국 유학생이 많이 늘어나서 해외에서 영어교육 전공자가 늘어나서 국내 영어교육에 영향을 미치게 되었다. 더욱이 최근에는 인터넷의 급속한 확산으로 영어는 더욱 cosmopolitan language 즉 universal language로서의 위치를 공고히 하게 되었고 영어가 국가적이나 개인적으로 생존과 번영의 주된 수단이 되어버린 현실에서 영어교육의 위상은 더욱 높아지게 되었다.

해방이후 초기에는 일시적으로 일제 식민기의 영향이 있어서 문어 중심의 영어교육이 실시되었으나 1970년을 넘으면서 문자 영어교육에서 구어 영어교육으로 옮겨가게 되었고 교육목적도 교양성이나 학문성보다 실용성 위주로 전환하게 되었다. 그리고 영어교육의 목적도 외국문화를 읽고 이해하는 교양상 목표(cultural aims)보다 기능을 익히는 기능상의 목표(functional aims) 즉 의사소통기능의 개발이라는데 1차적 목표를 두게 되었다. 교수방법적인 면에 있어서는 초기에는 문법 번역 일변도의 교수방식에서 1970년대에는 문형연습(pattern practice)을 위주로 한 Audio-lingual Method가 유행하게 되었고 1980년도 후반부터는 의사소통 능력개발을 목적으로 한 Communicative Approach가 도입되어 현재에 이르고 있는 실정이다. 청화식 교수법에서는 문형의 기계적 암기 · 모방을 통한 습관 형성을 이루려는 단순한 학습활동에서 의사 기능적 접근법에선 과업중심의 활동이 많이 소개되고 있고 그 대표적 예로는 역할놀이, 게임, 문제해결 활동, 촌극, 정보화 활동, 전자 펜팔(keypals), 기타 여러 과업을 수행하는 소그룹활동의 상호작용(interaction)을 권장하고 있으며 교사중심수업에서 학습자 중심의 자기 주도적 수업형태로 나아가고 있는 실정이다.

# PART 2

# 영어교육의 실제

# 1 발음지도

## 1. 초기 발음 지도의 중요성과 목표

영어의 속담에 "Well begun is half done"이란 말이 이다. 이 말이 의미하는 뜻은 모든 일의 처음 시작이 잘 이루어져야 한다는 것이다. 외국어 학습에 있어서도 그 사실은 예외가 될 수 없을 것이다.

영어를 외국어로 가르치는 교사의 입장에서 보면 초기 입문 단계에서 정확한 발음 지도가 무엇보다 중요하다고 할 수 있는데 이는 장차 올바른 의사소통을 할 수 있는 능력을 길러주는 첫 걸음이 되기 때문이다. 세 살 버릇이 여든까지 간다는 말이 있듯이 초기 단계에서 일단 좋지 못한 발음에 익숙해져 습관이 형성되면 나중에 다시 교정하기란 지극히 어려우며 잘못된 발음을 새로 가르친다는 것은 그만큼 시간 낭비를 초래하기 마련이다.

우리나라의 경우 현재 초등학교부터 처음 영어 발음을 익히게 되는데 이 시기에 발음이 정확치 못한 영어 교사를 만난다면 그 발음은 성인인 대학생이 되어도 고치지 못한 채 그대로 가져가는 경우가 허다하다. 따라서 입문기의 발음 지도는 어디까지나 정확성에 기초한 발음 지도가 이루어져야 하며 native speaker가 사용하는 발음을 사용하거나 그 발음에 가깝도록 가르치는 것이 이상적일 것이다.

그러나 언어습득의 결정적 시기(critical period)의 한계 시점으로 알려 있는 12세 이상에서 언어를 목표 언어로 배우게 될  때에는 모국어 언어 습관이 부정적 전이라고 할 수 있는 간섭(interference)으로 나타나게 되므로 발음, 억양 등에서 원어민과는 구별되는 사투리(foreign accent)는 극복하게 어렵게 된다.

그러므로 교사는 발음 지도에서 훌륭한 발음 즉 정확한 발음 지도에 초점을 두어야 한다. 그러기 위해서는 교사로서 영어 음운 체계에 대한 전문 지식과 더불어 발음 지도의 원리도 숙지하고 있어야 한다.

## 2. 발음 지도의 원리

Finnochiaro(1964)는 학습자들에게 발음을 하도록 가르치는데 다음의 필수적인 세 가지 단계가 요구된다고 했다.

1) 음을 듣는 단계(Hear the sound)-청취 단계
2) 음을 듣고 식별해 내는 단계(Identify the sound)-구별 단계
3) 그 음을 생성해 내는 단계(Produce the sound)-발성 단계

위의 주어진 절차를 따라 교사가 학생들에게 발음을 지도할 때 학생들은 보다 자연스럽게 그 발음에 익숙해져 갈 수 있으며 학습 심리상 부담이 적게 가게 된다. 위의 세 단계 중 어느 두 단계를 생략해 버리고 바로 생성 단계에 들어갈 경우 부정확한 발음을 하기 쉽다. 그 어떤 경우든 음을 청취하는 단계는 생성 단계보다 앞서가는 것이 원칙이다. 이를테면 학생들이 발음을 처음 배우게 될 때 교사들은 학생들에게 발음하도록 요구하기 이전에 native speaker의 녹음된 발음이나 교사 자신의 모델 발음을 들려주는 것이 일반적이다.

다음으로 발음 지도의 단위 면에서 볼 때 기본적 원칙은 대단위에서 소단위로 내려가면서 지도하는 것이 원칙이다. 이를테면 교사가 학급 전체를 상대로 발음했다면 그 다음에는 그룹 단위로, 마지막으로 개인적으로 발음을 지도해 나가는 것이 바람직하다. 물론 그룹의 경우는 생략하고 바로 개인 발음 지도로 나아갈 수도 있다.

## 3. 음성학적 기본 지식

학생에게 발음을 지도하는 데 있어서는 우선 발음 기관에 대한 이해가 무엇보다 요구된다. 학생들이 목표 언어를 발음할 때 음성 기관을 어떻게 사용하고 있는가, 그리고 목표 언어의 어떤 발음을 만족할 정도의 수준으로 하려면 어떻게 해야 되는가를 지도하기 위해서 최소한 음성 기관의 단면도를 재생해 가며 조음점의 정확한 위치와 조음점을 알고 있어야 한다.

발음 기관은 크게 구별하여 세 가지 즉, 발성 기관과 조음 기관 그리고 공명 기관으로 구분된다. 발성 기관은 발음을 생성하는 데 직접 연관이 있는 성대가 여기에 해당되며 조음 기관은 성대에서 진동 되어 나온 음이 장애를 주는 기관이며 공명 기관은 성대에서 진동 된 음을 크게 확대시켜 울리게 하는 기관이라 볼 수 있는데 도시하면 아래와 같다.

## ■ 발음 기관 도해

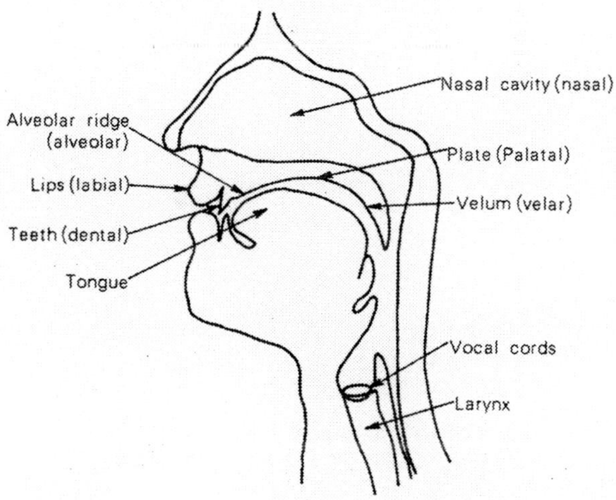


i ) 발성 기관 : vocal cords, larynx

ii) 조음 기관 : tongue, lips, teeth, alveolar, hard palate, soft palate, uvula

iii) 공명 기관 : oral cavity, nasal cavity pharynx

소리가 나는 과정을 살펴보면 허파의 공기 주머니에 있던 공기가 수축되면서 기관지를 통해 올라오다가 두 개의 얇은 막으로 되어 있는 성대 막 사이를 통과하게 된다. 이 때 폐에서 호기가 성대의 막이 열려서 자유롭게 통과하게 되면 기식(breath)이란 음을 낳지만 성대가 좁혀져 있을 때 압력에 의해 성대가 진동 된 성 또는 유성음(voice)이 생기게 된다.

이 성대에서 진동 된 음은 두 개의 통로 즉 구강(oral cavity)과 비강(nasal cavity) 중 어느 한쪽으로 통과하면서 확대, 강화되어 커지게 된다. 그 소리는 두 통로를 통과하면서 여러 조음 기관의 방해를 받아 여러 가지 소리를 내게 되는 것이다.

영어 교사로서 꼭 알아 두어야 할 또 하나의 음성적 지식은 영어의 자모음 분류 도표이다. 자음 분류 도표를 조음점과 조음 방법과 기준에 따라 분류해 본다.

## ■ 자음 분류 도표

| Point of articulation / Manner of articulation | | Labial | Labio-dental | Dental | Aveolar | Palatal | Velar | Glottal |
|---|---|---|---|---|---|---|---|---|
| Stops | VL | p | | | t | | k | |
| | VD | b | | | d | | g | |
| Fricatives | VL | | f | θ | s | š | | h |
| | VD | | v | ð | **z** | ž | | |
| Affricates | VL | | | | | č | | |
| | VD | | | | | ĵ | | |
| Nasals | VD | m | | | n | | ŋ | |
| Liquids | VD | | | | l, r | | | |
| Glides | VD | w | | | | | y | |

위의 자음 분류표를 보면 영어에서는 조음 방법에 있어서는 **마찰음**이 가장 많은 편이고 조음점에서 볼 때는 **치경음**(alveolar)이 가장 많이 분포되어 있다고 할 수 있다. 그리고 위의 자음 도표상의 각 음소에 대한 단어의 예를 구체적으로 들면 아래와 갔다.

위에 제시한 자음 분류 도표와 아울러 모음의 분류 도표를 알아 두는 것이 필요하다. 그러나 모음 분류 도표는 자음 도표와 달리 모음의 조음 위치를 정확하게 지적해 내는 것이 힘들기에 한국 학생들에게는 어렵게 생각될 것이다.

다음의 모음 표를 간략히 제시하도록 한다.

모음 도표의 분류의 기준은 혀의 높낮이와 구강 내에서 혀의 전후 위치에 따라 분류한 것임도 영어 교사로는 상식적으로 알아 두어야 할 것이다.

또한 영어의 자음 체계에서는 폐쇄음(stop), 마찰음(fricative), 파찰음(affricate) 등 대부분의 자음이 무성음과 유성음으로 대조되는 짝을 이루고 있다는 사실을 알아 둘 필요가 있다.

무성음 : / p /, / t /, / k /, / f /, / θ /, /s /, / š /, / č /

유성음 : / b /, /d /, / g /, / v /, / ð /, / z /, / Ž /, / ǰ /

■ 영어의 모음도

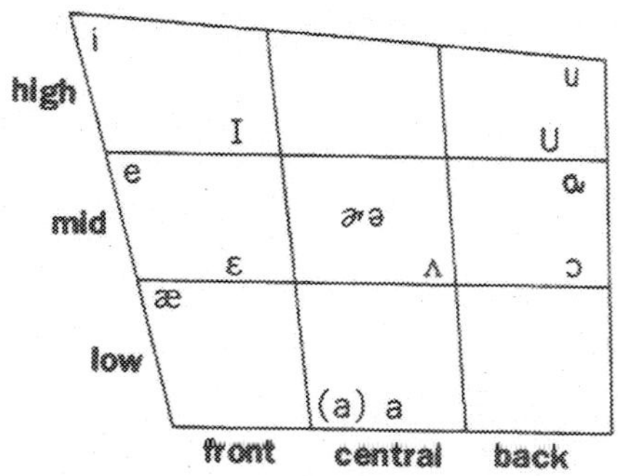


## 4. 발음 지도의 실제적 방법

### 1) 모방(Imitation)

발음 지도에 있어서 가장 간략하면서도 기본적인 발음 지도는 교사의 시범을 따라 모방토록 함으로써 정확한 발음을 배워가는 것이다. 따라서 교사는 학생이 모방하는 model의 역할을 하게 된다. 교사가 훌륭한 발음의 model이 되기 위해서는 학생이 습득해야 할 교재의 발음과 문형을 정확하게 시범할 수 있어야 하며 초기는 어디까지나 정확성에 기초하여야 한다.

이 경우 교사는 처음부터 속도를 염두에 두지 말고 그 발음이 어떻게 나게 되는지 그 소리의 조음점이나 입 모양을 자세히 설명해 주면서 천천히, 정확히 시범을 보여 주는 것이 요구된다. 그리고 그 경우에 따라서는 우리말의 유사한 소리와 어떻게 다른지 대비시켜 설명해 줄 수도 있을 것이다

예를 들어 국어에는 없는 / v /발음을 영어 학습 초기에는 철저히 가르치고 연습시킬 필요가 있는데 교사가 천천히 윗니를 아래 입술에 가벼이 올려서 입 안의 공기를 불어 내면서 마찰 시키는 과정을 보여 주어야 할 것이며 / Θ /발음은 교사로서 의도적으로 혀를 윗니와 아랫니 사이 넣는 것을 확인토록 보여 주어야 하며 학생이 그 같은 과정을 포함하는지 관찰하고 지적해 주어야 할 것이다.

이와 같은 조음점이나 입모양을 통한 발음 지도는 단순히 1회적이기보다 교사는 자주 되풀이해야 하며 고등학교에서보다 영어를 배우기 시작하는 초기인 초등학교 과정에서 보다 철저히 이루어져야 한다.

발음 지도에 있어서 혀의 움직임에 의한 조음점의 변화를 학생들이 쉽게 이해하도록 돕는 효과적인 방법 중의 하나는 다음과 같은 보조 도구를 사용하는 것이다. 즉, 딱딱한 마분지 위에 얼굴의 측면도를 그리되 입술, 치아, 입천장, 혀의 밑바닥을 표시하는 그림을 그리고 나서 구강을 표시할 부분을 칼로 도려낸다. 그리고 난 다음 얇은 스타킹을 손에 덮어씌우고 그 손을 사용하여 구강 내에서 움직이는 혀의 변화를 자유롭게 시각적으로 표현할 수 있다. 이를테면 손끝을 이 사이나 잇몸에 접촉시킬 수 있고 / r/발음 같은 경우 혀를 입천장 방향으로 말아 올리는 것도 잘 보여줄 수 있다.
초기 발음 지도에서 이런 자료를 사용하면 학생들에게 흥미는 물론 혀의 움직임에 대해서 잘 이해할 수 있게 된다.

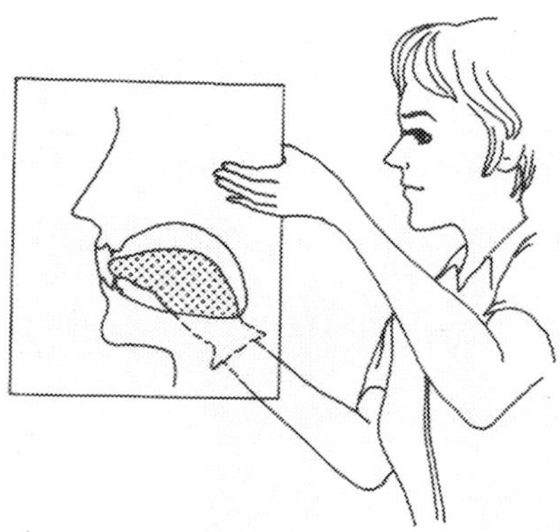

대개의 경우 영어 교과서 하단에는 그 과에서 새로 도입되는 단어를 수록하고 있는데 여러 개의 단어를 발음 지도하는 데는 다음과 같은 과정을 밟을 수 있을 것이다.

먼저 교사가 새로 도입되는 단어를 처음에는 정확하고 천천히 하나하나 시범을 보여주면서 발음해 줄 수 있다. 그 다음에는 좀 더 속도를 증가시키면서 처음부터 끝까지 2회 정도 더 익숙하게 들려주고 난 뒤 학생들이 교사의 model를 본받아 2~3회 소리 내어 따라 하게 된다.

그리고 그 가운데서 교사는 특히 발음에 주의를 요하는 단어는 다시 선정하여 정확히 익숙토록 하여야 할 것이다.

학급 전체를 대상으로 모방 활동을 한 뒤는 group이나 개인으로 연습을 해 나가면서 교사는 각 학생의 발음의 정확성 여부를 관찰하고 있다가 틀린 발음은 다시 교정해 줄 필요가 있다. 그리고 때로는 교과서의 단어를 눈으로 보지 않고 따라 하는 경우도 효과적일 수 있다.

이 모방은 앞에서 얘기한 바와 같이 교사의 발음이 정확해야 하며 그렇지 못한 경우에는 부득이 tape recorder 등을 이용하여 발음을 직접 듣고 따라 하도록 하여야 할 것이다.

발음 연습을 해야 할 것이 개별 단어가 아니라 문장일 경우도 이와 유사하다고 할 수 있다. 그러나 이 때 교사는 제시된 교과서의 본문도 수회 반복적으로 시범을 보여 줄 시간적 여유가 없을 것이다.

따라서 대개 1~2회 읽어 주는데 그치게 되는데 이어서 학생들이 본문을 따라 모방토록 하되 억양, 강세, 리듬에 유의하면서 지도해야 할 것이다. 영어에서는 발음 못지않게 억양이 중요하기 때문이다.

그리고 문장을 발음할 때는 중학교 학생 수준에서 따라가기가 긴 문장도 나올 수 있는데 이 때는 sense group 즉 breath group의 세심한 지도가 요구되며 특히 등위 접속사는 종속 접속사가 사용된 문장에서 2개 이상의 단위로 나누어 연습토록 하는 것이 바람직하다 하겠다.

### 2) 최소의 대립어 연습(Minimal Pair drill)

최소의 대립어란 두개의 대조되는 언어 단위에서 한 음소만 서로 다르고 나머지는 같은 한 쌍의 대립어를 말하며 서로 유사한 음을 식별하고 연습하는데 도움을 준다. 최소의 대립어는 단어 단위뿐 아니라 구나 문장 단위에서도 일어날 수 있다.

<자음>

| / b / | / v / | / f / | / v / |
|---|---|---|---|
| bat | vat | fine | vine |
| berry | very | fan | van |
| ban | van | few | view |
| boat | vote | feel | veal |
| best | vest | leaf | leave |

| / s / | / θ / | / d / | / ð / |
|---|---|---|---|
| sink | think | den | then |
| sick | thick | dose | those |
| sin | thin | wordy | worthy |
| sank | thank | dough | thought |
| sigh | thigh | day | they |

| / l / | / r / | / s / | / z / |
|---|---|---|---|
| lead | read | price | prize |
| lest | rest | loose | lose |
| load | road | race | raise |
| late | rate | rice | rise |
| lip | rip | ice | eyes |

<모음>

| / e / | / æ / | / i / | / iː / |
|---|---|---|---|
| beg | bag | lid | lead |
| pet | pat | rich | reach |
| bed | bad | fit | feat |
| bet | bat | still | steel |
| ten | tan | fill | feel |

<구 및 문장>

robber bands : / ɔ /
rubber bands : / ʌ /

hall floor : / ɔː /
whole floor : / ou /

He is going to live there. / i /
He is going to leave there. / iː /

Where do they go to play. / l /
Where do they go to pray. / r /

최소의 대립어를 통한 지도 절차는 ①교사의 제시 ②본보기 발음(model pronunciation) ③청취식별 연습 ④반복 모방 ⑤학생의 발음 연습(지시대로)으로 이루어진다. 그 구체적 지도 방법은 다음과 같이 이루어질 수 있다.

| column Ⅰ | column Ⅱ |
|---|---|
| / f / | / v / |
| fine | vine |
| face | vase |
| few | view |
| fail | veil |
| fast | vest |
| fan | van |
| feel | veal |

(1) 우선 흑판에다 분필로 연습하려는 단어를 Column Ⅰ과 Column Ⅱ로 구분하여 쓰거나 사전에 chart로 미리 준비한다.
(2) 우선 Column Ⅰ과 Column Ⅱ에 있는 모든 단어를 2~3회 교사가 정확하게 읽어 준다.(두 번째나 세 번째는 대조해서)
(3) Column Ⅰ과 Column Ⅱ에 있는 단어를 따로 구분 없이, 순서에 관계하지 않고 여기 저기 읽는다.
(4) 각 Column에 대조가 되는 두 단어를 교사가 발음하고 학생들에게 같은지 다른지를 구별하도록 요구한다. 같은 단어를 발음했을 경우는 same, 다른 단어 경우는 different로 말하도록 한다. 경우에 따라서는 한꺼번에 세 단어를 제시할 수도 있다. 이 단계에서는 교사는 종이나 책으로 입을 가리고 할 수도 있다.

| 〈예〉 | | |
|---|---|---|
| | fine/fine | same |
| | fan/van | different |
| | fan/fan/van | one, one, two |

(5) 어느 Column에서든지 한 단어를 선택한 다음 어느 Column에 속한 음소인지를 손가락을 이용하여 표시하게 한다.
(6) 각 Column에 있는 단어를 하나씩 학생들로 하여금 따라 읽게 한다. (대조적)
(7) 어느 Column에 있는 단어든지 지적하여 학급 전체, group, 개인별로 따라 반복케 한다.
(8) 교사는 한쪽 Column의 단어를 얘기하면 그 단어가 대조된 단어를 말하게 한다.
(9) 교사 대신 한 학생이 한 단어를 말하면 그 단어가 대조되는 단어를 말한다.

### 3) 파닉스(phonics)를 통한 지도

파닉스란 한 언어에서 철자와 발음간의 상관관계에서 존재하는 규칙성을 추구하여 발음지도에 이용하는 것을 말하며 특별히 영어를 처음 배우는 초기 단계에서 아동들에게 글자와 소리간의 규칙성을 띈 법칙과 패턴을 발견토록 도움으로써 올바른 읽기와 철자법을 익히도록 도와주는 것이 파닉스 학습의 목적이다.

비록 영어는 철자와 발음의 상응 관계가 불규칙한 언어이긴 하나 그렇다고 철자와 발음간의 규칙성이 없는 것도 아니다. 예를 들어 영어 단어가 철자가 -ea, -ee로 표기되면 대부분 장모음 /iː/로 소리 나며 -ght에서 -gh는 언제나 묵음이며 kn에서 k도 언제나 묵음이다. 그리고 -oa는 / ou /로 -are로 끝나면 대부분 / ɛər /로 발음된다. 미국의 초등학교 읽기 교재는 파닉스의 원리를 응용하여 구성되어 있어 읽기에 쉽게 적응토록 하고 있다. 파닉스 지도의 유익 점으로는 다음과 같은 것을 들 수 있다.

(1) 낱말을 볼 때마다 발음을 위해 일일이 사전을 찾아볼 필요가 없다. (발음의 예측이 가능하기 때문이다.)
(2) 발음 기호가 불필요하기에 발음기호 익히는데 시간과 노력을 절약할 수 있다.
학생들이 새 단어 밑에 토를 달아 읽는 버릇에서 탈피하여 자신감을 가질 수 있다.
(3) spelling을 무조건 암기하는 폐단을 줄일 수 있다.
(4) 처음 접하는 낱말에 발음의 무의미한 추측을 없앨 수 있다.

### 4) 변이음의 지도

영어에서 동일한 음소라고 할지라도 그것이 오는 위치에 따라 조금씩 달리 나타날 수 있다. 영어의 맑은 [ l ]소리와 탁한 [ ɫ ]소리는 주의해서 발음해야 할 대표적인 예이다.

| light [ l ] | dark [ l ] |
|---|---|
| line | kill |
| long | seal |
| link | bill |
| lily | well |
| play | pull |
| lip | deal |
| lazy | milk |

위의 대조에서 왼쪽의 맑은 [ l ]소리는 음절에서 모음 앞에 오는 경우이며 탁한 [ɫ] 소리는 음절 말미나 자음 앞에 오는 경우에 해당된다.

### 5) 국어에 없는 영어음의 지도

영어 발음 지도에서 특히 주의를 요구하는 것은 국어에 존재하지 않는 음소를 어떻게 하면 native speaker 발음에 일치되게 또는 최대한 가깝게 발음하도록 지도하느냐의 문제이다. 대개의 경우 국어에 없는 영어의 음소를 발음 문제가 되는 것은 학생들은 자신이 들은 생소한 발음을 자신의 모국어의 비슷한 소리로 대치해 버리기 때문에 문제가 생기게 된다. 영어의 음운체계에서 특히 한국 학생들의 발음에 숙달되어야 할 국어에 없는 음소는 대개 6가지 / f /, / v /, /Θ /, / ə /, / z /, / r /이다. 이들 음소 각각에 대해 구체적으로 살펴보기로 한다.

#### (1) / f /음

이 음은 무성 순치 마찰음(voiceless labio-dental fricative)에 해당되는 음이다. 우리 말에는 없는 이 음을 한국 학생들은 [ㅍ]이나 [ㅎ]음으로 대치하여 발음하는 경향이 있기에 / f /음이 국어의 [ㅍ], [ㅎ]과 같지 않다는 것을 인식시켜야 한다. 그리고 이 음의 발음법을 지도할 때 윗니에 아래 입술을 가볍게 대고 그 사이로 공기를 마찰시켜 내 보내면서 발음토록 연습시켜야 한다.

| | |
|---|---|
| fine – 화인(×) | fan – 팬(×) |
| family – 훼밀리(×) | fall – 폴(×) |

이 발음의 연습은 개별단어로서도 자주 반복 연습하면서 학생들의 입 모양을 교사는 관찰하면서 잘못된 것을 일일이 지적해 주어야 한다.

### ■ 발음 연습

| fine | fair | free | father |
|---|---|---|---|
| four | coffee | five | life |

가. If Fred laughs, he looks funny.

나. They went to the cafeteria for some coffee.

다. California has a fine climate.

라. If you want to eat fish, you need a knife and fork.

(2) / v /

이 음소는 유성 순치 마찰음(voiced labio-dental fricative)으로서 / f /음과 유사하다. 성대의 진동이 있는 유성음이라는 점이 다르며 / f /음은 공기의 흐름이 세게 나오는 경음(fortis)인 데 반하여 / v /음은 연음(lenis)에 해당된다. 한국 학생의 경우 대게 영어의 / b /에 해당하는 /ㅂ/음으로 대치하는 것을 볼 수 있다. 이 음의 조음 방법은 / f /와 거의 비슷하다. 성대의 진동이 있고 공기 압력이 약하다는 점만 다르다.

### ■ 발음 연습

| very | voice | visit | vase | vale |
|---|---|---|---|---|
| live | of | heavy | | |

가. Every morning, Victor and Vivian visit Eve.

나. Both vow to live Eve forever. But Eve is very vain.

다. Victory lives in a villa near Venice

라. I live very near Avery Avenue.

(3) / θ/

이 음은 무성 치간 마찰음(voiceless interdental fricative)에 해당된다. 조음 방법은 혀끝을 윗니와 아랫니 사이에 들어가도록 해서 혀를 뒤쪽으로 당기면서 마찰시켜 나는 소리이며 성대의 진동이 없는 무성음이다. 한국 학생들은 [ㅆ]음으로 대치시켜 발음하는 경우가 많다.

■ 발음 연습

| think | thick | thin | three | thing |
|---|---|---|---|---|
| health | cloth | math | | |

가. Three and thirty aren' t thirty

나. Arthur thought he would be wealthy within three year.

다. Tom thanks Arthur for thrashing the three thugs.

(4) / ð /

유성 치간 마찰음(voiced interdental fricative)으로서 / Θ /와는 유무성 차이만 존재한다. 이 음을 연습시킬 때고 / Θ /의 경우와 같이 혀끝을 윗니와 아랫니 사이에 넣어 좀 지나치게 나오도록 처음부터 연습시키는 것이 좋다. 한국 학생이 발음할 때 [ㄷ]으로 대치하는 경우가 흔히 있다.

■ 발음 연습

| those | the | they | than | that |
|---|---|---|---|---|
| father | weather | there | | |

가. This car is better than this one.

나. This is the father of them

다. These are three brothers.

라. My brothers did that themselves.

마. Are they going there, Mother?

(5) / z /

이 음은 유성 치경 마찰음(voiced alveolar fricative)으로 치찰음(sibilants)중의 하나에 속한다. 발음 방법은 혀를 잇몸 쪽으로 접근시켜 우리만의 "으" 발음할 때와 같은 예비 자세를 취한 뒤 호기가 치경과 혀 사이 좁은 통로로 나오면서 마찰, 진동되어 나오는 소리이며 우리말의 /ㅈ/과는 상당한 거리감이 있다.

■ 발음 연습

| zoo | zebra | buzz | | |
|---|---|---|---|---|
| rise | lazy | prize | knives | dizzy |

가. Zoo is visiting the zoo.

나. Charles and Jones are doctors.

다. He feels flies buzzing his eyes.

(6) / r /

이 음은 영어의 자음 중에서 가장 유동적인 음으로서 미국 영어와 영국 영어를 나타내는 발음 중 가장 큰 차이를 나타내는 음이다. 미국영어에서 철자에 r이 있으면 발음되나 영국영어에선 단어 끝이나 다른 자음 앞에 오면 발음 안 된다. 미국 영어의 경우는 혀끝을 윗잇몸 뒤쪽으로 말아 올려서 둥글게 내밀며 발음하는데 한국 학생에게는 / l /과 대조시켜 정확히 지도하는 것이 필요하다.

①

| rat | rain | ring | red | rich | rope |
|---|---|---|---|---|---|
| sorry | berry | cherry | merry | | |

②

| lead – read | low – row | lay – ray |
|---|---|---|
| leader – reader | load – road | lain – rain |
| lock – rock | lest – rest | light – right |

가. Louise write long letters to her father every Saturday.

나. Robert Lane lives in a double room.

다. Remember to read lesson eleven.

라. I like rare steak.

### 6) 강세와 리듬 지도

어떤 언어에서든 발화시에는 어떤 음절을 다른 음절보다 더 강세를 가지고 말하게 된다. 어떤 언어에서는 강세 음절이 발화의 항상 같은 곳에 오기도 한다. 이를테면 불어의 경우는 발화의 마지막 음절에 항상 오게 되며 영어는 자유강세 언어(free stress language)로서 특징을 가지고 있다. 즉, 영어는 강세 박자 언어(stress-timed language)로서 발화(utterance)의 위치(place)에 의존하여 변화하는 것이 아니라 여러 가지 요인에 의해 어떤 음절에도 강세가 올 수 있다. 예를 들어 단일 단어의 의미에 따라 강세의 변화가 있을 수 있는데 다음의 경우가 그 일례이다.

The man is going to conduct the opera.
The soldier received a cónduct medal.

또한 평소에 올 수 없는 낱말도 강조의 목적으로 사용될 때 강세가 올 수 있다.

I didn' t say the book, I said a book.

영어의 경우 강세 음소는 학자에 따라 다르나, 대개 4단계의 강세 즉 1차 강세(primary) / ´ /, 2차 강세 / ^ /, 3차 강세(tertiary) / ` /, 비강세(unstressed) / ˘ /를 두고 있다.

강세는 크게 어 강세(word stress)와 구 강세(phrase stress)로 구분되며 2 음절어 또는 그 이상으로 된 고립된 단어나 복합어 또는 2어 동사(two-word verb)와 같은 구문을 발음할 때 사용되는 강세로서 흔히 액센트라고 부른다. 이에 반해 문 강세는 하나의 발화 즉 문장에서 서로 다른 단어를 발음할 때 사용되는 강세로서 이 경우 억양과 밀접한 연관이 있다.

영어 문장에서 강세가 오는 단어는 내용어(content words)이고 명사, 동사. 형용사, 부사가 대표적이며 지시 대명사나 의문 대명사도 강세가 오게 된다. 이에 반해 기능어(functional words)로서 관사, 전치사, 접속사, 대명사, 관계 대명사는 강세가 오지 않는 것이 일반적이다.

문 강세는 어떤 구문에서 특정 단어에 강세가 오게 되나, 어 강세는 단어 내의 특정 음절에 오게 된다. 이 두 강세는 다음의 중요한 면에서 발화의 영향을 주는 강세 체계를 형성케 된다.

즉, 영어에서 강세음절과 비강세 음절의 결합이나 형태는 그 특정적 리듬을 형성한다. 몇몇 강세 음절은 한 개 혹은 수개의 비강세 음절과 연결되게 되는데 강세 음절 사이에 소요되는 시간적 분량은 강세 음절 사이에 개입되는 비강세 음절의 수와 무관하다. 다음 예를 통해 보자.

He fôund the bóok he lost at hôme.
He found the edítion he was stùdying at the muséum.

위의 두 문장은 문 강세에 있어서 동등한 패턴을 가지는 것으로 볼 수 있다. 즉, 두 번째 문장은 첫째 문장과 비교해 볼 때 약 2배 정도의 음절수를 가지지만 강세 음절 사이에 소모되는 시간적 면에서는 거의 같다.

영어에서 문 강세 지도는 Paulston & Bruder(1976: 92)가 제시한 방법대로 문장 강세가 오는 음절을 다른 음절에 비해 크게 써서 식별할 수도 있고 교사가 막대기나 손바닥으로 교탁을 두드리면서 강세 음절을 연습해 나가는 것도 하나의 좋은 생각이다.

The DOCtor' s a SURgeon
The DOCtor' s a good SURgeon
The DOCtor' s a very good SURgeon
The DOCtor' s a not a very good SURgeon

그리고 강세를 지도할 때 학생들이 native speaker나 교사가 낮은 목소리로 읽는 문장에서 강세가 오는 음절에 밑줄 긋도록 하는 훈련도 초기에는 필요하다.

### 7) 억양(Intonation)지도

억양은 영어에서 초분절 음소(supragsegmental phoneme)에 속하는 하나의 요소로서 의미의 차이를 나타낼 뿐 아니라 영어다운 영어를 하기 위해서 무엇보다 중요하다. 이를테면 "I beg your pardon." 이란 말도 억양에 따라 상대방에게 전달되는 의미는 달라진다. 다음의 대화에서도 no라는 단어가 똑같이 두 번 사용되나 그 억양이 각각 다르며 거기에 따라 전달되는 의미 역시 다르다.

Did you see him?

No.

No?

I didn't.

위의 대화에서 두 번째 나오는 No는 처음의 No와는 달리 "You mean you really didn' t see him?" 이란 의미를 담고 있다 하겠다.

억양의 패턴은 문장의 종류에 따라, 화자가 강조하는 의미에 따라 또는 화자의 감정이나 태도, 상황에 따라 달라질 수 있다. 그러나 기본적인 수준에서는 문의종류에 따른 억양 패턴을 적절히 사용토록 지도하는 것이 중요하다.

억양을 표시하는 방법은 선으로 표시하는 line system 점으로 표시하는 dot system 숫자로 표시하는 number system 등이 있으며 화살표인 ↓ ↑ → 등으로 나타내기도 한다. 숫자로 나타낼 때는 extra-high (4), high (3), mid (2), low (1)로 표시하며 선으로 나타낼 때는 단어에서 음절 간 고저 이동이 명확할 때는 직각인 로 표시하나 그렇지 못한 경우 즉, 이동음의 고저는 음절 핵음의 중앙을 통과하는 사선형으로 나타낸다. 일반적으로 이중 모음과 장모음이나 문장 끝에서 장음화된 단모음에는 곡선형이 사용된다.

(1) 2 3 1 ↓(=231 #) (The Rise-Fall Intonation)

영어에서 사용되는 일반적인 억양 형태는 크게 3개가 있는데 가장 기본적인 것이 2 3 1 ↓ 이다. 서술문, 명령문, 의문사로 시작되는 의문문은 대부분 이 같은 억양 형태를 지닌다. 실제 영어 문장의 거의 대부분은 이 같은 형태를 지니는데 이 억양형은 문미 부분에 가서 일단 pitch가 올라갔다가 떨어지는 형태이다. 영어에서 이 억양형이 가장 일반적인 것은 SVO Language에서는 문미위치가 화자가 청자에게 전달할 때 가장 생소하고 새로우며 주의를 기울이라고 예상되는 신정보 즉 초점을 두는 위치이기 때문이다.

I have an important thing to do.

I said I couldn't leave you.

Don't drive so fast.

Come to see me.

How do you do?

Why is he angry?

(2) 2 3 ↑(233 II) (The Rising Intonation)

화자가 상대방에게 Yes, No의 답을 요구하는 일반 의문문의 경우는 2에서 시작하여 3의 단계로 올라가 있게 된다.

Don't you have a cheaper one?

Was it you who did that?

Do you want to buy the new car?

Have you ever been to the island?

(3) 2 3 2 → ( =232 I) 또는 2 3 ↑ (The Incomplete Intonation Pattern)

영어 문장에서 절이나 구가 와서 가벼운 pause가 뒤따를 경우에는 통상 comma로 표시되고 이 때의 억양은 pitch level이 1로 하강해서 사라지지 않는 2로 지속되거나 또는 3의 상승 어조로 머무르는 경향이 있다.

In a minute, I'll have a surprise for you.

If he comes, I will go.

I hear the noise, but I can't stop it.

When the flood came, the people moved to higher ground.

As you said, it's very nice place.

위에 제시한 3가지 기본적 억양패턴 이외에도 개별적인 억양형도 들 수 있다.

가. 양자 택일

Are you a student or a teacher.

Would you like to have an apple or a pear.

나. 열거

I saw Charles, Robert, and Harry.

He bought tomatoes, oranges, apples, and pear.

He can speak English, Italian, and French.

다. 대조

Boys often eat hamburgers; men often eat steaks.

This one is five; that one is six.

The new team is as good as the old one.

Betty dances better than I do.

라. 호격

What are you doing here, William?

How are you feeling, Mr. Roberts?

Where do you like, Mr. Jackson?

Mr. Jackson, this is Mr. Smith.

My friend, I am glad to see you.

마. 부가 의문문(의문, 동의 요청)

You want a chair, don't you?

It will be easier here, won't it?

You are a student, aren't you?

There's a pleasant breeze, isn't there?

You have a beautiful view, haven't you?

# 2 어휘 지도

## 1. 어휘력의 개념

어휘는 영어로 'word, vocabulary, lexicon' 등으로 통용된다. 이 세 가지 용어 중에 'word'는 말이나 글로 나타내는 언어의 단위를 말하므로 단어 또는 낱말을 지칭하며, 'vocabulary'는 언어에 들어있는 단어의 총체를 말하거나 어떤 개인이 알고 있는 단어의 총합을 의미한다. 반면에 'lexicon'은 언어학에서 흔히 사용하는 전문 용어로 사전(dictionary)과 비슷한 의미를 가지며, 어휘집이나 어휘 목록을 말한다.(배두본 1998: 323)

어떤 언어이든지 문장을 일고 쓰기 위해서 가장 근본적으로 필요한 것이 어휘라고 할 수 있다. 왜냐하면 어휘는 문장을 구성하는데 기본 단위가 되기 때문이다. Basic English의 창시자인 C. K. Ogden은 850개 기본 단어가 의사소통에 최소한의 필요한 어휘라고 규정한 바 있다. Lado(1965: 117)는 미국 중・고등학교에서는 speaking에는 약 2000개, 읽기에는 약 7000개 그리고 쓰기와 듣기에는 3000~4000 단어 정도 필요하다고 보고 있다. 이처럼 어휘는 영어의 4기능 즉 듣기, 말하기, 읽기, 쓰기 활동의 가장 기초적인 요소에 해당한다. 그러면 어휘를 안다는 것은 무엇을 의미하는가?

"어휘를 안다"고 하는 것은 여러 가지 의미를 내포할 수 있다. 왜냐하면 동일한 형태의 단어라도 그 의미가 그것이 쓰여 지는 상화에 따라 다를 수 있기 때문이다. 어휘를 안다는 것은 진정한 의미에서는 그 사람이 과거에 경험해 보지 못한 상황 속에서 그 단어를 사용하거나 이해할 수 있다는 것을 의미한다.

다음에서 쓰여 진 단어 read와 blue는 그것이 처한 구문 상황에 따라 그 의미가 바뀌게 된다.

John is *reading* a novel.
He is *reading* the dialogue of the play
The doctor is *reading* the X－ray.
John was *reading* aloud without knowing what he read.
The pilot of the plane said, "Do you *read* me?"
Don't *read* any hidden meanings into this.
She *read* his fortune in the palm of his hand.
*Read* between the lines.

I love *blue* dress.
I feel *blue* when I am alone.
I got *blue* and black marks.

위의 예에서 보듯이 하나의 어휘가 다양한 의미로 쓰일 수 있기에 한 가지 의미만을 알고 있어서는 의사소통이나 문장 이해에 지장이 있기 마련이다. 비록 사전을 통해 여러 가지 의미를 한꺼번에 익히더라도 어떻게 문장에서 쓰이고 있는가 하는 것을 직접 쓰고 말하고 익히지 않으면 지적으로 암기한 것은 금방 잊어버리게 된다.

지금까지 학교에서 어휘 학습 지도는 무조건 모르는 단어를 사전에서 찾아 암기하는 방법에만 주로 의존하였다고 해도 과언이 아니며 아직까지도 이렇게 단어를 익히는 것이 주된 방법이 아닌가 한다. 그러나 반드시 사전에 전적으로 의존하지 않고도 어휘를 익힐 수 있는 방법은 여러 가지가 있으며 사전을 통해서 그 단어의 의미를 알았다고 해서 그 단어를 완전히 자기의 것으로 익혔다고 볼 수 없다. 그리고 사전에 의존한 어휘 학습은 영어 어휘를 일단 국어로 번역한 것을 다루기에 영어로 직독 직해는 불가능하게 된다. 즉, ①새로운 어휘 → ②한국어로 번역된 의미 → ③영어 단어에 대한 개념 형성의 단계로 거치기에 번역에서 용어 개념 자체의 정확성도 문제가 될 수 있으며 의사소통에는 그 같은 과정은 크게 방해 요인으로 작용한다고 볼 수 있다.

## 2. 어휘 지도의 일반적 원리

어휘 지도의 일반적 원리와 지침을 요약해서 제시하면 다음과 같다.(Finnochiaro 1976)

1) 수업 시간 중에 듣는 모든 어휘가 능동적 어휘가 되지 않는다. 능동적 어휘가 되기 위해서는 체계적 제시와 연습이 필요하다.
2) 어휘는 고립적으로 배우기보다는 정상적 대화나 문맥에서 도입되어야 한다.
3) 새 낱말은 항상 이미 알고 있는 구조(문형)를 통해 가르쳐야 한다.
4) 가능한 한 동일한 화제에 속한 단어를 몰아서 가르치는 것이 좋다. 예를 들어 의류, 음식, 탈 것 등에 속한 단어는 한 단원씩 각각 묶어서 가르치는 것이 효과적이다.
5) 이미 알고 있는 단어라도 새로운 뜻으로 사용되면 새로 가르치고 숙달해야 한다. 먼저 배운 뜻은 알려 주어 학생들이 대조할 수 있도록 하는 것도 필요하며 가능한 한 한 번에 한 가지 뜻만을 가르치도록 해야 한다.
6) 단어를 가르칠 때 극화, 그림 제시, paraphrase 등을 통해 다양한 방법으로 그 의미를 이해시키는 것이 필요하다.
7) 어휘 연습과 숙달은 문형 연습 경우와 같이 대치 연습(substitution drill), 전환 연습(transformation drill), 질의응답 등 다양한 방법을 통해 훈련한다.
8 ) 동일한 어휘를 논리적으로 가능한 모든 상황과 문형에 넣어 반복하여 가르친다.

## 3. 실제적 어휘지도 방법

### 1) 문맥 단서(context clue)를 이용한 지도

어휘를 학습할 때는 고립된 상태의 개별 어휘학습이 아니라 다양한 문맥에서 어휘를 접하도록 하는 것이 효과적이다. 최근에는 대부분 영어 교육자들이 어휘를 구문이나 문맥가운데서 도입할 것을 주장하고 있다.

(1) late: The class is at 10:00. Peter comes at 10:15. He is late
early: The class is at 10:00. Peter comes at 9:45. He is early.
on time: The class is at 10:00. Peter comes at 10:00. He is on time.
(2) The panther(a large black animal related to a cat) is very dangerous.
(3) The sweat rolled down his face. His entire body was wet as if he had fallen into a spring. The heat was terrible.
(4) The sun rises in the east and sets in the west.

(5) We go to school on <u>weekdays</u>, but we don’t have to do so on <u>weekends</u>.

### 2) 연어 관계(collocation)를 통한 지도

연어 관계란 한 단어가 의미적으로 반드시 지켜야 하는 공기(co–occurrence)관계를 말한다. 영어 표현에서 strong coffee, high/tall building, tall boy, blond hair등은 가능하나 powerful coffee, high boy, a blond door, a blond dress란 표현은 사용하지 않는다. 이웃에 제시한 도표는 연어 관계의 가능 여부를 나타내는 도표이다.

| | woman | man | child | dog | bird | flower | weather | voice | view | day | house |
|---|---|---|---|---|---|---|---|---|---|---|---|
| beautiful | + | | + | + | + | + | + | + | + | + | + |
| lovely | + | | + | | | + | + | | + | + | + |
| pretty | + | | + | | + | + | | | + | | |
| charming | + | + | + | | | | + | | | | + |
| attractive | + | + | | | | | + | | | | + |
| good–looking | + | + | + | + | | | | | | | |
| handsome | | + | | | | | | | | | |

연어 관계를 이용한 구체적 지도 방법으로는 다음과 같은 것을 들 수 있다.

- 주어진 항목과 잘 결합될 수 있는 형용사를 고르기

  Noun : 1) ______ rain 2) a _____ eater 3) _______ prices

  4) a _______depression 5) a _______ error

  Adjectives : deep, big, gross, heavy, steep
- 주어진 항목 중 단어와 가장 어울리지 않는 어휘 고르기

  light : 1) meal 2) baggage 3) heart 4) wind

  beautiful : 1) woman 2) scenery 3) boy 4) stroy
- 주어진 단어의 짝과 같은 관계에 있는 어휘 찾기

  dog : bark cat : (mew)

  pretty : girl (handsome) : boy

### 3) 어형 변화를 통한 지도 방법

어근에 접두사나 접미사를 부가하여 새로운 어휘를 도입하는 방법이다.

| 접 두 사 | 의 미 | 보 기 |
|---|---|---|
| re- | again | recover |
| bi- | two, twice | bilingual, bicycle, bimonthly |
| over- | excessive | overheat, oversleep, overdo, recall, review, |
| phone- | sound | microphone, xylophone, telephone |
| dis- | opposite of | discontent, distrust, disgraceful |
| centi- | hundred | centimeter, century, centum |
| pro- | forward, forth | prospect, prominent, propel |
| trans- | across | transform, transport, translate |
| vert- | direct | invert, revert, divert |

어근에 접미사 붙이는 연습

| | | |
|---|---|---|
| pain – painful | care – careful | delight – delightful |
| break – breakable | wash – washable | comprehend – comprehensible |
| fog – foggy | cloud – cloudy | wind – windy |
| attract – attractive | create – creative | abstract – abstractive |
| fame – famous | danger – dangerous | nutrition – nutritious |

어형 변형 연습

(6) You have to be very (care) when you drive in a rainy day.

(7) Every in my country has heard of her; she is very (fame)

(8) This is very (danger) road; there were three accidents on it last year

### 4) 동의어/반의어를 통한 지도

(9) I am going to buy a new fur coat.
(purchase)

(10) You may have my deep sympathy
(profound)

동의어는 상호 교체될 수 있는 문맥이 있고 교체가 불가능한 문맥이 있을 때 절대적인 동의어보다 상대적인 동의어를 수용함이 바람직하다.

(11) One hour is enough. (sufficient)

(12) He goes on with his work. (continue)

(13) You are trying to make a fool of me. (trick)

American English와 British English간의 동의어 지도

| American English | British English |
|---|---|
| apartment | flat |
| baggage | luggage |
| elevator | lift |
| bill | note |
| cracker | biscuit |

반의 관계를 통한 문맥 활용

(14) The sun rises in the east and sets in the west.

(15) We go to school on weekdays, but we don't have to do so on weekends.

### 5) 상하위어(Hyponymy)를 통한 지도

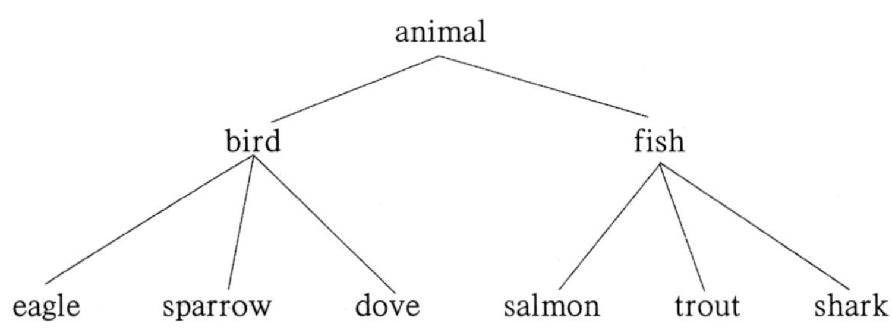

– 나열한 어휘들을 대표하는 상위어쓰기

teacher, mailman, doctor, driver, typist, pilot : (worker)

lion, cat, tiger, dog : (animal)

spring, summer, autumn, winter : (season)

banana, apple, orange, pear : (fruit)

golf, tennis, soccer, bowling, marathon : (sports)

bus, truck, van, ship, plane, car : (vehicle)

– 어휘의 어떤 특정 기준에 따라 배열하기

time : minute-hour-day-month-year

size : ant-mouse-cat-tiger-elephant

temperature : boiling-hot-warm-cold-icy

length : centimeter-meter-kilometer-mile

– 해당되는 상위어에 하위어 배열하기

strawberry, potato,

lettuce, lemon,

onion, peach,

beef, pork,

mutton

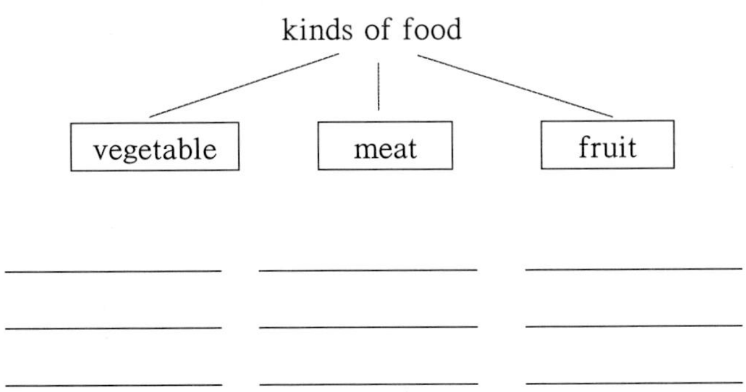

– 계열적 표(paradigmatic table)를 이용한 어휘연습

| I (can) | like<br>play<br>take | those | sports<br>fruits<br>lessons | such as | baseball, violin, oranges<br>French, apples, tennis<br>English, banana, piano |
|---|---|---|---|---|---|

(16) I like play those sports such as baseball.

(17) I like those lessons such as English

(18) *I can take those fruits such as piano.

### 6) 시간적 수단을 통한 지도

시각적 수단에는 실물, 그림, 사진, 도해, 도표(grid), 도형, 지도, 몸짓, stick figure 등이 있다.

– 장소나 장소의 이동을 나타내는 전치사

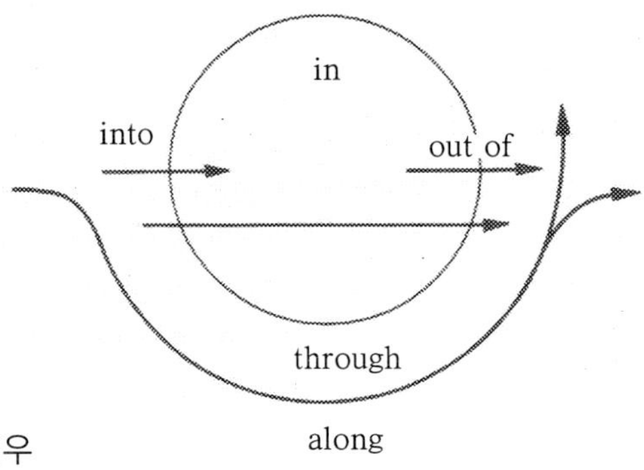


– 빈도 부사의 경우

| 0% | | | | 100% |
|---|---|---|---|---|
| never | sometimes | often | usually | always |

– 정도(척도)를 나타내는 형용사

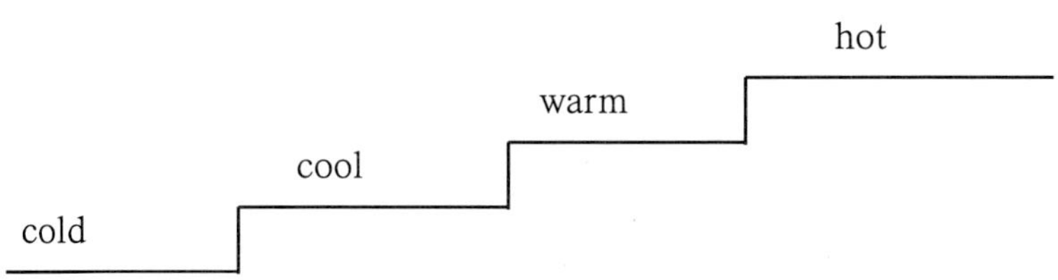

– 어휘 망을 이용한 확장 지도

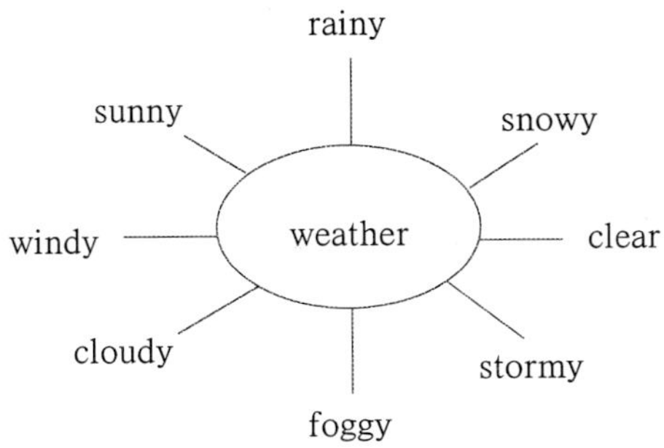


### 7) 게임을 이용한 지도

게임은 흥미 유발을 통한 어휘 학습에 적극적 참여를 유도함. 기억 활동에도 좋은 영향을 미친다. 언어적 목적을 달성하는데 기여하는 것을 선정함이 필요하다.

#### (1) Anagram Quiz

Animal: god, act, tab, tar, bare, arm, flow, balm
(dog)(cat)(bat)(bear)(ram)(wolf)(lamb)
Jobs: break, framer, cheater, idea, leader, rebuild, repaint
(baker)(farmer)(teacher)(aide)(dealer)(builder)(painter)

#### (2) Hangman Game

이 게임은 교사가 칠판에 외우기 어려운 단어를 미리 고려하여 그 단어 철자 수만큼 밑줄이나 box를 그리고 학생 한명씩 발표하게 하거나 지목하여 알파벳 글자 중 하나를 말하게 하여 그 단어에 해당된 철자가 나오면 적어 놓고 나오지 않으면 사형 틀에 사람의 신체의 그림을 12회에 걸쳐 그리고 마지막 13회째는 사형수의 줄을 끊게 된다. 이 때 학생들 12회 이내에 모든 철자를 완성해서 단어를 맞추어야 하며 더 빨리 맞춘 팀에게 상을 주게 된다.

#### (3) Word Puzzles(낱말 맞추기)

십자 말 맞추기는 중 고등학교의 어휘 연습 게임으로 자주 도입되는 게임 중의 하나인데 가로 낱말과 세로 낱말에 해당되는 힌트를 줄 그림을 참고하여 네모 안에 해당

철자를 적어 넣게 된다. 다음의 예는 반대어를 통한 opposite puzzle로서의 예다.

Opposite Puzzle

Read the cue. Write the opposite in the puzzle.

〈Across〉 1. found 3. hot 5. in 6. yes

〈Down〉 1. right 2. stop 4. up

### 8) 사전을 이용한 지도

사전 찾는 방법, 사전의 기호 등 설명. 모든 모르는 어휘를 다 찾을 필요는 없고 전체적 의미 파악에 결정적 어휘만 찾아 볼 필요. 사전을 자주 찾게 될 때 문맥상 의미의 흐름이 끊어져 독해력 향상에 방해가 된다.

<사전 이용 순서>

① 문맥을 이용하여 의미 추측하기

② 사전에서 의미 확인하기

③ 사전에서 확인한 의미를 문맥에서 다시 살펴보기

# 3 듣기 지도

## 1. 듣기 지도의 중요성 및 성격

언어 학습에서 듣기의 중요성은 아무리 강조해도 지나치지 않을 것이다. 이해를 통해 언어적 정보가 내재화(internalization)되고 언어적 정보가 있어야만 표현 즉 발화가 가능하게 되는 것이다. 교실 수업에서는 항상 말하기 활동보다 듣기 활동이 많다. 또한 듣기 능력은 보편적으로 말하기 능력보다 훨씬 방대하다고 알려져 있다. 따라서 최근에 언어 교육에서 듣기 이해를 강조하고 있는 것은 그다지 놀라운 일이 아니다.

1960년대에 언어 교수법은 행동주의 심리학과 구조주의 언어학의 영향 아래 대부분 구어 훈련시키는 것을 주목적으로 하였고 교실마다 영어 문장을 구두로 연습하는 소리로 가득 찼었다. 학생들이 이해하지도 못하면서 앵무새처럼 문장을 외우는 경우도 적지 않았다.

듣기는 1970년대 후반 James Asher(1977)의 전신반응법(Total Physical Response: TPR)이 소개되면서 언어 학습 및 교수에서 집중적인 조명을 받게 되었다. TPR은 학습자들이 구두 반응을 하기 전에 충분히 듣게 함으로 듣기 활동을 강조하였다. 사실 의사소통이란 것은 일방적이 아니라 상호작용적이라고 한다면 청자가 화자의 말을 이해하지 못하는 한 그것은 일방적일 수밖에 없다. TPR의 원리와 기법을 이용하고 있는 자연적 접근법(Natural Approach)에서도 침묵기를 권장하여 말할 준비를 갖추지 못한 학습자가 말하기에 대한 불안감을 느끼지 않고 편안하게 듣기 활동만 할 수 있도록 허용하고 있다.

O'Malley(1989)는 듣기는 청취자가 문맥에서 취한 정보와 기존 지식으로부터 단서를 이용해서 의미를 구성하는 능동적이고 의식적인 과정이며 이 과제를 완수하기 위해서는 청자는 많은 전략적 수단에 의존하게 된다고 정의를 내리고 있다. 듣기는 수동적 과정이 아니라 창조적 기능이며(Rivers 1980), 역동적 과정이고(Morley 1991), 구

성 과정이라는 것이다. (Rost 1990)

듣기가 능동적인 기술이라는 것은 듣기 과정의 복잡성이 밝혀지면서 더욱 확고해졌다. 인지심리학과 생리학의 진보는 인간의 언어 이해 과정을 좀 더 과학적으로 설명하는 것을 가능하게 했다. 그 과정은 청자가 하나하나의 음을 듣고 나서 단어의 뜻을 이해하는 것과 같은 직렬적인(serial) 과정이라기보다 청자가 취하는 모든 정보는 서로 상호작용(interaction)하면서 단어의 인식에서부터 복잡하게 영향을 미친다는 것이다. 이러한 듣기 과정의 규명을 통해 인식하게 되는 것은, 듣기는 발화된 언어로부터 의미를 추출해 내는 역동적인 과정으로서 성공적인 의사소통을 위해 중요한 기반이 된다는 사실이다.

## 2. 청해 능력의 구성 요소

듣기 이해의 목표는 native speech를 비조직적 상황(unstructured situation)에서 정상적 속도로 이해할 수 있는 능력을 기르는 것이다.

듣기 능력은 단순해 보이지만 사실 여러 가지 요소로서 복합적으로 관련되어 있다. 즉, 어떤 문맥(context)을 잘 이해하려면 목표 언어의 소리를 듣고 구별할 수 있는 능력이 있어야 함은 물론 어휘 자체의 뜻을 알고 있어야 한다. 또한, 낱말과의 연관 관계에서 생기는 문맥적 구조는 물론 특히 영어에 있어서는 강세와 억양에 따라 의미가 달라질 수 있기에 이것 또한 소홀히 할 수 없다. Wif(1984: 345)는 청취 능력에 관련된 여러 요소를 다음과 같이 제시하고 있다.

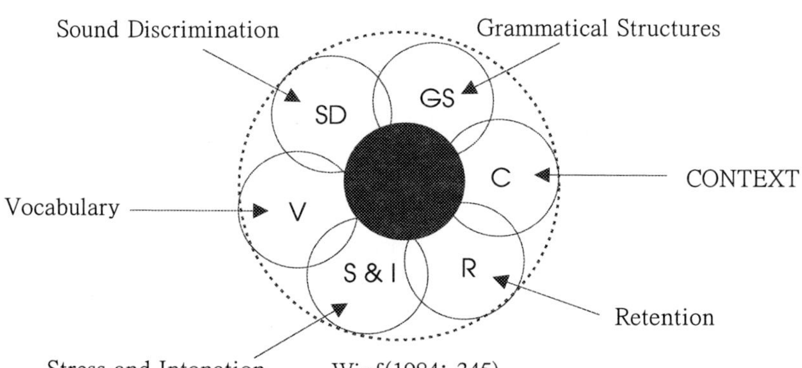

Wipf(1984: 345)

## 3. 듣기 이해의 일반적 지도 원리

1) 듣기이해 수업은 반드시 분명히 확정된 목표가 있어야 한다. 목표들은 객관적 교과 과정에 적합하게 설정되어야 하며 교사와 학생 다 같이 그 목표가 무엇인지를 분명히 인식하고 있어야 한다.
2) 듣기이해 수업은 조심스럽게 단계적 계획에 의해서 이루어져야 한다. 이것은 곧 듣는 일이 단순한 것에서 복잡한 것으로 진행되어야 함을 의미한다.
3) 듣기이해 수업의 조직은 능동적이고 명시적인 학생의 참여가 요구된다. 가장 명백한 학생의 참여중의 하나는 듣기 이해에 있어 written response를 포함한다.
4) 듣기이해 수업은 집중력(concentration)을 개발키 위해 기억에 필요한 의사소통의 긴급성을 제공하여야 한다.
5) 듣기이해 수업은 의식적인 기억 활동(memory work)을 강조하여야 한다. 듣기 목표 중의 하나는 학생들의 기억 시간(memory span)을 증가시키기 위해 그들의 직접적 회상을 강화하려는 것이다. 듣기는 곧 수용적 활동이며, 수용은 곧 생각을 요구하며 생각은 기억을 필요로 한다. 듣기와 생각 그리고 기억은 결코 별개의 것이 아니며 상호 연관된 것이다.
6) 듣기 교수 기법은 실제적인 언어와 맥락을 이용해야 한다.

## 4. 듣기 이해의 장애 요인

### 1) 무리 짓기(Clustering)

문어의 경우 기본적인 단위로 문장에 주목하는 것이 일반적이다. 하지만 구어의 경우 발화는 그보다 작은 어휘 무리로 쪼개지는데, 이것은 기억의 한계 때문이기도 하고 또 조금씩 모아 한 "덩어리"나 무리 짓기(clustering)를 만들기 좋아하는 인간의 성향 때문이기도 한다. 보편적인 단위는 절(clause)이지만 하부 구조인 구(phrase) 단위가 파지하기에 훨씬 수월하다. 그러므로 듣기이해 지도에서 교사는 학습자들이 처리 가능한 무리 짓기를 파악하도록 도와주어야 한다.

### 2) 중복성(Redundancy)

문어와는 달리 구어에는 중복성(redundancy)이 많다. 다음에 대화를 하게 되면 반복하는 말, 고쳐 하는 말, 설명하는 말, "I mean"이나 "you know" 등의 덧붙이는 말에 주목해 보라. 그러한 중복성은 시간적 여유와 부가적인 정보를 제공하기 때문에 청자가 의미를 처리하는 데 도움을 줄 수 있다. 학습자들은 중복성을 이용하도록 스스로 훈련 할 수 있다. 발화를 구성하는 모든 문장이나 구가 새로운 정보를 담고 있지는 않다는 것을 인식하고 또 중복된 표현임을 알려주는 단서를 파악하는 것이 도움이 된다. 다음에 예로 든 대화를 살펴보자.

Amos: Hey, Andy, how's it going?

Andy: Pretty good, Amos. How was your weekend?

Amos: Aw, it was terrible. I mean the worst you could imagine. You know what I mean?

Andy: Yeah, I've had those days. Well, like what happened?

Amos: Well, you're not gonna believe this, but my girlfriend and I - you know Rachel? I think you met her at my party - anyway, she and I drove up to Point Reyes, you know, up in Marin County? So we were driving along minding our own business, you know, when this dude in one of those four-wheelers, you know, like a Bronco or something, comes up like three feet behind us and like tailgates us on these crazy mountain roads up there-you know what they're like. So, he's about to run me off the road, and it's all I can do to just concentrate. Then...

자신의 끔찍한 경험을 되새기면서 Amos가 하는 말을 살펴보면 중복된 표현이 많음을 알 수 있다. 외국어 학습자가 처음에 이런 말을 들으면 다소 혼란을 느낄 수 있지만 약간의 훈련을 거치기만 하면 시간적 여유를 제공해주는 다른 표현과 더불어 이들 중복성을 이용할 수 있게 된다.

### 3) 축약형

구어에는 중복된 표현뿐만 아니라 축약형(reduced form)도 많이 사용한다. 그 종류를 살펴보면 음성적 축약("Did you eat yet" ☞ "Deetyet"), 어형적 축약("I'll"), 통사적 축약("When will you be back?"에 답변으로 말하는 "Tomorrow, maybe."), 화용적 축약(전화벨이 울리자 아이가 받아 엄마를 찾는 전화라는 것을 알고 엄마를 부를 때 하는 말, "Mom! Phone!") 등이 있다. 이와 같은 축약형은 이해에 심각한 장애요인으로 작용한다. 특히 교실 상황에서 완전한 형태의 영어에만 노출되어 온 학습자들에게는 더욱 그러하다.

### 4) 수행 변인

계획적인 담화(연설, 강의 등)와는 달리 구어에서는 화자가 말하는 도중에 주저한다든지, 말을 잘못 꺼낸다든지, 말을 멈추고 잠시 머뭇거린다든지, 아니면 말을 수정하는 경우가 허다하다. 모국어 사용자는 어릴 때부터 그런 언어의 수행변인(performance variable)을 처리하는 방법을 읽혀왔지만 제2 언어 학습자로서는 이해하는 데 있어서 상당한 타격을 받는다. 한 운동선수가 자신의 시합에 관해 이야기한 내용 가운데 일부를 예로 들어 보자.

> But, uh-I also-to go with this of course if you're playing well-if you're playing well then you get uptight about your game. You get keyed up and it's easy to concentrate. You know you're playing well and you know... in with a chance then it's easier, much easier to-to you know get in there and -and start to ... you don't have to think about it. I mean it's gotta be automatic.

글로 써놓으면 무슨 뜻인지 이해하기 어려워 보이지만 사실 일상생활에서 는 항상 이런 종류의 말을 듣고 처리한다. 학습자는 주의를 산만하게 만드는 수행 변인 가운데서 의미를 가려듣는 연습을 해야 한다.

### 5) 구어체

표준 문어나 "교과서"적 표현을 많이 접한 학습자는 가끔 구어체(colloquial)표현을 듣고 당황하거나 처리하는 데 어려움을 겪는다. 관용적 표현이나 저속한 표현, 축약형, 공통의 문화적 지식 등이 대화 가운데 끼어들게 마련이다. 구어체는 대화뿐만 아니라 독백에서도 나타난다.

### 6) 발화 속도

사실 모든 외국어 학습자는 초기 단계에서 원어민 화자의 말하는 속도가 너무 빠르다고 생각한다. 하지만 Jack Richards(1983)가 지적하듯이 발화 도중 휴지(pause)의 빈도와 길이는 단순한 속도보다 이해에 더 중요하다.

### 7) 강세, 리듬, 억양

영어의 운율적 특징도 이해에 지대한 영향을 미친다. 강세박자 언어(stress-timed language)인 영어에서는 강세(stress) 음절 사이에 많은 약 음절이 쏟아져 나오기 때문에 일부 학습자들을 굉장히 곤혹스럽게 만든다. “The PREsident is INTerested in eLIMinating the emBARgo” 라는 문장은 18음절 속에 네 번의 강세를 받기 때문에 이론적으로는 발화 시간이 “Dead men wear plaid”와 같다. 억양(intonation)또한 의문문, 평서문, 강조하는 말의 이해를 위해서 뿐만 아니라 냉소, 친애, 모욕, 부탁, 칭찬 등을 나타내는 말을 이해하기 위해 대단히 중요하다.

### 8) 상호작용

외국어를 배우는 목적이 라디오 방송 모니터하기나 강의를 듣는 것과 같은 특정 기능만을 습득하려는 것이 아니라면 듣기 이해에서 상호작용(interaction)은 중요한 역할을 한다. 특히 대화는 상호작용 규칙(협상하기, 명료화하기, 신호에 주의하기, 순서 지키기, 화제 지정, 유지, 종료)의 지배를 받는다. 따라서 들을 수 있다는 것은 반응할 수 있고 나아가 일련의 듣고 반응하기를 지속할 수 있다는 것을 의미한다. 듣기 지도가 포함된 수업의 경우 어느 시점에서는 반드시 듣기의 양방향성을 다루어야 한다. 학습자들은 잘 듣는 사람(대화 상황에서)은 잘 응답한다는 사실을 이해할 필요가 있다. 그들은 **의미 협상**을 하는 방법(피드백 주기, 분명하게 해주도록 요청하기, 화제 지속)을 알고 있어서 이해에 도달한다. 불충분한 상호 작용으로 이해를 포기하지 않는다.

## 5. 교실수업에서 듣기 활동의 유형

### 1) 반복형(Reactive)

들은 내용을 그대로 따라 하는 목적을 가진 것으로 의미 처리는 거의 요구하지 않는다. 녹음기와 같은 역할에 국한된 채 발음을 중시하는 전체 혹은 개인 연습을 말한다.

### 2) 집중형(Intensive)

음소, 단어, 억양, 담화 표시어(discourse marker) 등 특정 언어요소에만 초점을 맞추는 목적을 지닌 기법이다. 즉 구어체의 특정요소를 학습자가 선별하여 집중한다는 것이다. 이 경우 상향식 기술(bottom-up skills)을 필요로 한다. 그 예로는 다음과 같은 것들이 있다.

① 전체나 개인 연습 시 학생들은 cue를 귀기울여 듣는다.
② 교사는 학습자의 정신에 깊은 인상을 각인(imprint)시키기 위하여 어떤 단어나 문장을 반복하다.
③ 교사는 학생에게 한 문장이나 좀 더 긴 담화를 듣도록 하고 억양, 강세, 축약, 문법구조 등 특정 요소에 주의를 기울이도록 한다.

### 3) 반응형(Responsive)

수업의 듣기 활동의 상당부분은 교사의 말이 학습자에게서 특정한 반응을 불러내는 것으로 다음과 같은 경우를 들 수 있다.

① 질문하기 (How are you today? What did you do last night?)
② 명령하기 (Take out a sheet of paper and a pencil.)
③ 설명구하기 (What was that word you said?)
④ 이해 점검 (So, how many people were in the elevator when the power went out?)

### 4) 선택형(Selective)

2~3분 혹은 상당히 긴 독백과 같은 담화에서 학습자의 과업은 이야기된 모든 정보를 다 처리하는 것이 아니라 특정정보를 찾기 위해 자료를 선택적으로 scan할 수 있어야 한다. 이 때는 전체적인 혹은 일반적 의미를 찾는 것이 아니라 산만한 여러 정보 가운데 중요한 정보를 찾아내는 것이다. 이런 능력은 장 독립(field independence)을 요구한다. 선택적 듣기(selective listening)는 연설, 방송, 이야기와 일화 등 긴 담화를 포

함하는 점에서 집중적 듣기(intensive listening)와 다르다. 선별적 청해력을 기르는 방법으로는 위의 담화에서 사람이름, 날짜, 특정사실이나 사건, 위치 상황, 맥락, 중심 사상 등을 구별해 내도록 요구하는 것이다.

### 5) 확장형(Extensive)

확장형 즉 광범위한 청해 훈련이란 구어체에 대한 top－down 방식의 전반적 이해를 개발하고자 하는 것이다. 긴 강의나 대화를 듣고 포괄적인 메시지나 목적을 추출해 내는 훈련이 이에 속한다.

### 6) 상호 작용형(Interactive)

상호작용적 청해 훈련은 위의 다섯 가지 요소를 포함한다. 학습자는 토의, 논쟁, 대화, role plays, pair work, group work에 적극적으로 참여한다.

## 6. 수준별 듣기 이해를 위한 기법(Peterson 1991)

### ■ 초급 단계 청자의 경우

- 상향식 활동

① 목적: 문장의 억양패턴 식별하기

끝을 올리는 억양과 내리는 억양의 문장을 듣고 그 패턴을 구별하여 올리는 억양이면 1번, 내리는 억양이면 2번에 표시를 하시오.

② 목적: 음소 식별하기

읽어주는 단어쌍을 듣고 끝소리가 같으면 "same"에, 다르면 "different"에 O표를 하시오.

③ 목적: 굴절 어미 식별하기

읽어주는 문장을 듣고 동사의 어미가 -ed이면 "yes", 아니면 "no"에 ○표를 하시오.

읽어주는 문장을 듣고 그 속에 포함된 올바른 동사형을 답지에서(세 개의 보기 중에서) 고르시오 .

④ 목적: 텍스트를 듣고 세부적인 내용 선택하기(단어 인식)

단어를 듣고 일치하는 그림을 고르시오.

일기 예보를 듣고 들은 단어를 보기 중에서 골라 ○표를 하시오.

시각을 알리는 문장을 듣고 아래 세 개의 보기(5:30, 5:45, 6:15)중에서 일치하는 것에 ○표를 하시오.

읽어주는 광고 문구를 듣고 제시된 가격표에 물건의 가격을 기입하시오.

자동 응답기에 녹음된 전화 메시지를 듣고 아래 내용(이름, 전화 번호, 시각, 메시지)을 쓰시오.

⑤ 목적: 문장 어순 익히기

짧은 대화를 들으면서 아래 제시한 글의 공란을 메우시오.

- 하향식 활동

⑥ 목적: 정서적 반응 식별하기

다음 내용을 듣고 화자의 감정을 아래 보기(interested, happy, surprised, unhappy)에서 고르시오.

⑦ 목적: 문장의 개요 파악하기

읽어주는 문장을 듣고 내용과 일치하는 그림을 고르시오.

⑧ 목적: 주제 파악하기

대화를 듣고 대화가 일어나는 장소를 아래 제시된 세 개의 보기 중에서 고르시오.

다음 대화를 듣고 여러 개의 그림 카드 중 바탕 그림이 대화의 내용과 어울리는 것을 골라 인사말을 적으시오.

다음 대화를 들은 후 화제가 무엇인지 알아보고 알맞은 그림을 고르시오.

- 상호작용 활동

⑨ 목적: 단어 연상 의미망 구성하기

다음 단어를 듣고 연상되는 모든 단어를 적으시오.

⑩ 목적: 단어를 범주별로 구분하기

구매 목록 속의 단어를 듣고 그 상품을 판매하는 상점과 연결하시오.

⑪ 목적: 방향 찾기

길을 안내하는 지시문을 듣고 그 과정을 지도에 표시하시오.

## ■ 중급 단계 청자의 경우

- 상향식 활동

⑫ 목적: 빠른 속도로 구어 인식하기

강세를 받지 않는 기능어를 포함하는 문장을 듣고 아래 보기("up", "a", "of")중에서 그 단어를 골라 O표를 하시오.

⑬ 목적: 강세 음절 찾기

두세 음절 단어를 듣고 강세를 받는 음절에 표시를 하시오. 강세를 받지 않는 음절은 어떻게 소리 나는지 알아보시오.

⑭ 목적: 축약형 단어 인식하기

다음절(polysyllabic) 단어를 읽고 어느 모음이 탈락될 것인지 알아보시오. 빠른 속도로 읽어주는 그 단어를 듣고 자신의 생각이 옳은지 확인하시오.

⑮ 목적: 문장 속에서 연음되어 소리 나는 단어 찾기

단어 사이에 자음과 모음의 연음 현상이 발생하는 짧은 문장을 듣고 연음되는 단어를 답지에 표시하시오.

⑯ 목적: 발화를 듣고 세부적인 정보 찾기

사장과 비서 사이의 일정을 조정하는 대화를 듣고 캘린더에 새로운 일정을 표시하시오.

비행 일정을 알리는 방송을 듣고 일정표의 빈 칸(비행기 편명, 목적지, 출구 번호, 출발 시각)을 채우시오.

관련된 질문을 먼저 읽고 짧은 대화를 들으시오. 대화를 들으면서 가격과 상점의 위치, 상품명, 수량에 관한 답을 찾으시오.(예, "Where are the shoppers?" "How much is whole wheat bread?")

고객과 자동차 정비소 직원의 전화대화를 듣고 수리해야 할 부분과 이유, 예상 비용을 다음 표에 기입하시오.

- 하향식 활동

⑰ 목적: 담화 구조를 분석하여 효과적인 듣기 책략 제안하기

다음 여섯 개의 라디오 광고를 들으시오. 특히 광고에 사용한 음악과 핵심어, 화자의 수에 주의를 기울여 들으시오. 이런 방식으로 듣기 활동을 하는 것이 청자

에게 어떤 영향을 미치는지 토의하시오.

⑱ 목적: 화자나 화제를 규명하여 듣기

라디오 광고를 듣고 광고 내용과 일치하는 상품이나 제조회사를 아래 그림에서 고르시오.

⑲ 목적: 주제와 모티브를 평가하며 듣기

라디오 광고를 듣고 제품의 특성을 구매자에게 효과적으로 전달하기 위해 제조회사가 사용하는 모티브가 무엇인지 아래 네 개의 보기(escape from reality, family security, snob appeal, sex appeal) 중에서 고르시오. 모티브가 한 개 이상이라고 생각하면 모두 고르시오.

⑳ 목적: 중심 생각과 관련된 세부 정보 찾기

두 친구 사이의 짧은 대화를 들으시오. 답지에 TV프로그램의 장면들이 제시되어 있습니다.

프로그램명과 방영 채널을 적어 넣으시오. 두 화자는 각각 어떤 프로그램을 시청하였는지 알아 보시오.

㉑ 목적: 추론하기

평서문이나 의문문의 구조를 가진 문장을 듣고, "Where might the speaker be?" "How might the speaker be feeling?" "What might the speaker be referring to?"와 같이 추론을 요구하는 질문에 답하시오.

다음 문장을 듣고 맥락(장소, 상황, 시각, 참여자)을 추측하시오.

- 상호작용 활동

㉒ 목적: 언어 사용역과 어조 식별하기

다음 문장을 듣고 그 말이 공손한 표현인지 아닌지 판별하시오.

㉓ 목적: 회화적 표현에서 생략된 문법 요소 찾기

조동사와 주어가 생략된 의문문을 듣고 문법적으로 알맞은 단어를 채워 넣으시오. "(Have you) got some extra?"

조동사와 주어가 축약형(dose it/ is it)으로 제시된 의문문을 듣고 본동사에 의거하여 올바른 조동사와 주어가 무엇인지 판별하시오.(예, "'Zit come with anything else? 'Zit arriving on time?")

㉔ 목적: 축약형이 포함된 발화의 의미 파악하기

축약형이 포함된 짧은 문장을 듣고 무슨 뜻인지 추측하시오. 아래에 제시한 보기 중에서 들은 문장과 같은 의미의 문장을 고르시오.

예: 들은 문장: "You can't be happy with that."

보기: (a) "Why can't you be happy?" (b) "That will make you happy."
(c) "I don't think you're happy."

㉕ 목적: 맥락을 이용하여 예측하기

신문에 난 취업 광고의 자격조건을 읽어 보고 브레인스토밍을 통해 추가해야 할 필요가 있다고 생각되는 자격조건을 알아보시오.

㉖ 목적: 예측한 것을 확인하며 듣기

라디오를 통해 취업 광고를 들으면서 자신이 기대했던 자격조건이 제시되는지 알아보시오.

㉗ 목적: 맥락을 이용하여 예측하기, 상향식 처리를 적용하면서 생략된 단어 찾기, 예측된 내용과 실제 들은 내용 비교하기

전화 메시지 메모를 읽으면서 생략된 내용이 어떤 것들인지 추측하시오. 전화 메시지를 들으면서 생략된 정보를 적어 넣으시오. 끝으로 생략된 내용을 예측하면서 어떤 책략을 사용했는지 다른 사람들과 비교하시오.

㉘ 목적: 불완전한 감각과 문화적 배경 지식을 이용하여 텍스트를 보다 완전하게 이해하기

전화 대화 가운데 한 쪽의 통화 내용만 들은 다음 화제가 무엇인지 결정하고 적절한 제목을 붙이시오.

두 사람이 나누는 대화의 처음 부분만 듣고 대화 참여자의 수, 그들의 연령과 성별, 사회적 역할 등에 관해 답하시오. 대화 시각, 기온, 계절, 화제 등을 추측하고 다음에 올 내용으로 적합한 것을 고르시오.

## ■ 고급 단계 청자의 경우

### - 상향식 활동

㉙ 목적: 문장 강세와 말소리의 크기에 따라 주요 정보를 찾아 메모하기

문장을 들으면서 강세를 받는 내용어를 찾아 적으시오.

㉚ 목적: 강의 텍스트의 문장 특징 알기

강의 원고의 일부를 읽으면서 해당하는 부분을 들어보시오. 불완전한 문장과 휴지, 군소리에 주의를 기울여 들으면서 원고 내용과 비교하시오.

㉛ 목적: 강의 텍스트의 조직적 단서 파악하기

강의 원고를 보면서 요점을 설명하기 위해 사용된 단어를 찾아 ○표 하시오. 그런 다음 강의를 들으면서 조직적 단서에 주목하시오.

㉜ 목적: 정의를 내리는 데 사용하는 어휘와 초분절(suprasegmental)요소 파악하기

정의를 내릴 때 사용되는 어휘 단서의 목록을 읽으시오. 수사 의문처럼 화자의 의도를 나타내는 문장을 들으시오. 동격어(구, 절)를 제시하기 위한 억양 패턴과 휴지 패턴에 귀를 기울여 들으시오. 새로운 용어가 사용되고 그 개념 정의가 소개되는 강의의 한 부분을 들으시오. 어휘 단서와 억양 단서를 이용하여 그 용어의 정의를 규명하시오.

㉝ 목적: 구체적 정보 찾기

주요 범주는 제시되어 있지만 그 구체적인 예가 주어지지 않은 강의 개요서를 읽으시오. 강의를 듣고 제시되지 않은 예를 찾아 적어 넣으시오.

- 하향식 활동

㉞ 목적: 강의의 도입부를 듣고 주제와 전체적인 방향 예측하기

강의의 도입부를 들으시오. 그런 다음 답지에 제시한 보기들 중에서 가장 적합하다고 생각되는 강의의 주제를 고르시오.

㉟ 목적: 강의 원고를 읽고 다음에 올 내용 예측하기

강의 원고의 일부를 읽으시오. 새로운 내용이 제시되는 부분에서 읽기를 멈추고 다음에 나올 내용을 예측하시오. 그런 다음 계속 읽으면서 예측과 내용이 일치하는 지 확인하시오.

㊱ 목적: 강의의 단락별 주제 찾기

통계학의 경향을 소개하는 강의의 일부분을 들으면서 시대적 변화를 나타낸 그래프 가운데서 강의 내용과 일치하는 것을 고르시오.

- 상호작용 활동

㊲ 목적: 강의 내용을 상세히 들으면서 예측한 내용의 정확성 평가하기

도입부의 내용을 듣고 강의의 주제를 예측하시오. 그런 다음 강의를 들으면서 예측한 내용이 제시 되는지 판별하시오. 예측한 주제와 강의 내용이 일치하면 주제와 관련된 세부 정보에 주의를 기울여 들으시오.

㊳ 목적: 강의의 일부를 듣고 기록한 세부적인 정보를 분석하여 그 부분의 요점 파악하기
강의의 일부를 들으면서 중요한 정보를 메모하시오. 기록한 세부 정보를 이용하여 요지를 파악하고 보기에서 알맞은 것을 고르시오.

㊴ 목적: 문장의 요지를 파악하여 추론하고 평가적 진술하기
진술을 들으면서 중요한 단어를 메모하시오. 그 진술로부터 어떤 의미를 유추할 수 있는지 알아보시오. 또 적어 놓은 어휘들이 의미 유추에 어떤 단서가 되었는지 말해 보시오.

㊵ 목적: 텍스트에 대한 지식과 강의 내용을 이용하여 생략된 정보 찾기
강의의 일부분을 듣고 개요가 무엇인지 알아보시오. 그런 다음 중요한 정보가 생략된 진술문을 들으면서 텍스트와 전체적인 내용에 대해 알고 있는 바를 이용하여 생략된 정보를 찾아보시오. 강의를 다시 들으면서 정확하게 이해했는지 확인하시오.

㊶ 목적: 텍스트에 대한 지식과 강의 내용을 이용하여 강사의 오류를 판별하고 교정하기
강의의 일부를 들으면서 잘못 사용된 용어를 찾아내고 교정하시오. 또한 잘못 사용한 용어를 찾는데 도움이 된 단서가 무엇인지 말해 보시오.

## 7. 듣기 이해를 점검하는 9가지 방법(Lund, 1990)

### 1) 행동하기(doing)

청자는 지시에 따라 신체적으로 반응한다.

### 2) 선택하기(choosing)

청자는 주어진 그림, 물건, 교재등과 같은 것에서 해당되는 것을 고른다.

### 3) 전이하기(transferring)

청자는 들은 내용을 그림으로 나타낸다.

### 4) 대답하기(answering)

청자는 메시지에 대한 질문에 답한다.

5) 요약하기(condensing)

청자는 강의를 듣고 요약하거나 글로 적는다.

6) 확장하기(extending)

청자는 이야기를 듣고 끝부분을 완성한다.

7) 되풀이하기(duplicating)

청자는 들은 내용을 모굴어로 통역하거나 그대로 반복하여 말한다.

8) 모델링(modeling)

청자는 가령 음식 주문에 관한 내용을 듣고 식사를 주문한다.

9) 대화하기(conversing)

청자는 정보처리가 일어나는 대화에 참여한다.

## 8. 듣기 활동의 몇 가지 실례

### 1) 그림 묘사(Picture Description) - 초급단계

그림은 보통 주위에 있는 것 즉 교실 환경을 기초로 할 수 있다. 아니면 교사가 꽃병, 잡지, 시계 등 특정 물건이나 교실에 있는 한 학생을 설명할 수 있다. 그러나 그러한 가능성을 쉽게 고갈될 수 있고 간단한 그림이 시각 묘사를 위해 가장 쉽게 활동 될 수 있다. 초보 단계에선 다음과 같은 그림을 사용할 수 있고 그림의 묘사는 아래와 같은 것일 수 있다.

You can see the picture of a park somewhere in a town. You can see it's in a town because there are some big houses behind the park. Two women are sitting on a bench; one of them has black hair, and she's giving some food to a pigen-the other woman is just looking at it. Three more pigeons are on the ground nearby. Then there's a man with a little bag in one hand- I think he's got pigeon food in it, because he's throwing food to the pigeons and they're eating it. On the path there's a little boy playing with a hoop and running away towards the entrance of the park. Behind the path you can see the statue of a man with a tall hat sitting on a horse; and there are some flowers growing around. There are two trees in the picture, on either side of the statue.

Mark is about fifty years old, not a very popular person, he always seems to be cross about something. He's rather shortsighted, but is said to be quite a good doctor.

Doris is rather a serious type. She's about twenty-five, very attractive, and dresses beautifully.

Then there's Pam, she's a cheerful little thing: long hair which she wears in plaits with ribbons, and freckles on her nose.

Finally there's old Jake. He used to be a sailor, past it now. But he still wears his sailor's cap. He's about seventy and has a beard.

### 2) 들은 내용대로 그림 순서 정하기(쉬운 중급단계)

Yesterday Mum wanted to watch television, but when she turned it on, she found it wasn't working. All she could get was some wavy lines. She asked her husband if he could do something about it, but he was busy reading his newspaper and smoking his pipe. She asked her daughter-but her daughter was having a rest and was too lazy to get up. Then she asked her son, Kevin. ‘O.K., Mum.’ he said. ‘Let's go and have a look at the antenna first.’ They went outside with the dog and looked up at the roof. ‘Look, Mum,’ said Kevin, ‘All I need to do is straighten the antenna. Wait a minute.’ He brought a ladder and climbed up on it, not noticing that his dog was climbing after him. Up on the roof he carefully straightened the antenna. Back down in the house they tried out the television again-and found that it was still showing only wavy lines. ‘My goodness,’ said Mum, ‘What's the matter now?’ ‘I don't know,’ said Kevin. ‘By the way, where's the dog?’ The dog, of course, was still sitting up on the antenna; that was what was causing the interference.

### 3) 지도상의 길 따라가기(중급 단계)

When we came to the island, we landed at the town and stayed the night with some friends. In the morning we set off round the southern coast by boat and sailed on until we came to the mouth of a river. We sailed up it a little way, but had to leave our boat behind after a few miles, as the river became too shallow. After two days' climbing we reached a lake in the mountains-what a beautiful place. But freezing cold! After one night there we were glad to leave the mountains and walk down to the desert. In a day or two we came to a huge area of sand and rocks, with no water anywhere to be seen. Luckily we later found a well where we could camp and fill our water-bottles. We went on northwards until we came to the sea and then turned west along the beach. After a while we found our way blocked by a marsh. We could find no way across it at all, but there was an old boat on the beach in which we were able to sail round the coast as far as the mouth of another river. We went up it a little way and soon found ourselves in the middle of a thick forest. Using our compass, we made our way due south until we saw ahead of us on the hill a ruined castle. We are now sitting at the top of one of the towers. What a wonderful view.

다음은 어떤 지역에서 그 지역을 모르는 한 가정주부가 역시 길을 모르는 한 소녀를 시내에 심부름 보내는 내용이다. 화자의 집은 E라고 표시되어 있다.

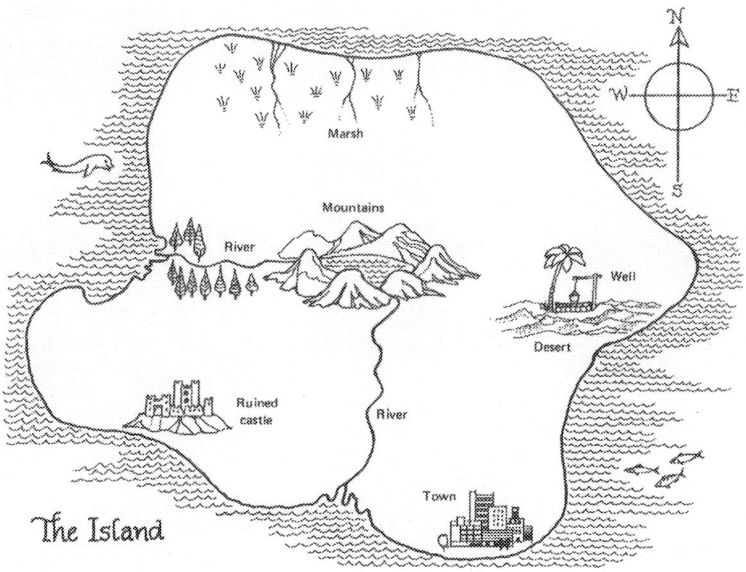

There's not many things to do, Jessie, but you you'd better take this map so that you don't get lost, and you can mark on if where you have to go. When you come out of the house, turn left and go down to the junction. Turn right, go past swimming-pool and you'll come to Main Street. There you turn left and go along the street, over the bridge. On the other side of the bridge there's a crossroads; if you go straight across it you'll find the shipping centre on your left. Go in there and buy the things on my list. When you come out again, look for Turton Road, and go along it to the end. You'll see a football ground ahead of you. Go in there and buy two tickets for the match this afternoon. From the football ground, turn left towards the river, and go on until you come to Riverside Road. There you turn left and then immediately right again over the bridge. On the other side of the bridge you'll find a park on your right and then a little further along there's a cinema on a corner to your left. Please go in there and get their programme of forthcoming films. Then you can come home along School Road-go all the way along it until you get to Main Street again, which you cross, and you'll find a little path behind the swimming-pool; it's a short cut home.

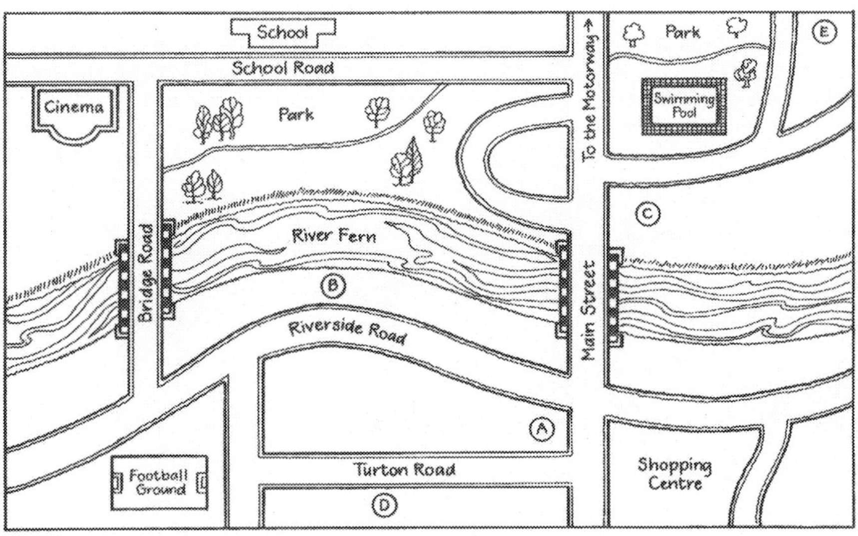

### 4) 그림 그리기(Drawing) (초급단계)

There's a table in the middle of the picture and a cat is under the table. He's a white cat. Near the table is a chair. There's a very fat boy sitting on it. He's very fat indeed, and very happy, because there's a big cake on the table and he's going to eat it in a minute. The cat is happy too; he's going to eat the mouse which is under the fat boy's chair.

### 5) 서식(form)이나 표 완성하기

대화를 듣고 표나 서식에 빠진 정보를 채우는 과제이다. 이를테면 주소변경 신청서, 운전면허시험 신청서 양식, TV 프로그램 안내, 주소록, 일주일간의 스케줄 목록 등을 활용해서 일상생활과 연결된 다양한 과제를 부여할 수 있다. 즉 먼저 전체적인 내용을 듣고 이를 활용해서 세부정보를 파악하게 한다.

LISTENING TASK

A. Barbara moved. She is at the post office. A clerk is helping her fill out a change-of-address form. Listen to the conversation.

Listen again and complete the form with the information you hear.

<table>
<tr><td colspan="2">Print or Type (Last Name, First Name, Middle Initial)</td></tr>
<tr><td rowspan="2">OLD<br>ADDRESS</td><td>No. and St.,Apt., Suite,P.O.Box or R.D.No.(In care of)</td></tr>
<tr><td>Post Office, State and ZIP Code</td></tr>
<tr><td rowspan="2">NEW<br>ADDRESS</td><td>No. and St., Apt., Sute, P.O.Box or R.D.No(In care of)</td></tr>
<tr><td>Post Office, State and ZIP Code</td></tr>
<tr><td colspan="2">Effective Date</td></tr>
<tr><td colspan="2">Sign Here<br>►</td></tr>
</table>

출처: Tanka & Most(1990), *Interactions I: A Listening/Speaking Skills Book*(p. 47)

### 6) 문제 해결 과제(Problem-Solving Tasks)

문제 해결과제는 학습자가 듣고 이해하는 과정을 통해 주어진 문제를 해결하도록 하는 활동으로 담화의 전체적인 내용을 이해하고 이를 분석하는 종합적인 활동이다. 문제 해결과제로는 게임, 스무고개, 논리적 퍼즐 등이 있다.

Now look at the diagram. Notice that on the left side of the diagram you find country, field, city and hobby.... Listen to each statement. Find the correct square, write the correct word from the list below.

1. The student from Turkey lives in the middle house. Write Turkey in the correct square.
2. The student in the field of Engineering lives on the far right. Write Engineering in the correct square.
3. The student on the far right is going to boston. (Morley 1972, 76-77)

| | Red House | Blue House | Green House | White House | Purple House |
|---|---|---|---|---|---|
| Country | | | *Turkey* | | |
| Field | | | | | *Engineering* |
| City | | | | | *Boston* |
| Hobby | | | | | |

출처 : *Improving Aural Comprehension* : Student's Workbook (1972, p. 137)

학습자들은 듣고, 차트를 완성하고 나서 마지막 단계로서 들은 정보를 종합해서 다음의 질문에 답하도록 요구된다.

1. Who plays the guitar?
2. Who is going to study in San Francisco?

다음은 오랜만에 두 사람이 서로 만나서 소식을 교환하고 안부를 묻고 있는 내용인데 듣고 나서 정보를 종합해서 표를 완성하는 문제 해결 활동이다.

Ann: Cliff! I haven't seen you since we finished college. How's things? Where are you living? What are you doing?

Cliff: Ann! I hardly recognized you! You've let your hair grow. It makes you look older.

Ann: Come on! I'm not that much older!

Cliff: You must be twenty-seven.

Ann: An you're two years younger, and you look exactly the same as ever. What are you doing?

Cliff: Teaching, What else?

Ann: How's it going-where?

Cliff: I still live in London, teach in a comprehensive school there. Are you teaching too?

Ann: No, I got married last year and had a baby recently-

Cliff: Congratulations!

Ann: Thanks-so I'm taking the year off to look after the baby and do some studying. My husband got a job in Cardiff, so we've moved there.

Cliff: Like it?

Ann: Don't know yet, I've just started to get to know people, and with the baby I don't get about much. How about you? Married?

Cliff: Not yet.

Ann: I'm surprised. We always used to say you'd get married first of all of us, you're so good-looking. Talking of good-looking, do you remember Tammy? The beautiful girl from Bristol? She was in the same class as me at school.

Cliff: Yes. She got married at the end of the course, didn't she?

Ann: Yes, and had two children, a boy and a girl.

Cliff: What's she doing, looking after the children, being a housewife?

Ann: Who, Tammy? Never. That's a super-feminist family. He looks after the children and she works full-time; she edits a magazine, writes articles for the newspapers, very successful. She's been on television once or twice.

Cliff: Have you seen any of the others?

Ann: One or two-let's go for a cup of coffee somewhere, and I'll tell you about them.

| Name | Age | Occupation | Appearance | Town | Family |
|---|---|---|---|---|---|
| | | | | | |
| | | | | | |
| | | | | | |

### 7) 받아쓰기(Dictation)

받아쓰기는 과거에는 듣기 학습의 대부분을 차지했던 익숙한 훈련방법으로서 종합적 기술을 필요로 한다. 즉 청자는 소리를 듣고 자신의 단어 구문적 지식을 활용해서 의미를 재발견해서 쓰는 과정이다. 받아쓰기에는 그 대로 다 받아쓰는 전체 받아쓰기(full dictation)와 빠진 부분을 메우는 부분 받아쓰기(spot dictation)로 나눌 수 있다.

◉ 전체 받아쓰기(Full Dictation)

처음에는 전체를 정상속도로 읽어 주거나 녹음한 테이프의 내용을 들려준다. 그 다음에는 듣는 사람이 받아 쓸 수 있도록 자연스럽게 구, 절로 끊고 쓸 시간을 준다. 이때 의미군(sense group)을 분리시키지 않게 하는 것이 효과적이다.

◉ 부분 받아쓰기(Spot Dictation)

부분 받아쓰기는 빈칸 메우기(cloze test)의 형태를 그대로 활용하는 것이다. 한 단락 또는 대화를 보면서 녹음된 테이프를 듣고 빈 칸에 단어를 받아쓴다. 부분 받아쓰기는 초보자에게 쉽게 활용할 수 있다. 목적에 따라 무엇을 빼고 빈칸으로 할지를 결정한다. 핵심단어, 축약어, 특정 내용어 또는 문법적인 기능어를 뺄 수도 있다. 축약어를 빼는 경우 받아 적으면서 정상속도에서 일어나는 발음 현상으로 살펴 볼 수 있다.

### 8) 게임을 통한 듣기 활동

듣고 바로 행동으로 표현하거나, 지시한 사항을 따름으로서 완성해 나간다. 한두 가지 구문이나 특정 어휘, 정보를 강조하고, 듣기를 연습한다. 이러한 듣기 게임은 특정 구조를 가르치되, 게임 요소로 인해 내용에 몰두하게 됨으로 전언 중심의 수업이 될 수 있다.

◉ 사이몬 가라사대 (Simon says)

명령을 듣고 따라 하는 활동(Listen-and-do activities)의 일종으로서 TPR에 해당된다. "Simon says"라는 말이 언급될 때만 (예, Simon says, "Touch your nose.") 따라 해야 하며, 그렇지 않으면 실격된다. 어린이들에게 적합하지만, 성인에게도 자연스런 분위기를 조성하기 위해 할 수 있는 활동이다. 새로운 어휘를 사용할 때는 먼저 시범을 보이고 따라 하게 한다.

● 빙고(Bingo)

각 참가자는 빙고 판이 그려져 있는 카드를 가진다. 각각 지시 받은 대로 무작위하게 번호를 적어 넣는다. 교사는 모든 번호가 적힌 카드를 가지고 번호를 부르면서 표시해 간다. 가장 먼저 일렬로(가로, 세로 혹은 대각선으로 표시한 사람이 "Bingo" 하고 외친다. 가장 먼저 자신의 빙고 판 전체를 표시한 사람은 "Full House" 라고 외친다. 2명의 승리자가 생긴다.

☞ 교수 목적에 따라 빙고 판의 내용을 바꿀 수 있다. 예를 들면, 숫자 빙고 대신 형용사를 빙고 판에 적어 넣는다. 형용사를 부르고, 반대 의미를 지닌 형용사를 빙고 판에서 찾는다. 또는 다양한 질문을 빙고 판에 써놓고 상대방이 "yes" 응답을 하는 것을 찾아 표시한다.

### 9) 노래를 이용한 듣기 활동

우리나라의 경우 영어 노래가 종종 영어 교육 자료로 이용되는데, 이 역시 노래가 가지는 흥미와 호기심을 적극적으로 활용한 방법으로 볼 수 있다. 노래가 갖는 비형식성(informality)이 딱딱한 교과서적인 요소보다 학생들의 흥미를 가중시켜 학습동기를 높일 수 있다. 그리고 가사에 포함되어 있는 표현이나 문법까지 거부감 없이 획득할 수 있다는 장점을 지닌다.

노래를 이용한 지도 방안은 어휘, 문법패턴, 음운적 현상, 문화, 사회적 배경을 익힐 수 있는 기회이며, 빈칸 메우기, 의미 이해, 연음, 축약현상 발견하기 등으로 활용할 수 있다. 청취력 학습에 사용될 노래 선택의 조건으로는, 노래의 가사는 표준어로 되어 있으며 내용이 너무 어렵지 않고 가사의 반복이 있을수록 좋다.

### 10) 영화를 통한 듣기 활동

영화 또한 오늘날 영어 교육에서 많이 활용되고 있는 형태이다. 널리 알려진 재미있는, 혹은 교육적인 가치가 있는 영화의 대사를 다루면서 단어, 문법, 표현 등을 학습할 수 있다. 이 방법이 학생들의 관심을 끄는 이유는 다루고 있는 영어가 현재 실생활에서 쓰이고 있는 자연스러운 영어라는 점이다. 중급 이상 학생은 뉴스나 영화 등을 보면서 청취력을 향상시킬 수 있다. 언어교육을 위해 만들어진 텔레비전 프로그램도 장점이 있지만, 영화와 같은 실제 프로그램(authentic program)은 몸짓, 표정, 문화적인 면을 더 잘 제공한다고 할 수 있다. 그래서 교사는 프로그램의 길이, 수준, 학생의 흥미를 고려해서 선택을 해야 한다.

### 11) 뉴스를 통한 듣기 활동

뉴스는 아나운서가 비교적 정확한 발음을 구사하고, 영화나 드라마보다는 속어를 덜 쓰며, AFKN이나 CNN 방송을 통해 접하기도 쉬울 뿐더러, 그것을 통해 세계의 흐름을 알 수 있어 그 활용도가 매우 높다고 할 수 있다.

청취력은 청취 책략과 듣는 내용이 지니고 있는 독특한 화역(register)을 파악하면 향상될 수 있는데 영자 신문이나 뉴스, 잡지 등을 읽는 것은 뉴스 청취에 도움을 준다. 왜냐하면 신문기사는 뉴스에서 들을 수 있는 내용을 다루어서 청취자에게 내용 스키마를 제공해줌과 동시에 신문에서 사용하는 스타일이 방송뉴스 화역과 흡사하여 청자에게 형식 스키마를 제공해주기 때문이다.

# 4 말하기 지도

## 1. 말하기 지도의 중요성

외국어 교육의 가장 중요한 목적 중의 하나는 의사소통이라고 할 수 있다. 의사소통은 듣기와 말하기의 두 가지 기능으로 이루어지고 있는데 지금까지 우리나라의 외국어 교육에서는 이를 거의 도외시하다시해 왔다. 외국어 교육의 목표에서도 거의 소홀히 여겨져 왔고 학교 현장 수업에 written text를 중심으로 해석이나 문법에 치우쳐 왔지 언어를 실제 어떻게 사용하느냐 하는 데는 관심이 없었다. 이제 세계적으로 국제화, 개방화의 추세에 따라 언어 교육은 말하기 중심 교육을 강조해 나가지 않을 수 없다. 의사소통에 관련된 언어의 2가지 기능, 듣기와 말하기는 전자가 수용적 기능(receptive function)인데 반해 후자는 화자가 자기의 의사를 스스로 표현할 수 있는 표현적 기능(expressive function)을 지닌다고 할 수 있다. 듣기에서는 다른 사람이 자기에게 의사소통하려는 message를 이해하는 데 그 목적이 있으나, 말하기는 자기 자신이 나누기를 원하는 내용을 상대방에게 자유롭게 전달하는 데 그 목적이 있다고 하겠다.

## 2. 말하기의 기본적 지도방안 및 원리

진정한 의사소통은 듣기와 말하기가 통합되었을 때 가능하다. 듣기활동에서는 청해력을 기르는데 초점을 둔다면 말하기 활동에서는 표현력을 키우는데 초점을 둘 수 있다 하지만 상대방의 말을 이해하지 못하고 표현만을 익힌다면 의미 없는 문형 연습에 지니지 않는다. 그래서 듣기와 말하기는 개별적으로 다룰 성질의 기능이 아님을 알 수 있다.

Pattison(1987)은 말하기 활동을 다음과 같이 일곱 가지로 분류하고 있다.

❶ Question answers
❷ Dialogues and role-plays
❸ Matching activities
❹ Communucation strategies
❺ Pictures and picture stories
❻ Puzzles and problems
❼ Discussions and decisions

Paulston과 Bruder(1976)는 교실수업에서 기계적인 연습(mechanical drill), 유의적인 연습(meaningful drill), 의사소통적인 연습(communicative drill)의 순서로 진행할 것을 제안한다. Judy Kettering(from Paulston & Bruder)의 상호작용 활동은 교사중심의 수업으로부터 학생중심의 수업으로 서서히 전환해가면서 의사소통적 활동을 끌어내는 것을 단계적으로 잘 제시해 주고 있다. 처음에는 통제된 언어를 사용하여 활동이 진행되고, 학생들은 사회적으로 관용적인 표현을 익힌다. 교사가 처음의 제시 단계에서 그 의미와 내포(connotation), 그리고 이러한 표현이 사용될 수 있는 상황을 잘 설명해 주는 것이 중요하다. 교실 전체의 학생을 대상으로 대화를 연습한 뒤에 자유로운 의사소통의 기회가 주어진다.

## 3. 말하기 학습의 특징

### 1) 말하기는 개별 발음 뿐 아니라 강세, 리듬, 억양이 중요하다.

말은 여러 개의 개별 음소의 발음을 조합한 것에다가 전체적으로 강세, 리듬, 억양을 첨가한 것이라 할 수 있다. 이 때 개별적인 발음은 앞뒤의 환경과 강세, 리듬, 억양의 영향을 받아서 약화되거나 소실되거나 변형을 하게 된다. 개별 단어를 정확히 발음하고 인지할 수 있는 사람도 실제 언어 상황에서는 이해하기 어려운 경우가 발생한다. 그래서 오늘날의 발음지도의 접근법은 과거와는 다른 모습이다. 과거에는 개별음소와 변이음을 완전히 습득함으로 조음능력을 기르는데 치중한 상향식 접근법(bottom-up approach)인 반면에 오늘날에는 강세, 억양, 리듬을 강조한 하향식 접근법(top-down approach)을 취하고 있다. 참고로 Brown(2001)은 학습자의 발음에 영향을 주는 6가지 요소로 ①모국어(native language) ②연령(age) ③노출(exposure) ④선천적 발음 능력(innate phonetic ability) ⑤정체성과 언어자아(identity & language ego) ⑥우수한 발음에 대한 동기와 관심(motivation and concern for good pronunciation)을 들고 있다.

### 2) 말하기는 상호작용(interaction)이 있어야 한다.

말하기의 어려움은 의사소통을 위한 상호작용에 있다. 대화는 혼자가 아니라 둘 이상의 사람이 의미협상(negotiation of meaning)에 참여하는 협동적인 과정이다. 말하기는 자기 의사를 명확하게 표현하는 것은 물론 상대방의 의사를 충분히 이해하고 적절히 대처해 나가야 한다. 대화자간에 발생하는 정보의 공백을 의미협상을 통해 메워가는 과정이 곧 말하기 활동인 것이다.

### 3) 말하기는 정의적 요소(affective factor)의 영향을 받는다.

말하기에서 학습자가 극복해야 할 가장 큰 장애물 중의 하나는 실수이다. 말하는 모험에서 발생되는 불안감(anxiety)이나 부담감이나 언어자아(language ego)로 인해 청자에 의한 평가에 부담감을 안고 있다. 자신의 실수에 의한 부담감이 커지면 결국 말하기를 포기하거나 기피하게 된다. 그러므로 교사는 실수를 두려워하지 않도록 격려해 주어야 한다. 예를 들어 교사는 말하기 수업 내내 "Very good!, Good job!, Great!, Fantastic!, Excellent!"와 같은 magic words를 자주 사용하는 것이 바람직하다.

### 4) 정확성과 유창성을 모두 추구할 것

구어를 가르치는 교사라면 정확성(분명한 조음과 문법)과 유창성이라는 두 가지 중요한 목표 가운데 어느 것을 우선시 할 것인가 고민하기 마련이다. 1970년대 중반 잠시 유행했던 반문법적 접근법(anti-grammar approach)의 영향으로 교사들은 수업 시간에 자연스런 언어활동을 충분히 체험하는데 치중한 나머지 정확성은 배제하는 경우가 있었다. 그러나 유창성을 지나치게 강조하다 보면 음성학적 문법적 세부사항을 무시함으로 학습자들이 유창하기는 하지만 무슨 내용인지 알아듣기 힘든 말을 하게 되는 결과를 초래하였다.

CLT에서는 유창성과 정확성 두 가지를 다 목표로 추구한다. CLT의 초기에는 유창성이 목적이지만 음운, 문법, 담화 등을 중시함으로 정확성을 달성할 수 있다. 유창성과

정확성의 문제는 교수기법의 의미 지향적(message-oriented)이냐 언어 지향적(language-oriented)지도냐의 따라 달려 있으며 정도의 문제로 요약 된다.

## 4. 말하기 활동의 발전 단계

말하기 활동은 의사소통을 위해 기초를 닦는 **기능습득(skill-getting)의 단계**에서 실제로 의사소통을 하는 **기능사용(skill-using)의 단계**로 발전 된다고 볼 수 있다.(Rivers & Temperley 1978)

기능습득의 단계는 의사소통을 위한 도구하고 할 수 있는 언어의 단위(음소, 단어, 구, 절 등), 범주, 문법 기능 등을 인지하고 이들에 관한 규칙을 내재화하는 훈련의 단계를 말하며, 기능사용의 단계는 내제화된 규칙에 의해 자신의 의견이나 생각을 표현하고 상대방의 말을 이해하며 상호 의사소통을 위해 언어를 사용하는 단계라 할 수 있다. 따라서 기능습득의 단계는 교사의 통제에 의하여 특정 언어기능을 연습을 통해 숙달시키는 과정으로 실제적인 의사소통은 될 수 없고 기능사용의 단계에서 실제적인 의사소통의 상호작용이 일어난다고 할 수 있다.

말하기 지도는 교사에의 완전한 의존에서부터 학습자의 완전 자율로의 발전을 돕는 것이라고 할 수 있다. 위에서 언급한 기능습득의 단계에서 기능사용의 단계로 발전을 도모하기 위해 말하기 활동은 교사의 전적인 통제 받는 **완전통제 연습**에서 어느 정도의 통제를 가하는 중간 단계의 **유도연습(guided practice)**을 거쳐 전적으로 자기의 의사대로 표현하는 **완전한 의사소통 활동**으로 나눌 수 있다.

완전통제 연습(controlled practice)의 대표적인 연습활동으로는 "Listen and repeat", "Look and ask" 등이 있는데 전자는 그림이나 어휘들을 보여주고 말한 후에 따라 반복하게 한다. 후자는 문법을 정확하게 익히기 위한 활동으로 한 사람이 다른 사람에게 그림을 보여주면서 그림에 관해 질문을 하고 상대방은 그 질문에 대해 대답을 한다.

유도연습(guided practice)으로는 극화하기, chants나 노래, 추측 게임 등을 사용할 수 있으며 의사소통 활동으로는 참여하는 인원수에 따라 짝 활동, 그룹 활동, 전체 활동으로 구분해서 그 안에서 여러 가지 의사소통활동 형태를 도입할 수 있다.

참고로 Rivers & Temperley(1978)의 말하기의 발전단계를 소개하면 아래와 같다.

- SKILL GETTING
  - COGNITION (knowledge)
    - PERCEPTION(of units, categories, and functions)
    - ABSTRACTION(internalizing rules relating categorized and function)
  - PRODUCTION (or pseudo-communications)
    - ARTICULATION(practice of sequences of sound)
    - CONSTRUCTION(practice in formulating communications)

- SKILL USING – INTERACTION (or real communication) – MOTIVATION (to communicate)
  - PERCEPTION(comprehension of a message)
  - EXPRESSION(conveying personal meaning)

## 5. 교실에서 말하기 활동 유형

### 1) 모방형(Imitative)

모방형 활동은 억양패턴이나 발음하기 어려운 음소나 이음의 지도에 적용할 수 있다. 이러한 모방형 활동은 의미있는 상호작용을 위해서가 아니라 언어의 형태적 요소에 집중하도록 하기 위해 사용된다. 모방형 활동은 기계적 반복 훈련에 해당하나 의사소통적 언어수업에 불필요한 것은 아니다. 마치 피칭기계가 야구선수에게 중요하듯 기계적 반복훈련도 학습자에게 의미가 있다. 다음을 성공적 반복 훈련을 위한 몇 가지 지침이다.

- 짧게 하라.(수분 이내)
- 단순하게 하라.(가능한 한 번에 한가지 요소만 다룰 것)
- 활기있게 진행하라.
- 학습자에게 왜 연습하는지를 알려주라.
- 음운이나 문법적 항목으로 제한하라.
- 궁극적으로 의사소통 목표에 기여하게 한다.
- 지나치게 사용하지 말라.

### 2) 집중형(Intensive)

집중형 활동은 모방형보다 한 단계 더 나아간 것으로 특정 음운이나 문법적 측면을 연습토록 고안된 것인데 독자적으로 혹은 짝 활동으로 이루어질 수 있다.

### 3) 반응형(Responsive)

언어수업에서 학습자의 발화의 상당 부분은 질문에 대한 반응으로 이루어진다.

T: How are you today?
S: Pretty good, thanks, and you?
T: What is the main idea in this essay?
S: The United Nations should have more authority.
T: So, what did you write for question number one?
S: Well, I wasn't sure, so I left it blank.

### 4)정보 교류적 대화(Transactional Dialogue)

특정 정보를 전달하거나 교환하기 위한 목적으로 수행되는 정보교류적(transactional) 언어는 반응형보다 광범위하다고 할 수 있다. 가령, 회화는 반응형 언어 행위보다 의미 협상적 경향이 강하다.

T: What is the main idea in this essay?
S: The United Nations should have more authority.
T; More authority than what?
S: Than it does right now.
T: What do you mean?
S: Well, for example, the UN should have power to force a country like Iraq to destroy its nuclear weapons.
T: You don't think the UN has that power now?
S: Obviously not. Iraq is still manufacturing nuclear bombs.

이러한 회화는 소집단 활동으로 활용되기에도 적합하다.

### 5) 사교적 대화(Interpersonal Dialogue)

정보를 전달하기 위한 목적보다는 사교적 관계를 유지하고자 하는 목적을 가진 대화를 다음과 같은 요소를 포함한다.

- 일상적 표현(a casual register)
- 구어체(colloquial language)
- 감정적인 언어(emotionally charged language)
- 속어(slang)
- 생략(ellipsis)
- 비꼬는 말(sarcasm)
- 은밀한 안건(a convert agenda)

Amy: Hi, Bob, how's it going?

Bob: Oh, so-so.

Amy: Not a great weekend, huh?

Bob: Well, far be it from me to criticize, but I'm pretty miffed about last week.

Amy: What are you talking about?

Bob: I think you know perfectly well what I'm talking about.

Amy: Oh, that... How come you get so bent out of shape over something like that?

Bob: Well, whose fault was it, huh?

Amy: Oh, wow, this great. Wonderful. Back to square one. For crying out loud, bob. I thought we'd settled this before.
Well, what more can I say?

### 6) 확장형(독백)(Extensive)

중급, 고급단계의 학습자는 구두 결과보고, 요약정리. 짤막한 연설, 묘사기술 등 혼자서 길게 말할 기회를 갖는다. 이 경우 보통 격식을 갖춘 의도적 언어 표현이 많이 사용된다. 이러한 독백을 계획적일 수도 있고 즉흥적일 수도 있다

## 6. 말하기 기법 설계 원리

한편 Brown(2001: 275-276)은 말하기 기법을 설계하는 원칙으로 다음과 같은 사항을 들고 있다.

① 언어에 기초한(language-based) 정확성 활동에서부터 전달내용을 강조한 (message - based) 상호작용, 의미, 유창성을 다루는 활동까지 다양한 요구를 수렴하는 기법을 사용하라.

의사소통 기능을 강조하는 언어 교육의 흐름 속에서 교사는 내용 중심적. 상호작용적 학습 활동에만 치중하여 문법이나 발음과 관련된 지도 요소를 빠뜨리기 쉽다. 직소우 소집단 활동이나 게임을 할 때. 혹은 환경문제에 대한 토론 활동을 할 때에도 학습자들이 언어의 기초 단위를 인지하고 사용할 수 있게 만드는 과업을 활용해야 한다. 형태에 관심을 기울이도록 유도하는 과업을 구성해야 한다. 하지만 그렇다고 하여 기계적인 연습을 자꾸 반복하여 학습자들이 따분하고 지루하게 만들어서는 안 된다. 앞서 언급한 것처럼 반복 훈련도 기능한 의미 있는 활동으로 만들어야한다.

② 내적 동기를 부여하는 기법을 적용하라.

교사는 항상 학습자의 궁극적인 목적과. 흥미. 지식과 사회적인 지위에 대한 요구, 자율적인 언어 사용 능력에 대한 요구, "최대 자아 구현"에 대한 요구에 호소해야 한다. 즐겁지 않은 학습 활동을 하게 할 때는 그것이 학습자에게 어떤 도움을 주는지 인식시켜야 한다. 학습자들은 교사가 왜 특정 활동을 하도록 요구하는지 이해하지 못할 때가 있다. 학습자들에게 그 이유를 말해주면 대개의 경우 효과가 있다.

③ 유의적 맥락 속에서 실제적 표현을 사용하도록 권장하라.

이 주제는 이 책에서 벌써 여러 번 언급된 바 있지만 한 번 더 거론해도 나쁠 게 없다. 유의적 상호작용 활동을 지속적으로 고안하여 제공하기는 쉬운 일이 아니다. 교사는 자칫하면 교실을 돌아다니면서 학습자를 한 명씩 호명하여 상호 관련성이 없는 시시콜콜한 문법 문제들에 답이나 하게 만들기 쉽다. 언어 사용의 실제 맥락과 유의적 상호작용을 고안하는 데는 엄청난 노력과 창의력이 요구되지만 참고 자료를 활용하면 해결책을 찾을 수 있다. 반복훈련 유의적 활동으로 조직할 수가 있다.

④ 교정과 피드백을 적절히 제공하라.

대부분 EFL 상황에서 학습자들이 유익한 언어적 피드백을 받을 수 있는 곳은 교사뿐이다. ESL 상황에서는 학교 밖에서도 피드백을 구할 수 있지만 그 경우에도 교사는 유리한 입장에 있다. 교사는 자신의 언어 지식과 기능을 최대한 활용하여 꼭 필요한 순간에 학습자들에게 피드백을 제공해 주어야한다.

⑤ 말하기와 듣기는 불가분의 관계임을 이용하라.

말하기와 관련된 상호작용 기법은 듣기와도 밀접하게 관련되어 있다. 교사는 이러한 두 기능을 통합할 기회를 놓쳐서는 안 된다. 말하기 활동 목표에 집중하다 보면 자연스럽게 듣기 목표와 일치하는 부분을 발견하게 되고, 따라서 두 기능은 서로 강화 작용을 한다고 할 수 있다. 언어를 표현하는 기능은 많은 경우 이해 기능으로부터 비롯되는 법이다.

⑥ 학습자에게 구두 의사소통을 시작할 기화를 제공하라.

교실에서 이루어지는 상호작용은 대부분 교사가 주도하고 있다. 먼저 질문하고 지시하며 정보를 제공하는 것은 교사이고, 학습자들은 "시킬 때만 말하도록" 길들여져 왔다. 말하기 능력의 일부는 대화를 시작하고, 화제를 정하고, 질문을 하고, 대화를 통제하고, 화제를 변경하는 것이다. 교사는 말하기 기법을 설계하고 적용할 때, 학습자들이 말을 시작할 수 있도록 유의해야 한다.

⑦ 말하기 책략을 개발하도록 권장하라.

초급 학습자들은 거의 대부분 책략적 능력이라는 개념을 인식하지 못하고 있다. 구두 의사소통의 목표를 달성하기 위해 개인적인 책략 개발이 필요하다고 생각조차 못하고 있다. 교사는 수업시간을 통해 학습자들로 하여금 다음과 같은 책략을 인식하고 연습할 기회를 갖도록 할 수 있다.

- 분명히 해주도록 요구하기(what?)
- 반복해서 말해주도록 요구하기(Huh? Excuse me?)
- 생각할 시간을 벌기 위해 군말(Uh, I mean, well)사용하기
- 대화유지를 위한 표현(Uh huh, Right, Okay, Hm)활동하기

• 청자의 주의를 요구하기(Hey, Say, So)
• 표현하기 어려운 구조를 쉽게 바꿔 말하기
• (기본단계에서)정형화된 표현 (How much does – cost?, How do you get to the –?)사용하기
• 의미를 전달하기 위해 몸짓이나 비언어적 표현 사용하기

## 7. 말하기의 오류교정(Correction of Speech)

학습자의 발화 오류를 언제, 어떻게, 교정해 주어야 하는가하는 문제는 언어교육에서 가장 복잡한 문제 중의 하나이다. 다음에 몇 가지 지침을 살펴보기로 한다. Vigil & Oller(1976)의 발화 오류교정의 모형은 정의적, 인지적 피드백이 메시지의 전달과정에 미치는 영향을 다음 그림과 같이 나타내고 있다.

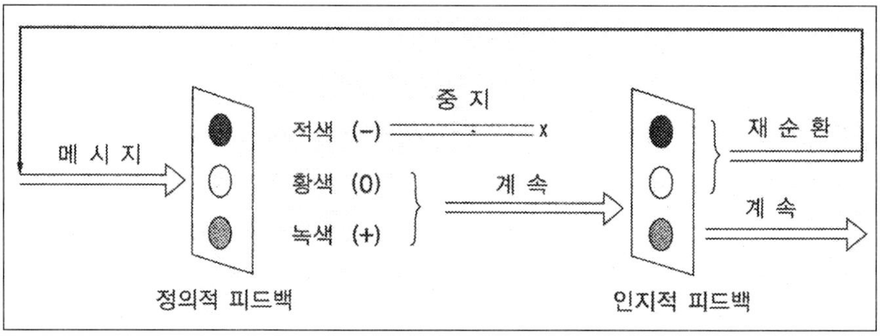


정의적 인지적 피드백의 녹색등은 전달자가 메시지를 계속 내보내도록 허용한 적색등은 전달하려는 노력을 포기하도록 만든다. 위에서 인지적 피드백을 나타내는 신호등이 바로 오류교정이 일어나는 지점이다. 여기서 녹색등은 "메시지의 의미를 이해한다" 라는 뜻으로 교정이 필요 없다는 피드백을 준다. 인지적 피드백에서 적색등은 다양한 형태의 교정 피드백을 상징하고 학습자로 하여금 발화에 변화를 주게 한다. 황색등은 녹색등과 적색등 사이의 어떤 지점을 가리키는 것으로 해석되어 학습자로 하여금 표현을 조정하고 바꾸거나 다시 되돌아가나, 혹은 어떤 식으로든 재 시도하게 만든다. 화석화 현상(fossilization)은 황색등이나 적색등을 켜야 할 때 너무 많은 녹색들을 켠 결과 일 수 있다.

오류를 어떻게 다룰 것인가를 결정함에 있어 Vigil과 Oller의 모형이 주는 유익한 시사점은 인지적 피드백이 효과를 발휘하려면 적절한 수준이어야 한다는 것이다. 부정적인 인지적 피드백을 너무 과도하게 투입하면 즉, 잘못된 표현에 지나치게 간섭하고 교정하면, 그리고 지나치게 주의를 기울이면 학습자들이 의사소통 활동에 참여하지 않을 수 있다. 자신들의 표현에 오류가 너무 많다고 느끼게 되어 바르게 말할 수 있다는 희망을 상실해 버리는 것이다. 반면에, 긍정적인 인지적 피드백이 지나치면, 즉 오류를 교정해 주지 않고 지나치거나 이해하지 못해도 이해한 것처럼 화자를 안심시키면 학습자의 오류를 강화하게 된다. 그리고 결국 그러한 오류가 굳어져 궁극적으로 화석화될 것이다. 교사는 두 인지적 피드백 사이에 최적의 긴장이 유지되게 해야 한다. 즉, 의사소통이 계속 유지되도록 충분한 녹색등을 제공하되 결정적인 오류가 그냥 간과되게 해서는 안 되고, 또한 그러한 결정적 오류에 주의를 기울이게 할 만큼 충분한 적색등을 제공하되 학습자가 발화 시도를 포기할 정도가 되어서는 안된다.

여기서 Skinner가 말하는 작동적 조건화 학습 모형의 적용을 되새겨 보자. 정의적, 인지적 피드백은 학습자가 반응에 대한 강화자의 역할을 한다. 학습자들이 "긍적적인" 강화를 지각하게 되면 그들은 특정한 발화 패턴을 내재화하게 된다. 교정 피드백 역시 다음에서 보듯 Skinner학파의 관점에서 "긍정적" 일 수 있다. 오류 행위를 무시하는 것도 긍정적인 강화자의 역할을 할 수 있기 때문에 교사는 중립적 피드백이 초래할 수 있는 강화 작용을 주의 깊게 살펴보아야 한다. 교사가 절대로 해서는 안 될 것은 처벌적 강화-학습자가 정의적 적색등으로 인식하는 교정-인 비난, 비인간적인 학대, 모욕 등이다.

James Hendrickson(1980)은 오류 처치에 관한 실제적인 연구에서 오류를 총체적(global)인 것과 국부적(local)인 것으로 구분할 것을 제안하고 있다. 어떤 영어 학습자가 고풍이 감도는 유럽의 한 호텔을 묘사하면서 "There is a French window in every bedroom" 이라고 표현하였다. 이 경우 국부적 오류는 분명히, 그리고 유머러스하게 인식된다. Hendrickson에 의하면 국부적 오류는 청자가 그 메시지를 명확하게 굳이 고쳐줄 필요가 없다고 한다. 이에 비해 총체적 오류의 경우에는 메시지가 왜곡될 수 있기 때문에 어떤 식으로든 교정을 해주어야 한다. "The different city is another one in the another two"의 경우 문장 그대로는 뜻을 이해하기 어렵기 때문에 오류 교정을 필요로 한다. 하지만 총체적 오류인지 아니면 국부적 오류인지 구분이 불분명하 경우가 많아 교정 피드백의 투입 여부를 결정하기는 쉽지가 않다. 언제가 학습자가

"The grammar is the basement of every language"라는 글을 쓴 적이 있다. 기지가 넘치는 이 표현은 Chomsky 보다 더 Chomsky 답게 들리지만, 이 경우 교사는 학습자의 의도("basis"를 "basement"로 잘못 표기한 것이 분명함)를 확인하고 두 단어 사이의 차이를 분명히 해주는 피드백을 제공해줄 필요가 있다. 요컨대, 질식할 정도로 교정 피드백을 줌으로써 학습자의 발화 의지를 꺾는 일이 없도록 하면 될 것이다.

오류 처리 방식은 여러 가지로 분류될 수 있는데, 그 가운데 유용한 것으로 추천할 만한 것이 Kathleen Bailey(1985)의 분류법이다. 일곱 가지 "기본 선택 항목"이 여덟 가지 "가능한 특징"에 의해 보안되고 있다(Bailey 1985: 111).

| 기본 선택 항목 | 가능한 특징 |
|---|---|
| 1. 오류를 처치할 것인가 말 것인가 | 1. 오류사실 지적 |
| 2. 즉시 할 것인가 천천히 할 것인가 | 2. 오류의 구체적 내용 지적 |
| 3. 오류처지를 (다른 학습자에게 ) 전이시킬 것인가 말 것인가 | 3. 재시도 기회 제공<br>4. 모델 제시 |
| 4 .전이시켜 처치한다면 대상이 개인, 소집단, 전체학급 중 어느 곳인가 | 5. 오류 유형 지적<br>6. 교정법 제시 |
| 5. 오류 처치 후 오류 발생자에게 돌아갈 것인가 말 것인가 | 7. 개선 지적<br>8. 보상 제시 |
| 6. 다른 학습자가 오류 처지를 주도하도록 허용할 것인가 | |
| 7. 처치의 효과를 평가할 것인가 | |

위에서 기술한 기본 선택 항목과 가능한 특징은 모두 실제로 교실에서 적용 가능하다. 교사는 이를 항목과 관련하여 주어진 상황에 가장 적합한 결정을 내릴 수 있도록 경험을 통해 직관을 개발하고 이론적 기초를 확립해야 한다. 이러한 직관은 최적의 정의적, 인지적 피드백의 원리와 강화의 원리. 의사소통 언어교수의 원리를 바탕으로 개발될 수 있다.

## 8. 말하기 활동의 실례

### 1) 추측게임(Guessing Game)

추측게임을 특정 언어 요소를 반복하면서도 선천적인 언어사용을 하게 하여 학습자에게 생각할 여유와 흥미를 준다. 또한 생각을 하면서도 행운에 많이 의존하기 때문에 학습능력이 떨어지는 학습자도 적극적으로 참여 할 수 있다. Stick figure이용하는 방법, 플래쉬 카드를 이용하는 방법, 게임으로 표현한 동작을 추측하는 방법 등이 있다.

◉ 막대그림을 활용한 묻고 답하기

학생A: Is he running?
학생B: Yes or No.

학생A: Is he reading?
학생B: Yes or No.

학생A: Is he swimming?
학생B: Yes or No.

Stick figure의 활용

◉ 스무고개(Twenty Questions)

스무고개는 그룹 활동의 말하기 훈련으로 적당하다. 한 학생에게만 비밀정보를 주고 나머지 학생들이 영어로 질문하여 그 비밀정보를 맞추는 활동이다.

### 2) 정보 차 활동(Information Gap Activity)

정보의 공백을 활용한 의사소통 활동은 학생들에게 무엇을 말해야 할지 화제를 제공해 준다. 더욱이 이미 노출된 사실이 아니라 상대방이 알고 있는 것을 대화를 통해 알아내야 한다는 점에서 실생활의 의사소통과 유사함으로 흥미와 동기를 유발한다.

정보 공백 활동은 한 사람에게만 주어진 정보를 전달하는 과정을 포함한다. 가장 단순한 형태는 짝 활동(pair work)으로서 A 만 알고 있는 내용을 B 에게 전달하거나 서로가 가지고 있는 정보를 교환하는 것을 포함한다. 또한 가르치고자 하는 어휘와 구문에 따라서 적절한 과제를 선택하면 유의적 활동(meaning activity)이 될 수 있다.

그러나 이러한 정보 차 메우기 활동을 할 때, 주의할 점이 몇 가지 있다. 첫째, 학생들이 해야 할 과제를 정확하게 이해시킨다. 활동에 들어가기에 앞서 교사가 전체학생을 대상으로 시범으로 보이거나, 잘하는 학생들을 선정해서 시범을 보임으로써, 학생들이 어떻게 해야 하는지 충분히 이해할 수 있게 한다. 그렇지 않으면, 단순해 보이는 활동이라도 학생들이 이해를 못해서 시간을 낭비하는 경우가 종종 있다.

둘째, 그 활동을 하기 위해 필요한 기본구문을 자유롭게 사용할 수 있도록, 칠판에 간단한 그림 스케치를 하거나, 주어진 자료를 활용해서 짧은 문형 연습을 하면 학생들이 훨씬 더 자신 있게 짝 활동에 몰두하는 것을 볼 수 있다.

셋째, 기본학생들에게 적으로 필요한 어휘를 제공해 준다. 미리 핵심어휘를 제공해 주고, 활동이 진행되는 동안에는 교사는 모니터의 역할을 한다. 교실을 돌아다니며 질문을 답해주며, 문제가 있는 그룹은 보조를 해 준다. 또한 상대방에게 가진 정보를 누출하거나, 국어를 사용하지 않도록 주의 시킨다.

### ◉ 카탈로그 보고 주문하기

다음은 정보 차 활동으로 A, B 두 사람간의 카탈로그를 보고 한 사람은 주문하고 한 사람은 전화로 주문을 받아 양식에 기입하고 상대방에게 물어서 확인 한다.

자신의 역할이 최고 물산의 통신 판매원이라고 가정하고 본 학습 활동에 임하시오. 옆 친구가 손님의 역할을 합니다. 지금 손님이 회사의 상품 카탈로그를 보고 전화로 주문하려 합니다. 주문을 받아 아래 양식을 기입하고 손님에게 물어 정확한지 확인하시오. 친구의 학습지를 보지 마시오.

## 주 문 서

| 주 문 자: | 배 달 처(주문처와 다를 경우만 기입): |
|---|---|
| 주 소: | 주 소: |
| 우편번호: | 우편번호: |
| 전화번호: | 전화번호: |

| 물품번호 | 수량 | 색상 | 크기 | 비 고 | 단가 | 합계 |
|---|---|---|---|---|---|---|
| | | | | | | |
| | | | | | | |
| | | | | | | |
| | | | | | | |
| | | | | | | |
| | | | | | | |

지불방법

( ) 수표/ ( ) 비자 카드

우편환 ( ) 마스터 카드

카드번호:

유효기간:

| 구매 합계 | |
|---|---|
| 발송 제경비 | |
| 합 계 | |

유용한 표현

| | |
|---|---|
| 전화를 받을 때: | Hello, Best Wear Company |
| 정보를 요구할 때 : | What's The item number (or price)?<br>What color (or size) would you like? |
| 주문을 확인할 때 : | Did you say the item number<br>(or price or color or size) was....? |
| 전화를 끊을 때 : | Thank you for your order. Good-bye. |

(Brown 2001: 281)

● 개인정보조사(짝 활동)

다음은 개인 정보 조사 활동으로 A, B 두 사람 중 어느 한 사람이 질문하고 나머지 사람이 대답한 내용을 표에 기입하고 끝마친 뒤 교대하여 역할을 수행할 수 있다. 이는 말하기 훈련으로 좋은 활동이 될 수 있다

SURVEY ACTIVITY (Pair Work)

| | Me | My partner |
|---|---|---|
| ① Name | | |
| ② Age | | |
| ③ Address | | |
| ④ Hobbies | | |
| ⑤ Families | | |
| ⑥ Phone Number | | |
| ⑦ Favorite Food | | |
| ⑧ TV Program | | |
| ⑨ High School | | |

### 3) 그림위 내용을 보고 말하기(독백)

이 말하기 활동 유형은 상호 의사 교환 활동을 통한 말하기 활동이 아니라 혼자서 그림을 전체 학생에게 보여 주면서 제한된 시간 내에 독백 형태로 그림내용을 영어로 설명하는 활동이다

### 4) 이야기 그림 배열하기(Picture Story Sequence) 그룹 활동

여럿으로 된 일련의 그림을 잘라서 하나씩 주되 보여주지 않고 설명하게 한다. 그림 속에 무엇이 있으며 어떤 그림의 일부인지 말한다. 모두가 말 한 것을 듣고는 이야기를 구성하여 그림의 순서를 정한다. 모든 그룹이 끝났을 때에 대표가 자기 그룹의 이야기를 발표하여 어느 그룹의 이야기가 가장 재미있는지 점수를 줄 수도 있다. 여기서는 원본에 얼마만큼 가까운가가 중요한 것이 아니라 적극적인 참여와 창의성이 더 중요하다. 이 때 그림은 4-6개 정도가 가장 적당할 것이다.

### 5) 이야기 잇기 도미노(Picture Story Dominos)

말하기 활동으로 즉흥적 이야기를 꾸미도록 할 수 있다. 학습자의 언어수준에 따라서 초보적인 그림이나 실물을 하나씩 추가해 가면서 앞의 이야기와 연결하고 수준이

올라감에 따라 두 개씩 부가하여 이야기를 만들 게 할 수 있다. 그룹원이 일정한 수의 그림카드나 실물을 나누어 갖고 차례대로 한 장씩 내려놓으면서 옆 사람의 이야기를 이어가는 것이다. 이야기가 납득하기 어렵다고 생각되면 카드를 내려놓지 못하고 도로 가지고 가야하며 순번은 다음으로 넘어간다. 이렇게 하여 제일먼저 카드를 다 내려놓은 사람이나 그룹이 이기게 된다.

### 6) 기타 상호작용적 말하기 활동

위에서 언급한 활동이외에 상호작용적 말하기 활동으로는 역할극, 추측게임. 인터뷰, 문제해결 활동, 직소우 과업, 시뮬레이션, 토론 등이 있다.

# 5 읽기 지도

## 1. 읽기의 개념

읽기라는 말은 영어로 reading 또는 reading comprehension이란 용어로 사용되는데 문자를 통하여 전달되는 글을 보고 의미를 생각하여 처리하는 과정이므로 주로 눈과 두뇌 활동에 의존한다. 읽기란 글을 읽고 의미 이해의 단어를 추출하고, 그 단서와 자기가 이미 알고 있는 세상지식에 근거하여 예견하며 추측한 것을 검증하고 확인하여 다음 단계의 행동을 결정하는 활동을 말한다. 읽기의 개념은 '의미파악'에 두느냐 아니면 '음성분석'에 중점을 두느냐의 두 가지로 분류할 수 있다. 대체로 문자나 단어의 의미가 확인되었을 때 읽기라고 하는 경우가 많지만 학습자의 기초능력이 부족하여 의미 파악과는 별도로 문자 혹은 단어를 소리내어 읽는 경우도 읽기라고 할 수 있다

Dechant(1970)는 읽기를 단순히 문자기호를 인식하는 것 이상의 넓은 범위를 포함한다고 하였다. 곧 읽기는 단순히 문자화된 단어를 발음하는 능력이상을 의미하며, 단순히 의미를 얻는 것이 있고 의미를 스스로 끌어낸다는 것이다. 또한 읽기는 문자기호에 의해 나타난 언어로부터 의미를 재구성할 능동적인 과정이며, 이것은 마치 듣기가 음성언어의 음성기호로부터 의미를 재구성하는 것과 같은 원리로 보았다

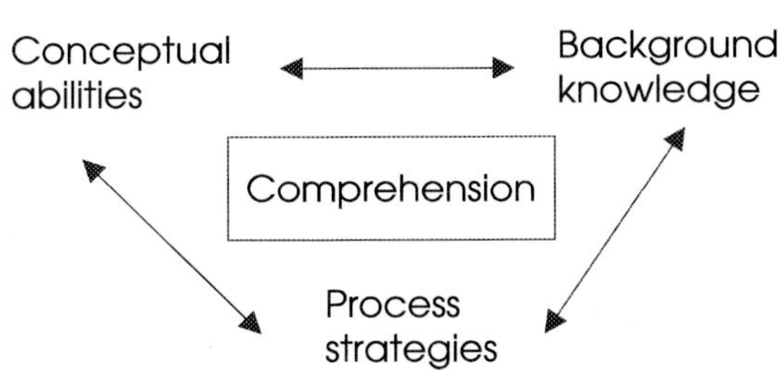

읽기 즉 독해력을 심리 언어학적인 측면에서 보면 text를 이해하는 데는 다음 몇 가지 필수요인들이 상호작용하고 있는데 이들은 고도의 개념적 능력(high-level conceptual abilities). 배경지식(background knowledge) 이해과정 전략(comprehension process strategies)이다. 이것의 상호 관계를 도식화하면 앞의 그림과 같다.

영어의 4 기능 중 speaking과 writing이 표현적 기능(expressive function)을 지닌 반면 reading과 hearing은 수용적 기능(receptive function)으로 보통 구분되지만 그렇다고 읽기는 결코 수동적인 것만은 아닌데 그것은 적극적 사고 과정을 수반하게 되기 때문이다. 같은 수동적 기능으로서 듣기와 읽기를 비교하면 듣기는 구어에 익숙하지 못할 경우 신경이 많이 쓰이고 불안한 상태에서 이루어지지만 읽기는 자신의 능력에 맞게 속도를 맞춰 가며 편안한 상태에서 활동이 이루어지는 것이 대조된다.

독해에 있어서 가장 중요한 기능이라면 두 가지로 요약할 수 있다. 그 하나는 얼마나 주어진 글을 빨리 읽을 수 있는가의 문제이며 또 다른 하나는 얼마나 정확히 잘 이해할 수 있는가와 연관되어 있다고 볼 수 있다. 독해력이 뛰어나다는 것은 이 두 가지 조건을 충족시킬 때 그렇게 얘기 할 수 있다.

과거에는 대부분의 한국 학생들은 영어의 독해력은 번역을 통해서 했다. 다시 말해 영어로 된 text를 소리 내어 읽든, 묵독을 하던 간에 자극(stimuli)이 영어로 주어졌다 해도 일단 번역을 통해 개념에 대한 파악은 한국어로 해 왔다. 독해력의 기능을 완전히 한국어의 독해방법과 요령을 빌려 영어를 독해해 나갔다고 할 수 있다. 이렇게 될 때 국어로 번역을 통해 잘못 이해되는 점이 많을 뿐 아니라 영어로 직접 이해가 되지 않기에 시간적 지체(time lag)가 생기게 되어 독해의 속도가 느림은 물론이고 시간이 갈수록 이것이 습관화되면 독해력의 발전은 기대하기 곤란하다. 처음부터 독해력의 지도에는 thinking in English의 과정을 통해 지도하는 것이 무엇보다 중요하다고 하겠다. 다시 말해 영어 → 국어 → 영어로의 과정이 아니라 영어 → 영어로 바로 이해하는 훈련이 무엇보다 중요하다.

## 2. 독해의 모형(과정)

### 1) 상향식 처리모형(Bottom-up Processing Model)

이 모형에서는 텍스트를 읽어나갈 때 언어적 측면을 강조하여 철자, 단어와 같은 언어의 작은 단위에서 시작하여 점점 큰 단위인 구와 절 그리고 문장, 단락의 순서로 의미를 해독(decoding) 한 후에 전체 글(text)을 이해하는 과정이다. 이 과정에서 읽기는 수동적인 활동에 지나지 않으며 귀납 과정, 자료지향 과정, 하위단계 과정, 직선형 과정, 해독 과정, 수동 과정 이라고도 한다.

이러한 독해방법은 정독이라고 할 수 있으며, 주로 저학년 수준에서 교사들이 사용하는 모형이라고 말할 수 있다. 한국의 교실 수업에서 독해를 지도할 방법이며 문법 번역식 교수법에서 주로 이용한다. 그러나 이러한 상향식 과정에는 기본어휘의 개념이나 문장의 기본구조를 이해시키는데 도움을 줄 수 있는 반면에 상급단계의 학습자에게는 빠른 시간 내에 많은 정보의 양을 이해시킬 수 없다. 그리고 상향처리과정 방식으로는 독해자료를 이해할 수 없는 경우가 있다는 단점이 있다. 이런 단점을 하향식 과정에서 보완해 준다.

### 2) 하향식 처리 모형(Top-down Processing Model)

이 과정에서는 학습자의 선험지식(previously acquired knowledge) 또는 배경지식(background knowledge)의 역할을 강조한다. 즉 독해는 독자의 인지구조 안에 저장된 사전지식이나 배경지식을 활용하여 저자의 의도, 및 주제파악, 내용 추측 등 거시적 개념을 주로 파악하는 것을 의미한다. 여기서는 독자의 예측(prediction)이나 추측(guessing)이 의미 파악에 중요한 역할을 한다. 만약 학습자가 인지구조 내에 독해자료를 이해할만한 충분한 사전지식이 결여되어 있을 때에는 독해자료를 이해할 수 없게 된다.

이 경우에 교사는 학습자에게 독해자료의 이해를 돕기 위한 사전 활동이 있어야한다. 예를 들면 독해내용과 관련된 그림이나 도표를 제시한다거나 내용에 관한 사전 질의-응답 식의 토의과정을 거치는 일 등이다. 하향식 과정에서는 상급단계의 학습자들에게 많은 정보자료를 빠른 시간 내에 다독시키는데 도움이 되는 독해 방식이라 할 수 있으며 우리나라 고등학교 상급학년에 이러한 독해방식이 절실히 요구되고 있다.

### 3) 상호작용 처리 모형(Interactive Processing Model)

독해과정은 Smith(1971)에 의하면 시각적 정보와 선험지식인 비 시각적 정보가 상호 작용하는 과정이라고 본다. 즉 상향식 처리과정이나 하향식 처리과정의 어느 한쪽으로 이루어지는 것이 아니고 독자와 text 사이에 일어나는 상호보완적 활동으로 보아야 한다는 이론이다.

영어 독해지도는 학습자의 수준에 따라서 그리고 독해내용에 따라서 그 방식이 달라질 수 있다. 독해수준이 초보이거나 낮은 경우에는 철저한 정독위주의 상향식 처리과정의 지도가 이루어져야 할 것이고 독해수준이 높고, 내용이 특수한 경우에는 학습자의 인지구조내의 사전지식을 활용해서 의미를 파악해야하기 때문에 하향식 처리 과정의 독해지도가 이루어져야 할 것이다. 따라서 교사는 여러 가지 학습 상황에 따라 두 가지 독해방식을 활용해야 한다는 이론이다.

## 3. 스키마 이론 (Schema Theory)

### 1) 스키마의 정의

읽기 활동에서 스키마의 역할에 관한 연구가 1980년대 이후에 많이 이루어져 왔다. 스키마 이론의 기본 원리중의 하나는 어떤 주어진 글 자체가 의미를 지니는 것이 아니라는 점이다. 오히려 글은 독자에게 방향을 제시해 줄뿐 배경지식을 토대로 독자는 의미를 구성한다는 것이다. 스키마의 이론가들은 독해능력이 읽기 기능의 차이에서 오는 것이라기보다는 사전지식에서 오는 것 이라고 보고 있다.

스키마는 우리말로 번역할 때 적절한 해당용어를 찾기가 어렵다. 일반적으로 번역된 용어로는 사전지식, 선험지식, 배경지식 등의 용어가 쓰이고 있다. 정길정(2002: 11)은 “친숙한 상황, 행동, 또는 일련의 사건 등과 같이 독자의 기억 속에 저장되어 있는 일반적 개념을 나타내는 지식구조”라고 정의하고 있다.

Gagne(1986)는 스키마를 “An organized body of knowledge, conceived theoretically as a set of center connected propositions centering a general concept, and linked peripherally with other concepts” 라고 말하고 있다. 이러한 정의에 따르면 스키마는 어떤 주제나 내용에 대한 통합된 지식구조를 말한다. 또 이러한 지식 구조는 수많은 하위 스키마를 갖고 있을 것이다. 스키마는 글에서 이해한 내용을 적합하게 만드는 틀을 형성 한다. 만약 글에 나타난 새로운 정보가 독자의 스키마와 일치하지 않으면 이해하지 못하거나 다르게 이해되며 새로운 사실에 맞도록 스키마가 수정되기도 한다. 이는 독자의 경험, 관점, 또는 문화적 특수성이 글의 해석에서 중요한 역할을 하고 있음을 의미한다.

스키마는 또한 거시적 구조(macro-structure)로 언급되기도 한다(Kintsch & van Dijk, 1978). 글은 구조적 측면에서 미시적 구조와 거시적 구조로 구분된다. 미시적 구조(micro – structure)는 각 명제의 구조나 다른 명제사이의 관계에 대한 구조이며, 거시적 구조는 보다 전반적인 글의 구조를 말한다. 독자는 거시적 구조에 대한 기존지식을 토대로 글을 이해한다. 만일 독자가 특정한 글에 대한 구조적 지식이 없다면 이해에 어려움을 겪게 될 것이다.

### 2) 스키마의 유형

#### (1) 형식 스키마(Formal Schema)

형식 스키마는 text의 유형에 따라 가지고 있는 형식적이고 수사학적이며 조직적 구조에 관한 지식을 말한다. 예를 들어 장르상의 차이(시, 소설, 연설문, 광고, 우화, 신문기사 등) 는 물론 이야기 구조, 과학 서적의 구조 등이 동일하게 구성되어 있지 않다. 예를 들어 신문시가는 6하 원칙에 의하여 전개되며, 우리는 이야기 문법에 맞는 특정한 구조를 취하고 일회가 연대기적 순서로 전개된다. 한편 설명문(expository paragraph)은 과정, 안과관계, 대조 및 비교, 종합, 분석 등 여러 형식으로 엮어져 있다.  쉽게 말해 형식 스키마는 글의 구조에 대한 지식으로서 글의 주제나 내용에 따른 특정 유형의 조직 형태를 말한다.

이것은 곧 담화능력(discourse competence)과 관련지어 생각할 수 있다. 담화능력은 단일 문장과 관련된 것이 아니고 유의적 전체를 형성키 위하여 문장들의 결합 또는 발화의 결합과 관계가 있다. 담화구조에 대한 지식이 바로 형식 스키마에 해당된다. 글의 구조는 학자에 따라 서로 다른 용어와 범주로 구분되는데 글의 구조를 지칭하는 용어와 text organization, discourse structure, rhetorical structure 등이 있다.

#### (2) 내용 스키마(Content Schema)

내용 스키마는 각 개인의 두뇌 속에 장기 기억으로서 경험 전체에 대한 개념을 지칭하는 것으로 형식 스키마를 하나의 골격(skeleton) 이라고 한다면 내용 스키마는 핵심어에 해당된다. 즉 내용 스키마는 사물, 사건, 상황에 대한 배경 지식이나 예측(expectation)을 가리킨다. Carrell & Eisterhold(1983)는 선험지식 즉 배경지식을 아래의 두 가지로 구분하고 그 개념을 소개하고 있다.

❶ Content schemata: relating to one's background knowledge and expectation about objects, events and situations

❷ Formal schemata: relating to one's knowledge of the rhetorical or discourse structure of different types of texts.

이를테면 독자의 어휘 지식만으로 text의 해독에 충분치 못하다. 학습자의 배경지식의 예로서 문화적 특수성이 될 수 있다. 예를 들어, 미식축구, 결혼 풍습, 추수 감사절 같은 주제의 경우에는 문화적 요인이 제 2 언어 학습자나 외국어 학습자에겐 독해에 중심적 역할을 한다. 이러한 문화적 사전 지식 없이는 글을 대할 때 이해가 쉽지 않다. 즉 언어적 정보만으로는 독자가 갖고 있는 적절한 스키마에 접근하는데 실패하여 단락의 전반적 의미를 끌어내는데 어려움을 겪게 된다. 그러나 글의 내용이 '세탁'과 관련되어 있다는 사실을 알게 되면 이해가 되지 않았던 답을 부분이 해결된다. 예를 들어, procedure는 '세탁 절차'로 things는 '세탁물'로, pile은 빨래더미로, facilities는 세탁기나 건조기 등으로 구체화된다.

## 4. 읽기 지도상의 원칙

Brown(2001: 313-316)은 상호작용의 특성을 지난 읽기 지도방법을 고안하는 원칙 여덟 가지를 들고 있는데 그것들은 간략히 요약하면 아래와 같다.

❶ In an interactive curriculum, make sure that you don't overlook the importance of specific instruction in reading skills.

학생들은 다양한 읽기 활동을 통하여 자연스럽게 언어를 습득할 기회가 주어지게 된다. 따라서 상호 작용을 기반으로 하는 교과과정에서 교사는 특정한 읽기 기술(reading skill)을 지도하는 데 시간을 할애하여 학생들의 읽기 능력이 향상되도록 유의하여야 한다.

❷ Techniques should be intrinsically motivating.

이것은 여러 가지 지도 방법의 원칙 중에서도 중요한 부분이라고 여겨지는데 이는 학생들이 스스로 배우고자 하는 내적 동기가 없다면 아무리 훌륭한 교재와 교수 방법을 준비하였다 하여도 소용없게 되기 때문이다. 따라서 학생들의 실생활(real life)과 밀접한 관계가 있고 도움을 줄 수 있는 교재를 사용하도록 해야 한다.

❸ Techniques should utilize authentic language and contexts.

지도 방법은 참 언어(authentic language)를 사용하도록 한다. 편집되거나 단순화된 지문은 원래의 참 언어가 지니고 있는 자연스런 잉여성(redundancy), 유머, 재치 등과 같은 요소들을 없애버리는 경향이 있기 때문이라고 말한다.

❹ Encourage the development of reading strategies.

다양한 읽기 지도 책략을 사용하도록 유도한다.

❺ Include both bottom-up and top-down techniques.

수업에서 의사소통을 위한 활동을 하려면 글의 전반적인 내용을 다루는 하향 과정 모형과 세부적인 내용을 다루는 상향 과정 모형을 상호 병행해가면서 사용하도록 한다.

❻ Follow the "SQ3R" sequence.

텍스트를 읽는데 효과적인 일련의 과정은 SQ3R 이라고 불리는 5단계로 이루어지는 절차를 밟는 것이 효과적이다.

i ) 조사(Survey): 중심 사상(main idea)을 개관하기 위해 본문을 대충 훑어본다.
ii ) 질문(Question): 독자는 자신이 본문에서 얻고자 하는 것에 대해 질문한다.
iii ) 읽는다(Read): 미리 형식화된 질문들에 대한 답을 찾으면서 본문을 읽는다.
iv ) 암송한다(Recite): 구어나 문어를 통해서 본문의 두드러진 요점을 재처리한다.
v ) 검토한다(Review): 방금 읽은 것의 중요성을 평가하고 그것을 장기간의 연상에 통합시킨다.

❼ Consider subdividing your techniques.

자신이 가진 기술을 읽기 전, 읽기 중, 읽기 후로 구분해서 검토해 본다.
읽기 전: 제목을 소개하고, 스키마를 대강 훑어보고 활성화 시키도록 격려한다.
읽기 중: 주의해야 할 사항, 수사학적 장치 여부, 읽기에 대한 목적의식 고취
읽기 후: 저자의 의도 확인, 저자의 사고과정 토론하기, 문법구조 검토하기, 쓰기연습

❽ Build in some evaluative aspect to your techniques.

지도에 학생들의 이해 능력이나 읽기 능력 발달의 정도를 정확하게 측정하도록 한다. 이것을 위한 활동으로 Brown은 9가지를 제시하고 있다.

❶ doing – the reader responds physically to a command.
❷ choosing – the reader selects from alternatives posed orally or in writing.
❸ transferring – the reader summarizes orally what is read.
❹ answering – the reader answers questions about the message.
❺ condensing – the reader outlines or takes notes on a passage.
❻ extending – the reader provides an ending to a story.
❼ duplicating – the reader translates the message into the native language copies it (beginning level, for very short passages only).
❽ modeling – the reader puts together a toy, for example, after reading directions for assembly.
❾ conversing – the reader engages in a conversation that indicates appropriate processing of information.

## 5. 읽기 지도의 단계

읽기 지도의 단계는 읽기 전 단계(pre-reading phase), 읽기 중 단계(while-reading phase) 그리고 읽기 후 단계(post-reading phase)로 구분한다.

### 1) 읽기 전 단계(pre-reading phase)

읽기 전 단계의 목적은 학습자로 하여금 본문을 읽고 싶어 하도록 동기를 부여하거나 그 주제에 대한 배경지식을 활용하도록 돕거나, 본문을 읽는데 필요한 언어적 준비를 다소 갖추도록 하는데 있다. 즉 한 마디로 말하자면 본문을 읽기 전에 본문의 이해를 돕기 위해 이루어지는 사전 활동이라고 할 수 있다.

읽기 전 단계에서 어떤 활동이 적합할 것인가를 결정하는 데는 텍스트의 난이도가 고려해야할 중요한 요소인데 여기에는 언어적 난이도(linguistic difficult)와 개념적 난이도(conceptual difficult)가 있다. 그래서 각 상황에 적합한 읽기 전 활동을 선정하고 고안하는 것은 교사의 몫이라 할 수 있다. 읽기 전 활동으로는 다음과 같은 것들이 보통 도입된다.

◉ 읽기 전 활동( Pre-reading Activities)

| ◦글의 내용과 관련된 정보를 제공하여 독자의 스키마를 활성화 시킨다. |
|---|

- Looking pictures and talking about them
- Looking at the title
- Predicting and making lists of possibilities
- Informal teacher talk about the topic
- Pre-question about the topic
- Scanning and skimming
- Talking about the culture difference
- 제목만 보고 내용 추측하기
- 질문제시를 통한 토론으로 선험지식 활성화하기
- 본문과 연관 있는 오디오, 비디오의 활용
- 단어와 문법 설명
- 글의 구조적 패턴 파악 - 개요 메우기 활동

| | then | now |
|---|---|---|
| size of family | extended family | |
| role of husband & wife | separate | |
| practice of marriage | | transient, temporary |

### 2) 읽기 중 단계(While-reading Phase)

읽기 중 단계는 읽기의 본 활동 단계로서 학습자가 배경지식과 언어능력 및 다양한 읽기 책략(reading strategies)을 동원하여 텍스트의 구체적 내용을 이해하고 텍스트의 수사 구조(rhetorical structure)를 파악하는데 목적이 있다.

읽기 중 활동은 텍스트의 주제, 목적, 분위기, 어조, 짜임새 등 텍스트의 전반적인 골격을 파악하는 활동과 문서의 세부내용을 파악하거나 추론하는 활동 등 크게 두 가지 부류로 구분 할 수 있으며 그 구체적 내용은 다음과 같다.

읽기 중 활동의 분류

| 읽기 중 활동 | |
|---|---|
| 문서의 전반적인 골격을 파악하는 활동 | 문서의 세부 내용을 파악하거나 추론하는 활동 |
| - 첫 문단을 읽고 문서의 목적 파악하기<br>- 훑어보고 문서의 요지, 분위기, 출처 등 파악하기<br>- 문단 나누기<br>- 요약 완성하기 | - 각 문단의 내용에 비추어 주어진 진술의 진위 파악하기<br>- 문서에 언급된 구체적 정보 파악하기<br>- 문서의 요약 중에서 틀린 부분 찾기<br>- 사실과 견해 구분하기<br>- 문서의 내용에 따라 도표 완성하기 |

읽기 전 단계에서는 학습자의 스키마를 이용하여 학습동기를 유발하는 것이 가장 중요한 과제였지만 이 단계에서는 선행활동 단계에서 얻은 여러 새로운 배경지식과 학습동기를 가지고 본격적으로 읽기 수업에 임하게 된다.

읽기 중 활동을 선행 할 때는 처리해야 할 정보의 양(text의 길이), 활동 목적의 명확성, 성공 가능성, 문서의 특징(난이도, 문서유형), 학습자의 요구(활동 선호도, 학습자 유형 등)가 고려되어야 한다.

● 읽기 중 활동(While-reading Activities)

| 자연스러운 읽기 과정이 이루어지도록 유도한다. |
|---|

- Silent reading
- Guessing the unknown words in context
- Understanding the text organization
- Checking predictions
- Attention to the discourse makers
- Seeking specific informations
- 개요(outline) 만들기 작성-문서의 내용에 따라 도표 완성하기
- 주제, 목적, 분위기 파악
- 문단 나누기

### 3) 읽기 후 단계 (Post-reading Activities)

읽기 후 단계에서는 읽은 텍스트의 내용을 이해하고 있는지 점검한다든지 자신이 읽은 내용에 대해 개인적 반응을 말이나 글로 표현하여 적용하거나 복습하는 활동 등이 포함된다.

● 읽기 후 활동 ( Post-reading Activities)

| 글에 대한 이해를 확인하거나 심도 있는 이해 또는 차시 읽기 학습에 필요하다고 예측되는 내용을 지도한다. |
|---|

- Comprehension Check-up question
- Retelling the story
- Working with pictures
- Word expansion(문서 내의 동의어, 반의어, 상 하위어, 접두사, 접미사를 통해 낱말의미 파악)
- Structure & Phrases
- Finding the details
- Summarizing
- Discussion(필자의 논리 전개 방식의 적절성에 대한)
- 문서의 내용에 대한 개인적 반응을 말이나 글로 표현하기
- 읽은 문서의 내용과 일치하지 않은 사항 고르기(육성, 테이프)
- 쓰기 과제물, 역할극 등

## 6. 독해력 향상 관련 요소

### 1) 읽기 속도

훌륭한 독자라고 한다면 어떤 text를 가지고 완벽하게 이해함은 물론 빠른 속도로 이해하는 능력을 가진 사람이라고 할 수 있다. 읽기의 속도에 영향을 미치는 중요한 요인을 들면 어휘 숙지, 안구 운동, 음성화, 낱말 가리키기 등을 들 수 있는데 어휘 숙지(word recognition)에 있어서는 낱말을 빨리 정확히 인지하고 있어야 한다. 이를테면

중학교 3학년 학생이 고등학교 3학년 수준의 어휘가 빈번히 나타나는 text의 자료를 접할 경우 제대로 빨리 읽어 내리기는 어렵다. 어휘는 자신의 수준에 맞는 난이도를 갖는 어휘로 구성된 reading material 이라야 한다. 읽기 속도를 증가시키기 위해 고려해야 할 사항이 바로 안구 운동이다. 독자의 안구는 일련의 리듬을 이루며 자연스럽게 움직여 나가야 하며 행을 바꾸어 읽을 때 행의 말미에서 다음 행의 첫 부분으로 안구 이동이 정확하고 동시에 민첩하게 이동하는 것을 훈련해야 한다.

독해에 있어서 음독은 묵독보다 속도 면에서 느리다. 독서 시에 각 낱말을 소리 내어 낭독하거나 가벼운 입술의 음성조차도 묵독의 속도에 장애를 가져다주게 된다. 이 같은 문자의 음성화를 수반한 독해 습관은 장애가 되므로 가급적 초급 수준을 제외하고 피해야 함이 좋다.

소리 내어 읽는 것 뿐 아니라 독서 시에 각 단어 하나하나를 손가락이나 연필로 지적해 가면서 읽어 나가는 습관을 들 수 있는데 이 역시 읽기 학습의 초기를 제외하고 피해야 한다. 그러한 습관이 굳어지게 되면 눈으로 신속히 읽어 내려가기보다 가리키는 데 더 신경을 쓰게 되고 시간이 지체되기 때문이다.

또한 읽기 속도를 증가시켜 나가기 위해서는 주어진 글의 각 행을 읽어 나갈 때 시야를 넓혀 낱말 군 단위로 쓸어서(sweep) 읽어 가도록 해야 한다. 읽기 속도의 느린 독자와 빠른 독자의 차이를 보면 전자는 낱말을 하나하나 씩 읽거나 매우 작은 단위로 나누어 읽어 나가는데 반하여 후자는 각 행에서 서로 밀접하게 연관된 여러 개의 낱말을 한 단위로 훑어 읽어 지나간다. 즉, 속독을 하는 독자는 후자처럼 낱말 하나하나를 읽는 것이 아니라 의미 단락(sense group) 즉, 사고 단위(thought group)를 추적하며 읽게 된다. 이를테면 책을 읽어 나가는데 3가지 유형의 독자를 들 수 있다.

〈속도가 느린 독자〉

| Being | able | to | read | by | phrases | instead | of |
|---|---|---|---|---|---|---|---|
| by | single | words | result | from | practice | | |

〈보통의 속도인 독자〉

| Being able | to read | by phrases | instead of |
|---|---|---|---|
| by single words | results from practice. | | |

〈속도가 빠른 독자〉

| Being able to read by phrases | instead of by single words |
|---|---|
| results from practice | |

그리고 학생들이 글을 읽을 때 빨리 읽으려는 심적 태도를 취해 나가는 것이 중요하다. 예를 들어 길을 걸어갈 때 평소에 늘 천천히 걸으면 그 같은 느린 속도로 걷는 습관이 붙기 마련이다. 읽기에 있어서도 꼭 마찬가지로 의식적으로 보다 빨리 읽으려고 노력하여 심적 태도를 그런 형태로 계속 훈련해 나가면 속독이 가능해진다. 심적 보조(mental pace)에 방해되는 신체적 동작 -입술 움직이기, 머리 움직이기, 손가락 집기-은 가급적 버리는 것이 좋다.

속독을 개발해 나가기 위해 일반적으로 고려해야 할 중요한 사항은 다음과 같다.

i ) 읽기 속도는 독자의 목적과 text의 종류, 난이도에 따라 변화가 필요하다. 예를 들어 학술논문 초록 같은 경우는 속도를 늦추어 정독해야 하지만 기행문 같은 경우는 정독할 필요는 없다.

ii) 교사와 학생은 읽기 속도 향상을 위한 분명한 목표 설정이 필요하다.

iii) 읽기 속도는 학생 능력에 따라 개인차를 인정해야 한다.

iv) 읽기 속도 능력의 개발은 훈련에 의해 얼마든지 가능하다.

### 2) 훑어 읽기(Skimming, Scanning)

훑어 읽기는 주로 영어로 된 어떤 글의 주제를 파악하거나 전체적인 내용의 흐름을 개괄적으로 알기 위해 실시하는 경우와 문단이나 글 안에서 특정 정보를 발견하기 위해 사용하는 경우가 대부분이다. skimming은 전자의 경우에 해당되며 scanning은 후자에 해당된다. 특정 정보라면 예를 들어 인물, 연대, 날짜, 장소, 전화번호 등과 같은 것이다. skimming이 글의 줄거리나 활자화 된 것을 대부분 훑어보는 반면 scanning은 특정 내용을 빨리 찾아 그것을 중점적으로 읽고 내용을 파악한다. 그러나 이 두 가지 훈련은 글을 빨리 읽는 훈련인 것은 공통점이다.

훑어 읽기를 위해서는 우선 학생 자신이 심리적 속도(mental tempo)를 의식하는 가운데 증가시키도록 노력해야 하며 안구의 이동의 훈련도 필요하다. 안구의 움직임이 보통 어느 한 행 끝에서 다음 행 처음으로 옮겨가는 경우가 보통이다. 훑어 읽기 경우에는 때에 따라 각 행의 일부분, 또는 수직적으로 건너 뛰어가는 경우가 필요하다. 훑어 읽기에 사용되는 중요한 몇 가지 기법을 소개하면 아래와 같다.

① 영어 교과서나 또는 다른 읽기 자료의 일부분을 지정하여 주고 정해진 짧은 시간 내에 훑어 읽기를 하도록 한 후 글 속에 담겨진 주제를 쓰거나 요약해서 말해 보도록 한다.
② 문단 가운데 주제문(topic sentence)에 주의를 기울이도록 한다. 주제문은 보통 문단의 첫 행이 되는 경우가 많으며 전체적인 단락의 내용을 이해하는 데 큰 도움이 되기 때문이다.
③ 학생들에게 짧은 길이의 글을 제시하고 훑어 읽기를 통해 주어진 질문에 대한 답을 찾도록 하는 훈련이 중요하다. 예를 들어 Lincoin이나 덕수궁에 관해 소개한 문단의 글을 제시하고 "What did say about democracy?"나 "When was Deoksu palace built?" 등의 질문을 할 수 있다.
④ 주어진 글을 제한된 시간 내에 읽도록 하고 그 글의 내용에 관한 여러 개의 기준이 된 문장을 제시하고 T/F(True/False)로 답하게 한다.
⑤ 학생들에게 주어진 글의 주제를 파악토록 한다. 이 경우에는 주제를 말해 보도록 하거나 써 보도록 할 수도 있고 주제가 어느 곳에 위치해 있는지 또는 직접적으로 언급되어 있는지 암시적으로 언급되었는지 물어 볼 수 있다.

### 3) 논리 전개 구조의 파악

논리력의 중요한 또 하나의 요소로서 논리 구조를 파악하는 능력이 요구된다. 즉, 문단의 구성 형태(paragraph pattern), 연결사(connective) 및 문화적 사고 유형(cultural thought pattern) 등을 숙지 할 필요가 있다.

문단은 보통 그 내용에서 중요한 문장과 덜 중요한 내용으로 구성되기 마련이다. 이들 사이의 상호 관련성을 파악하는 능력은 독해력 신장에 중요한 역할을 한다.

Maryer & Freedle (1984: 442-445)에 의하면 문단의 구성 형태는 ⅰ)수집(collection), ⅱ)기술(description), ⅲ)인과관계(causation), ⅳ)문제/해결(problem/solving), ⅴ)비교(comparison)의 5가지로 구분하는데 저자가 어떤 식으로 글을 전개하는가 하는 것을 파악하는 것이 저자의 의도를 알아내는 데 큰 도움이 된다. 논리 전개의 구조 파악에 도움이 되는 실제적 기법은 다음과 같은 것이 있다.

① 연결사의 기능을 알고 이것을 통해 연결사 앞뒤 글의 내용을 연관시키며 전체적 내용 전개를 파악케 한다. 연결사의 4가지 구체적인 유형은 아래와 같다.

결과(result): therefore, thus, so, after all, consequently, accordingly, hence

대조(contrast): nevertheless, however, but, still

첨가(addition): furthermore, in addition(to), moreover

시간적 순서(time sequence): first, second, then, next, lastly, at least, finally

② 문단의 내용상 구조 형태를 인지하는 연습을 한다.

③ 글의 윤곽을 요점과 제목으로 나누어 표현토록 하는 연습을 한다.

④ 학생들에게 주제를 파악토록 하는 연습을 시킨다. 이를테면 주제가 있는 단락의 위치를 찾는다거나, 주제가 직접 언급되어 있는지 간접적으로 언급되어 있는지 얘기해 보게 할 수 있다. 그리고 주제가 전개될 때 시간적 순서에 따라 되어 있는가, 아니면 비교 혹은 대조식으로 되어있는가 하는 것이다. 이것은 앞서 훑어 읽기 기법에서도 소개된 바 있는데 여기서 재론하는 것도 주제 파악이 글의 논리 구조와 직결되어 있기 때문이다. 주제를 표현할 때 예를 들어 10자 이내로 적어 보도록 유도할 수 있다.

⑤ 주제문(topic sentence)을 찾도록 연습한다. 교과서에 수록된 설명적인 글에서는 주제가 직접 주제문으로 나타나는 것이 보통이며 통계적으로 볼 때 주제문은 문단의 처음이나 마지막에 주로 언급되는 경향이 있으며 이 주제문이 문단의 핵심이라고 할 수 있고 그것은 여러 문장을 한데 결집시킨다.

### 4) 통사 구조의 파악

한국의 중·고등학교 영어 수업에서는 지금까지 문법, 통사 구조를 가르치는데 많은 시간을 부여하고 비중을 두어 온 게 사실이다. 독해력의 증진에 있어서는 이 부분을 너무 앞서 든 세 가지 보다 지나치게 강조해서는 안 되지만 필요 없다고 무시해서도 안 된다. 문장의 종류, 형태, 문내에서 구문 관계를 정확히 이해 못하게 되면 학생들은 의미를 잘못 파악하게 되는 오류를 범할 수 있기에 통사 구조의 파악에 체계적인 지도 연습이 중요하다. 통사 구조 파악에서 오류를 범하기 쉽거나 독해에 장애가 되고 있는 통사적 요서의 일반적인 예를 지시하면 다음과 같은 것들을 들 수 있다.

① 대명사의 지시(pro-nominal reference)

대명사가 문단 내에서 어떤 명사, 명사구 또는 내용에 해당하는 선행사를 가리키는지 얘기해 보게 한다.

② 제한적인 절과 비 제한적인 절의 차이

③ 삽입적 표현의 식별

④ 생략된 관계절( reduced relative clause)에 대한 이해

⑤ 분사 구문이 포함된 문에서 주절과 종속절의 관계

⑥ 문의 종류에 관한 식별

⑦ 구두점에 관한 올바른 인식

⑧ 소유격의 여러 가지 의미적 역할

## 7. 읽기 지도상의 일반적인 고려 점

1) text에 새로 나온 어휘의 수와 난이도가 읽는 학생의 수준에 맞게 고려되어야 한다. 어휘의 수준이 너무 높으면 읽어내는데 독자의 생각의 흐름이 자주 중단되며 문장 간의 관련성을 파악하는데 부담을 주게 된다.
2) 입문기 읽기 지도에서는 spelling을 정확하게 기억토록 강요치 말아야한다.
3) word 단위보다는 더 큰 단위인 thought group 이나 sense group 또는 문장 단위로 연습시켜야 한다.
4) 학습자의 심리와 환경에 적합한 말이나 평언으로써 흥미를 불러 일으켜 reading의 동기를 조성해주는 것이 필요하다.
5) 난해한 sentence는 사전에 제시하여 다루어 주는 것이 좋다.
6) 그 나라의 문화적 배경을 이해하도록 언급해 주어야 한다.
7) 질문, 번역, 요약 등의 test를 통해 내용 이해 여부가 확인되어야 한다.
8) 읽을 때 정신적 속도감을 증가시키도록 제한 시간 내에 전체 의미를 파악토록 하는 훈련이 필요하다.

# 6 쓰기 지도

## 1. 쓰기의 개념 - Writing과 Composition

언어의 기능을 이해를 통한 수용적 기능(receptive function)과 자신의 생각을 나타내는 표현적 기능(expressive function)으로 크게 분류한다면 쓰기는 발표력을 기르는 학습 행동에 해당된다. 또한 언어를 습득하는데 있어서 듣기, 말하기가 제 1차적인 과정인 데 비해 읽기와 쓰기는 듣기, 말하기가 상당히 진행된 후에 이루어지는 것이 일반적이다. 이를테면 초등학교 취학 전에 아동은 이미 남의 얘기를 듣고 말하기도 한다. 그러나 대개는 학교에 들어가서 글자를 보고 읽어 보기도 하며 써 보게 되는 것이다. 쓰기란 언어를 표현하는 문자라는 수단에 의하여 타인에게 필자의 의사를 전달하는 행위이다. 따라서 글자를 베낀다거나 써보는 것은 쉬우나 자기의 생각이나 느낌을 글로 표현한다는 것은 얼마나 어려운가 알 수 있다. 그래서 흔히 구조주의 언어학자들은 4기능 중 쓰기 기능을 맨 나중에 지도해야 된다고 얘기하고 있다. 쓰기 기능을 일컬을 때 문자로 결합된 글을 옮겨 쓰는 것을 뜻하지는 않는다. 그러므로 쓰기를 처음 시작할 때 글자를 써 보는 것부터 시작한다면 여기서 쓰기는 자기의 의사를 자기의 글로 표현하는 것이며 일관성을 가지고 조직적으로 글을 쓰는 것이기에 writing하는 것이 아니라 composing 하는 것을 근본적으로 의미한다.

그러면 writing과 composition은 어떤 차이점이 있는가? Writing은 문자의 결합을 이용하여 어떤 평면 위에 표시하는 행위로서 writing에 속하는 구체적 활동으로서는 철자쓰기(hand writing), 단어 철자 쓰기(spelling), 어형 변화(morphological ending), 문장구조 조직, 구두점, 문의 전환, 담화 조직 등이 해당된다. 그러나 composition이라고 하면 위와 같은 기초적 활동을 바탕으로 하여 특별한 어휘와 보다 세련된 구조를 통해 문학적으로나 조직적으로 자기 자신을 표현할 수 있는 단계를 가져야 한다. 우리가 일반적으로 text를 구성할 때는 하나의 문장이다. 아무런 연관이 없는 많은 문장을 그저 모아 놓은 것이 아니다. 특별한 순서와 조직에 의해서 일련의 문장을 연결시키기에 일관성(cohesion)이 있기 마련이다. composition과 writing의 양자의 관계는 소위 변형 문법에서 Chomsky가 일컫는 competence와 performance의 관계와도 유사하다고 볼 수 있다. Bracy(1971)는 writing을 통제된 어떤 것(anything free)으로 보는가 하면 또한 Arapoff(1967)는 writing을 경험의 의도적 선택과 조직으로 보고 composition을 특별한 상황에서 언어를 사용할 줄 아는 기술이라고 본다. 그러나 상당수의 학자들은 두 개념을 구분 없이 혼동해서 쓰고 있는 경우가 사실이며 writing은 composition을 포함한 포괄적 개념으로 보는 경우도 있는 게 사실이다. 일반적으로 볼 때는 composition은 writing을 기초로서 이루어지는 보다 높은 단계의 쓰기 활동이란 것이라고 보면 되겠다.

## 2. 쓰기의 구성요인

쓰기 구성 요인 (Raimes, 1983: 5)

Producing a Piece of Writing

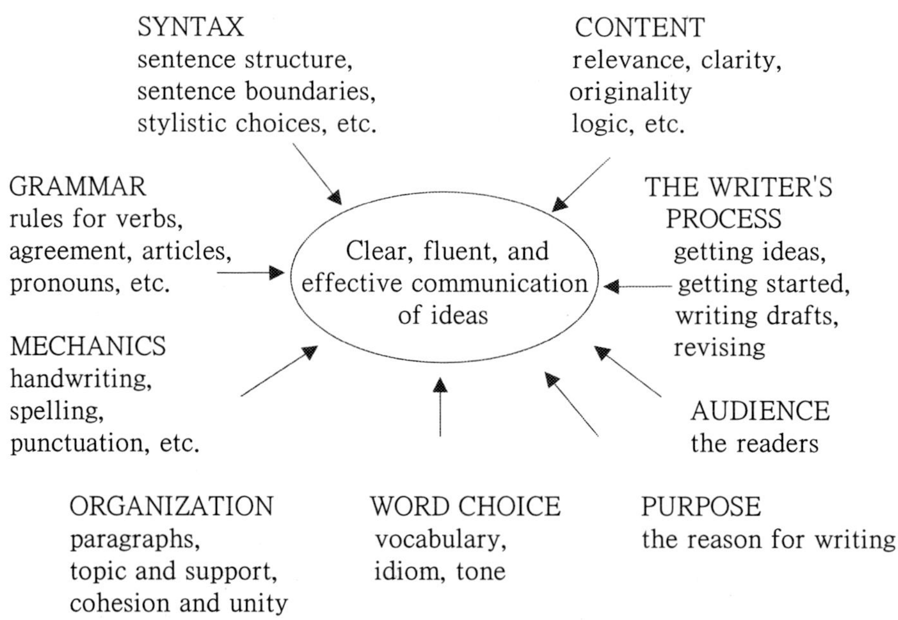

쓰기에는 어떤 능력이 필요한가, 무엇이 쓰기에서 가장 중요한 요인인가에 대한 대답은 매우 다양하다. 다시 말해 쓰기에서 구체적으로 다루어야 할 영역이 상당히 다양하고 복잡할 수 있으며 그 방법이 어느 영역, 요인을 강조하느냐에 따라 다루어야 할 영역은 달라질 수밖에 없으며 전반적으로 지도하기란 그리 쉽지 않다고 볼 수 있다. Raimes(1983: 5)는 하나의 글을 완성하는 데에 관련되는 요인을 9가지로 보는데, 이는 내용, 구성(조직), 문법, 구문, 어휘, 맞춤법, 과정, 독자, 목적이다.

## 3. 쓰기 학습의 특징

쓰기는 문자언어 기능이면서 표현기능에 익숙하기 때문에 일반적으로 언어의 네 가지 기능 중 가장 나중에 접하게 되는 기능이기에 그만큼 어려운 것으로 여겨진다. 이와 같이 쓰기가 어렵게 여겨지는 이유를 쓰기의 특성과 연관해서 살펴보면 다음과 같다.(김정렬 2002: 189-191)

① 의미 전달이 전적으로 문자에만 의존되어 일어난다.

말을 할 때에는 언어 이외에도 의미 이해를 도울 수 있는 억양, 음색, 음조, 그리고 얼굴 표정과 제스처 등을 병행할 수 있지만 쓰기에서는 그렇지 못하다. 따라서 어휘와 어법을 이해하지 못하고는 이해가기가 쉽지 않다.

② 글은 읽을 대상이 한정적이지 않다.

글쓰기의 어려움 중에 하나는 독자와의 거리를 극복하는 것이다. 말을 할 때에는 대부분의 경우 눈앞에 있는 대상을 보고 그들과 직접적인 관계가 있는 내용을 말하게 된다. 그러나 글을 쓸 때에는 대상이 불분명할 뿐 아니라 특정 대상에게 쓴다고 하여도 직접 눈앞에 있지 않기 때문에 무슨 내용을 어떻게 써야 되는지 쉽지 않다. 특히 어린이의 경우는 here-and-now의 원칙에 지배되는데 글은 이 원칙에서 벗어나 이해하기에 어려움을 주게 될 것이다. 따라서 쓰기에서도 학습자의 직접적인 관심 사항에 관해 쓰게 해야 할 것이다.

③ 기능을 숙달하는 데 많은 시간을 요한다.

문자 언어는 소리 이외의 문자를 익혀야 하는 부담이 있다. 영어 자모 자체의 체계와 구두법을 익히고 소리와의 관계를 익혀야 한다. 비록 모국어일지라도 네 가지 기능 중에서 쓰기를 어려워하는 학습자가 많은 것도 이 때문이다.

④ 외국어로서의 쓰기는 내용보다 형태의 정확성에 치중되기 쉽다.

글쓰기는 어떤 내용을 어떻게 전개하느냐가 중요한데, 외국어로서의 쓰기에서는 철자, 어휘, 문법, 구두점, 필체 등 형식적인 잘못을 지적하고 고치는 것으로 일관되기 쉬어 흥미를 주지 못한다. 따라서 초기부터 쓰기 지도에서 어느 정도 내용에 입각하여 의미 있는 글을 쓸 기회를 주고 문법적인 오류는 간접적으로 수정함으로써 쓰기에 대한 흥미를 높여주어야 한다.

⑤ 오류가 영구히 남는다.

글은 문자화되어서 필자의 손을 떠나 독자에게 도달하면 수정할 수도, 명료화할 수도, 철회할 수도 없이 영구히 그 상태로 남게 된다. 이런 사실로 많은 사람들이 글쓰기를 두려워한다. 따라서 학습자가 글을 써서 교사나 동료에게 내어좋기 전에는 충분히 검토할 수 있는 기회를 주어 쓰기에 자신감을 길러 주어야 할 것이다.

⑥ 문자 언어는 단위 문장에 많은 정보를 내포한다.

글을 쓸 때에는 많은 시간을 소요하는 만큼 내용 구성이 논리적이고 체계적이 된다. 따라서 내용의 반복을 줄이고 필요한 정보만을 전달하기 때문에 이해하기 어려울 수도 있다. 그래서 초보 학습자들에게는 음성 언어를 보조하는 수준에서 문자 언어를 학습할 수 있도록 지도하고, 이 때 문자 언어는 음성 언어로 친숙해진 언어 위주로 제시하는 것이 학습에 도움이 될 것이다.

⑦ 학습자의 표현 욕구에 따른 개성을 나타내 준다.

어린이가 손으로 글을 씀으로써 정교한 손동작을 익히게 되며, 눈과 손, 귀와 손을 동시에 이원적인 작업을 수행할 수 있게 만든다. 초기 단계에서 쓰기는 교사의 통제를 많이 받지만 학습자에게 어느 정도의 선택권이 주어지므로 학습자 자신의 모습을 표현할 수도 있다.

⑧ 다른 언어 기능의 학습을 강화하고 통합해 준다.

영어 학습은 어느 하나의 언어 기능을 학습하는 것보다 네 가지 기능의 균형 잡힌 활동을 통해서 학습하는 것이 효과적이다. 글을 쓰면서 말하기 연습을 하고, 글을 읽으면서 쓰기를 위한 언어 규칙을 익힐 수 있으며, 또 들은 것을 씀으로써 기억에 오래 남게 할 수 있다.

⑨ 의식적인 언어 발달을 가져온다.

말을 할 때에는 주변의 상황을 이용할 수 있기 때문에 최적의 어휘와 구조를 생각해 내어 쓰지 않아도 이해할 수 있지만, 글을 쓰는 경우는 문맥에 맞는 최적의 어휘와 구조를 써야 한다. 그러기 위하여 한 번 쓴 문장이나 글을 다시 보고 보다 적절하게 수정한다. 이런 과정을 수차례 거치는 쓰기는 언어 자체에 대한 발달을 가져온다.

⑩ 언어활동에 대한 성취감과 자신감을 느끼게 한다.

쓰기는 학습자가 자신의 학습 결과를 직접 볼 수 있으며, 또한 자신이 전하고 싶은 내용을 상대방의 반응을 통해서 성취감을 맛볼 수 있다.

이상과 같은 쓰기의 특성에 비추어 볼 때, 끊임없는 논의의 대상이 되는 것이 쓰기를 "언제 시작하느냐"는 것이다. 이에 대해 한편에서는 모국어의 습득 과정에 비추어 언어의 네 가지 기능 중에서 가장 마지막으로, 즉 듣기, 말하기, 읽기가 어느 정도의 수준에 올랐을 때에 쓰기를 도입하는 것이 학습자에 부담도 적게 주어 바람직한 순서라고 한다. 또 다른 한편에서는 언어란 원래 각 기능이 따로따로 분리될 수 있는 것이 아니라는 것이다. 그래서 기능별로 순서가 정해져 있는 것이 아니라 상호 영향을 주고받기 때문에 거의 동시에 가르쳐지는 것이 효과적이라는 것이다. 그러나 이 경우도 결코 쓰기를 먼저 가르쳐야 된다는 것은 아니다. 효율적인 외국어 교육을 위해서는 초기에 음성 언어 위주의 교육을 강화해야 한다는 의견에는 일치하기 때문에, 쓰기를 초기부터 도입을 한다고 하여도 쓰기 능력 자체를 개발하기보다는 음성 언어 능력을 보조하고 강화하는 데 목적을 두게 된다.

## 4. 쓰기활동의 유형

쓰기는 의사소통의 한 과정으로 볼 때 쓰기는 다양한 목적을 위해 필자가 자기의 생각을 글로 표현하는 과정이라고 볼 수 있다. 예를 들어 정보전달을 위한 설명문의 글뿐 아니라 물건 사러 갈 때에 물건의 목록작성, 친구에게 편지 쓰기, 생일카드 쓰기, 이력서 작성, 보고서 작성에 이르기까지 그 유형은 실로 다양하다. Brown(2001: 343-346)은 교실에서 요구되는 쓰기유형을 다음의 5가지로 구분하고 있다.

- 모방 작문(imitative 또는 writing down): 학습 초기에 주로 사용되는 알파벳 쓰기, 받아 쓰기 유형의 쓰기
- 통제 또는 유도 작문(imitative 또는 controlled): 문법 학습이나 평가를 위한 통제형 연습 문제 답 작성이나 주어진 지시에 따라 글을 변화시키는 통제나 유도 작문(guided) 유형의 쓰기
- 학생 자신을 위한 작문(self-writing): 교실 수업 노트 작성, 학생들이 자신의 느낌, 생각 등을 쓰면 이를 교사가 읽고 평을 하거나 글로 학생과 대화를 나누는 대화 저널 작성(dialogue journal writing) 등과 같이 학생 자신이 독자가 되어 자신의 학습을 위해 작성하는 쓰기
- 전시용 작문(display writing): 단답형 문제 답 쓰기, 주관식 답안 작성 등 자신이 아는 지식을 보여주기 위한 쓰기
- 실제 작문(real writing): 정보를 필요로 하는 독자에게 그 정보를 전달하는 진정한 의미의 의사소통을 위한 쓰기
  - 학술적 작문(academic writing): 학습 목적을 위한 영어(English for academic purposes)에 포함 되는 실험보고서 작성 등의 쓰기를 포함한 실제 정보 교환과 이를 바탕으로 한 문제 해결 등을 위한 쓰기
  - 직업적 작문(vocational/technical writing): 서류 작성, 실무 편지 등 직업현장에서 필요로 하는 유형의 쓰기
  - 개인적 작문(personal writing): 일기, 편지, 개인 메시지 작성 등의 비형식적 유형의 쓰기

한편 Hedge(1988: 96)는 쓰기의 유형을 개인적, 공적, 창조적(creative), 사회적, 학술적, 제도적 쓰기로 아래와 같이 구분한다.

■ Hedge의 쓰기 유형 분류 (1988, p.96)

| 개인적 쓰기 | 공적 쓰기 | 창조적 쓰기 |
|---|---|---|
| 일기<br>사야 할 물건 목록<br>상기용 메모<br>포장품 목록<br>주소 목록<br>요리법 | 편지(정보 수집용, 요청용, 고객 불만 표출용)<br>서류 양식 작성<br>신청서 작성 | 시<br>소설<br>운율<br>희곡<br>노래<br>자서전 |

| 사회적 쓰기 | 학술적 쓰기 | 제도적 쓰기 |
|---|---|---|
| 편지<br>초대장<br>노트(조의, 감사, 축하 표현용)<br>전보<br>지시(친구, 가족용) | 읽으면서 노트하기<br>강의 노트하기<br>색인 목록 작성<br>요약하기<br>검토하기<br>보고서(실험, 워크샵, 방문보고용)<br>수필<br>일대기 | 회의록 포스터<br>세부사항 지시<br>보고서 연설<br>검토서 신청서류<br>계약서 이력서<br>실무편지 명세서<br>공고사항<br>환자 진료노트 작성<br>광고 |

## 5. 쓰기지도 접근법

쓰기 지도 접근법에는 대별하여 결과중심 접근법과 과정 중심 접근법이 있다. 결과중심 접근법은 모두가 쓰기 결과의 산출물에 초점을 맞춘다는 공통점이 있다. 그러나 언어학의 흐름이 구조주의에서 인지주의로 옮겨가면서 이러한 흐름에 영향을 받아 Arapoff(1967)는 쓰기를 사고 과정(thinking process) 이라 정의하고 학습자들의 작문은 무엇을 쓰느냐보다 어떻게 쓰느냐의 쓰기과정을 중요시하였다. 이 두 가지 접근법을 좀 더 구체적으로 비교해 보면 아래 도표와 같다.

■ 결과 중심 접근법과 과정 중심 접근법의 비교(김영숙 외 1999: 368)

| | 결과 중심 접근법 | 과정 중심 접근법 |
|---|---|---|
| 쓰기의 정의 | – 일련의 직선적 과정 | – 복잡하고 순환적인 창의적 과정 |
| 초점 | – 학습 과정의 결과 (산출물)<br>– 글의 형식 (구성) 중심 | – 쓰기 단계별 과정 (쓰기 선행, 쓰기, 쓰기 후행 단계)<br>– 필자<br>– 다양한 교실 수업 활동<br>– 글의 내용 중심 |
| 주요 특징 | – 정확성 중시<br>– 예시 글의 모방, 베껴 쓰기, 변형 연습 중심의 학습자 활동 | – 글의 질보다 양 위주의 학습<br>– 쓰기에 필요한 충분한 시간 배정<br>– 언어 형태적 정확성 경시 |

|  | 결과 중심 접근법 | 과정 중심 접근법 |
|---|---|---|
| 주요 특징 | - 문장과 담화 수준의연습<br>- 학습자 개별 활동의 쓰기<br>- 교정 단계 배제<br>- 쓰기 단계에서의 교사 간섭 배제 | - 문법의 중요성 약화<br>- 협동 학습 고무<br>- 상황 고려도 낮음<br>- 적절한 쓰기 전략 개발지도<br>- 교사 간섭의 최소화<br>- 교사와 학생간의 개인 면담을 통한 쓰기 과정 중 피드백 교환 중시<br>- 학습자간 피드백 주기 권장 |
| 이론적 배경 | - 구조주의 언어학<br>- 상향 과정 접근법 | - 인지주의<br>- 사회언어학 |

## 6. 기본적인 쓰기지도 원리(Brown 2001: 346-356)

① 글을 잘 쓰는 사람들의 습관을 통합하다(Incorporate practices of "good" writers.)

글을 잘 쓰는 사람들은 다음과 같은 행동들을 한다.

- 글의 목표와 중심 생각에 초점을 맞춘다.
- 청중을 통찰력 있게 평가한다.
- 글쓰기를 계획하는 데 약간의 시간을 소비한다.(지나치게 많이 소비하지는 말 것!)
- 그들의 처음 생각을 쉽게 종이에 옮기게 한다.
- 그들에게 글을 부탁하고 그 글에 피드백을 이용한다.
- 특정한 표면 구조와 결합되어 있지는 않다.
- 기꺼이 능률적으로 자신의 작품을 수정한다.
- 필요한 만큼 참을성 있게 수정한다.

② 과정과 결과의 균형을 맞춘다.(Balance between process and product)

글쓰기는 작문하는 과정이고 결과물이 만들어지기 전에 대개는 여러 번 초안을 작성해야 하기에 학생들은 적절한 단계를 통해서 주의 깊게 지도 받아야 한다. 동시에 궁극적 달성 즉 명확하고 잘 조직된 글을 보지 못하도록 그 과정의 절차에 지나치게 몰두해서도 안 된다.

③ 문화적이고 문학적인 배경을 설명한다.(Account for cultural literary backgrounds)

④ 읽기와 쓰기를 연결시킨다. (Connect reading and writing)

분명히 학생들은 부분적으로는 이미 쓰여진 것을 조심스레 관찰하면서 쓰는 법을 배우고 있다. 즉, 쓰여 진 단어를 관찰하거나 읽는 방법을 통해서 배운다. 본문과 관계된 여러 다양한 유형들을 읽고 공부함으로써 학생들은 글을 쓰는 방법과 글쓰기의 화제가 될 수도 있는 주된 문제에 대하여 중요한 통찰력을 갖게 된다.

⑤ 진정성이 있는 글을 될수록 많이 제공한다. (Provide as much authentic writing as possible)

글이 현실적인 글(real writing)이든 전시용 글쓰기이든 간에 글을 쓰는 목적이 학생들에게 분명하고 독자가 분명히 지정되어 있으면 그 글은 진정성이 있다. 학급신문을 발행하거나 편지쓰기, 촌극이나 드라마 대본을 써보거나 이력서 쓰는 일 등 이 모든 활동들이 진정성이 있는 글쓰기로 간주될 수 있다.

⑥ 글쓰기 준비, 초안 작성하기 및 단계 수정하기의 측면에서 기법을 구성한다. (Frame your techniques in terms of prewriting, drafting, revising stages)

과정중심 글쓰기 접근법(process writing approach)은 위의 3단계로 구성되어 있다. 글쓰기 준비단계(prewriting stage)에서는 아이디어를 만들어 내도록 격려하는 단계로서 다음의 여러 방법을 취할 수 있다.

- (광범위하게) 글을 익기
- 글을 대충 훑어 읽기와/또는 꼼꼼히 읽기
- 약간의 외부 조사 실시
- 브레인스토밍(아래 참조)
- 목록에 기록하기(글로 씀-각자)
- 무리 짓기(주요 단어를 가지고 시작하고, 다른 단어들을 추가하며, 자유 연상을 사용한다.)
- 화제나 문제를 토론하기
- 교사가 주도한 문제와 조사하기
- 자유 작문(아래 참조)

초안 작성하기와 단계 수정하기는 글쓰기 과정의 핵심부분이다. 전통적 접근법에서는 학생들이 글쓰기를 시작하여 정해진 시간 내에 글쓰기 과업을 부여받는다. 첫 번째 과업에는 체계적인 초안 작성을 할 기회가 전혀 없고, 두 번째 과업에서는 학생들이 어떤 초안을 작성을 자기 스스로 바꿀 수 있는 기술을 배워야 할 것이다. 과정접근법(process approach)에서는 복잡한 책략을 습득하려면 시간, 인내, 훈련된 교육이 요구된다. 이 단계에서 적용할 수 있는 구체적 책략과 기술들로 다음과 같은 것들이 있다.

- 시작하기(자유 글쓰기 기법을 채택하기)
- 누군가의 글에 대해 "최선을 다해" 충고하기(너무 서둘러 편집하지 말고 말을 골라 표현하기, 문법 등에 관심 돌리지 않고)
- 또래들끼리 내용 검토하기(급우의 논평을 받아들이기/사용하기)
- 교사의 피드백 사용하기
- 문법적 오류를 편집하기
- "음독" 기술(소집단이나 짝을 지어서 오류와 생각의 흐름을 마지막으로 점검하기 위해 학생들은 자신들의 거의 최종적인 초안을 서로에게 읽어 준다.)
- 교정보기

⑦ 가능하면 상호작용적인 기법을 제공하려고 노력한다. (Strive to offer techniques that are as interactive as possible)

글쓰기 교육에 과정 지향적인 접근방법이 분명히 학습자 중심적(학생들이 활동을 시작하고 아이디어를 교환하기 위한 기회가 많기 때문에)일뿐만 아니라 상호작용적이라는 것은 이미 의문의 여지없이 분명하다. 작문 이외의 목적들에 초점을 맞춘 글쓰기(가령, 편지, 각종 양식, 메모, 사용 설명서, 짧은 보고서 등) 기술들 역시 상호작용적인 교실의 원칙에 지배를 받고 있다. 소집단별 공동 작업, 브레인스토밍 및 비판하기는 많은 글쓰기에 초점을 맞춘 기법들의 일부로서 쉽고도 성공적이다. 글쓰기가 고독한 활동이라는 근거가 박약한 믿음을 갖지 마라. 글쓰기의 일부는 분명히 고독하다. 그러나 훌륭한 작가가 되는데 큰 비중을 차지하는 것은 학습자들 사회 테두리 안에서 가장 효과적으로 지식을 쌓아나갈 수 있다는 것이다.

⑧ 학생들의 글에 반응하고 교정해 주는 방법을 민감하게 적응하라.(Sensitively apply methods of responding to and correcting your students writing)

글쓰기의 오류수정은 초안단계, 수정단계에서 시작될 수 있으며 글로 쓴 작품에 대한 응답을 받을 때 교사에 의해 즉각적인 교정에 따르지 않고 대부분 자기 자신의 교정, 긍수간의 교정, 교사주도의 논평 등을 통해 이루어진다. 최종 글쓰기 작품이 제출되기 전에는 교사는 재판관에 따라 상담자의 역할을 담당하는 첫 기장 생산적이다.

다음은 첫 번째 글쓰기 초안에 교사가 반응을 나타낼 때 지침들을 소개한다.

a. 사소한(국부적인) 문법 오류에 대한 유혹을 물리진다.
b. 일반석으로 학생의 문장을 다시 쓰려는 유혹을 물리친다.
c. 전체 논제의 명확성과 일반적인 구조 조직의 관점에서 전체적으로 논평한다.
d. 도입 단락에 관하여 논평한다.
e. 화제와는 관계없는 것처럼 보이는 특징들에 대해 논평한다.
f. 화제와 관련되는 단락과 문장들 내에서 부적절한 단어 선택과 어색한 표현에 대하여 분명하게 이의를 제기한다.

그 다음 초안의 경우는 (a)가 성격을 약간 바꿀 수도 있다는 점만 제외하면 자신의 응답에 위의 모든 사항들을 포함시킬 수 있다.

g. 사소한("국부적인") 문법 및 기계적인(철자, 구두점) 오류들은 표시되어야 하지만 학생을 대신해서 교정해서는 안 된다.
h. 생각을 뒷받침하는 모든 주요 아이디어의 특수한 명확성과 힘, 그리고 주장과 논리에 관해서 논평한다.
i. "어색"하지 않을지는 모르지만 명확하거나 직접적이지 않은 어떤 심화된 단어 선택과 표현들에 관해 논평한다.
j. 단락들 내부와 단락들 간의 응집력 있는 장치들을 검토한다.
k. 학술적인 논문에서는 문서작성, 출처 언급, 증거자료 및 기타 보조물에 관하여 논평한다.
l. 결론의 적합성과 힘에 관하여 논평한다.

## 7. 쓰기활동의 발전단계

Robert Lado(1964: 143-148)는 쓰기활동의 발전단계를 ① Prewriting ② Copying read texts ③ Transcribing ④ Composition ⑤ Literature의 5가지 단계로 구분하고 있는데 각 단계별 내용을 소개하면 아래와 같다.

Prewriting은 외국어로 쓰기를 시작하는데 준비 단계에 해당되며 간단히 말로서 각 언어의 정확한 철자법을 배우는 단계이다. 철자 하나하나를 써 나갈 때 연필을 움직이는 순서, 획과 철자를 연결하는 법, 인쇄체, 필기체의 서체법을 배우는 것이 이 단계이다.

다음으로 Copy read texts는 학생들이 읽는 극히 적은 부분 혹은 상당히 많은 분량을 베껴 써 오도록 하는 것이며 이러한 활동은 쓰기 활동의 좋은 연습이나 강화가 될 수 있지만 중요한 결점은 단조로운 활동이기에 학생들이 쉽게 피곤하거나 지속하지 못할 수가 있다.

Transcribing은 쓰기를 배우는데 있어서 진보된 활동으로 인쇄되거나 쓰인 text 없이 구어로 불러주는 말을 자필의 글씨로 받아 적는 것인데 가장 단순한 활동이 받아쓰기(dictation)이다. 받아쓰기는 학생 스스로에 의해서 점검하거나 이웃 동료, 또는 교사가 정정해 줄 수 있다. 이 단계에서 쓰기 활동의 재미있는 변형의 활동으로는 어떤 주제에 대한 얘기를 간단히 해 주고서는 학생들이 그 이야기에 해당하는 문장들의 작문을 제의한다. 그러면 교사가 학생들에게 필요한 어휘를 제시하고 학생들은 note에 받아 적고 한 학생이 지어서 흑판에 쓰게 된다. 이때 교사는 흑판에 쓴 문장을 모델로서 정정하게 되며 이와 유사한 여러 가지 활동이 쓰기를 가르치는 데 활용될 수 있다. 이 단계에서 본격적인 쓰기 활동의 중간 단계로 매우 중요한 의의를 지니게 된다.

Composition은 자기 의사를 조금씩이나마 표현해 나가는 단계이며 지금까지는 주로 교사의 지시에 의해 쓰기를 연습해 왔으나 이제는 해당 언어를 어느 정도 알고 그것을 저절로 표현하는 것을 배우게 된다. 이 단계에서 시작하는 활동으로서는 비공식적인 짤막한 편지 작성, 선생님께 하고 싶은 짤막한 보고, 출판기사 읽기 등이 될 수 있다. 교사가 학생에게 이 단계에서 쓰기를 가르칠 때는 명확한 의사소통을 하기 위해 주제, 자신의 이야기의 관점과 이야기 초점, 글 쓰는 형식(format)의 준수, 명확하고 논리적인 표현을 할 수 있도록 지도하여야 한다. 중학교 과정을 지나 고등학교 수준에 오르면 비록 적은 시간이나마 이와 같이 조금씩 연습하여 쓰기를 지도하는 것이 필요하며 교사는 즉시 또는 신속한 시간 내에 그들이 써 온 편지나 일기를 정정해 주도록 하여야 한다. 작문에 있어서 더 높은 단계로 나가게 되면 자유 작문으로서 주제를 정해 주고 수필 형식으로 긴 장문을 문학적 형식에 맞춰 조직적으로 쓰는 것을 연습하거나 논문 등의 학습적 내용을 통일성과 논리성 있게 쓰게 되는 단계에 이르게 된다.

한편 Rivers(1968)는 외국어로 작문할 수 있도록 하기 위해서 다음의 여러 단계에 해당하는 체계적 훈련을 받아야 한다고 주장하고 있다.

### 1) Copying(베껴 쓰기)

① 말하기, 읽기를 끝낸 자료를 학생이 베껴 쓰기 함으로써 script와 영어의 상이한 점을 깨닫게 한다.
② 구별 부호(diacritical mark)와 구두점(punctuation mark)을 정확히 찍을 수 있게 한다.
③ 철자법을 정확히 익히도록 한다.
④ 문장이나 단어를 베껴 쓰는 동안 배운 글자의 윤곽을 마음에 새길 수 있다.

### 2) Reproduction(재생)

① 처음에는 교과서를 보고서 베껴 쓰게 한 뒤 다음 교과서를 보지 않고 쓰라고 하여 교과서의 본문과 비교하여 정정하게 한다.
② 학생이 말하기와 읽기, 베껴 쓰기를 끝낸 자료를 사용하여 교사가 읽어 주면 학생은 받아쓴다.
③ 받아쓰기의 목적이 철자가 매우 어려운 단어를 쓰게 하는데 있다면 spot-dictation을 시킨다.
④ 학생이 이해하거나 암기하고 있는 내용을 써 볼 수 있도록 하기 위해서 교사가 알맞은 질문을 던지고 거기에 답하는 형식으로 써 보게 한다.
⑤ 학생이 암기하고 있는 내용을 나타낸 그림을 보여줌으로써 그것을 보고 문장을 써 보게 한다.
⑥ 반복적인 문형 연습을 구두로 하지 말고 쓰기로 대치하여 연습케 한다.

### 3) Recombination(재구성)

① 이미 배운 내용에 대한 최소한의 응용을 가하여 써 보도록 하는 단계이다.
② 여러 유형의 구두 연습을 통하여 써 보게 한다.

- substitutions of words or phrases: 모델을 따라 대치 요소를 사용하여 문장 전환
- transforming sentence(=conversion): 주어진 문장을 지정된 형태의 문장으로 변형시키는 것
- expanding drill: 주어진 구문에 추가하여 보다 긴 문장으로 확장하는 것
- reduction drill: 문장의 긴 요소를 뜻의 변화 없이 줄여서 표현
- inflection: 굴절 어미를 시제·성·수·격 등에 따라 변화시키는 것
- rearrangement: 나열된 어휘를 뜻이 통하도록 적절히 배열하는 것
- questions and answers: 외국어의 질문에 대하여 외국어로 답하여 쓰는 것
- combination: 주어진 문장이나 단어를 결합시켜 뜻이 통하는 문장이나 어구로 만드는 것
- translation(번역): 주어진 모국어를 그와 동일한 의미를 가진 문장으로 옮기는 것
- correction: 고의로 틀린 것이 포함된 문장에서 틀린 것을 결정하는 것

③ 이상의 연습이 잘 된다고 생각되면 하나의 그림 또는 a series of pictures를 학급에 보여 주고 주제를 중심으로 재구성하여 쓰도록 한다. 이때의 그림은 학생이 구두로 배운 문구와 관련이 있는 장면이어야 한다.

④ 초기 단계의 재구성에는 새 어휘를 포함시키지 않는다.

⑤ 어휘를 넓힐 단계에서 도입된 경우 구두 연습 후 도입한다.

⑥ 어떤 경우라도 새 어휘와 새로운 구문을 동시 사용하는 재구성은 피해야 한다.

### 4) Guided Writing(유도 작문)

유도 작문은 자유 작문(free writing)에 넘어가기 전 단계로서 다음과 같은 구체적인 쓰기 활동을 생각할 수 있다.

① completion exercises로 시작한다.

② replacement exercises: 문장의 일부를 여러 가지의 다른 phrases로 대치하여 학생에게 new meanings를 나타낼 기회를 준다.

③ expansion of a simple sentence 단문에 수식 단어나 구를 첨가하거나 더 많은 정보를 보태어서 문장을 확대해 가는 연습을 한다.

④ 이야기 줄거리의 순서에 맞게 어휘를 나열하여 놓으면 학생들은 자기가 내용을 연결시키는 데 적당한 문법 구조를 사용하여 이야기를 엮어나간다. 이 때 person, tense, number는 자유로이 바꿀 수 있다.

⑤ 읽고 들은 교과서의 내용에 대한 질문의 답을 쓸 수 있다.

⑥ 듣고 읽은 이야기를 요약하여 쓴다.

⑦ 하나의 이야기나 이야기의 일부 시제를 바꾸거나 등장인물 한 사람을 1인칭으로 바꾸어서 다른 각도로 이야기를 고쳐 써본다.

⑧ 이야기를 대화문으로 고쳐 쓴다.

⑨ 대화문을 이야기체로 약술한다.

⑩ 이야기나 대화문의 주요 인물을 바꾸어 글의 분위기를 바꾸도록 쓴다.

⑪ 이야기나 대화문의 골자(skeleton)를 글로 주거나 그림을 주어 이야기를 창작해 나가게 한다.

### 5) Composition(작문)

이 단계에서 작문은 자기가 자신의 생각을 구체적으로 표현하는 데 있어서 어휘와 구조를 자유롭게 선택하여 글을 써 나가는 자유 작문의 단계를 말한다.

① 처음에는 배웠던 교재와 관계가 있는 소재를 중심으로 묘사한다거나, 이야기로 꾸민다거나, 설명하거나 요약해 보게 한다.

② 고등학교 과정에서는 작가의 문체를 모방한다든가, 문학 비평을 쓴다든가, 철학적 사상에 대해 논하게 하지 말고 모국어를 쓰는 사람들이 평이하게 이해할 수 있는 표현력을 신장토록 한다.

③ 정확한 표현력을 기르기 위해서 인물, 장소, 사물에 대해 정확하게 묘사하도록 지도한다.

④ 일기와 국제서신을 쓰도록 한다.

⑤ 옛 이야기의 일부를 들려주고 완성하게 한다.

⑥ 다독을 시킨 다음 개인적인 감상문을 쓰게 한다든지, 읽은 내용에 교사의 요구에 답하게 한다.

⑦ 외국 신문의 뉴스 기사를 요약할 수 있도록 지도한다.

⑧ 외국 문화의 이해를 위해 외국의 지리, 역사, 예술, 교육, 정치 등에 관한 간단한 보고서를 작성 할 수 있도록 지도한다.

## 8. 통제 글쓰기와 유도 글쓰기

통제 글쓰기를 영어로 Controlled writing이라고 하고 유도 글쓰기를 Guided writing이라고 한다. 이 두 가지 글쓰기 지도법을 어떤 학자들은 통합해서 한가지로 설명하는 학자도 있고 분리해서 설명하는 학자도 있다. 그러나 엄밀한 의미에서는 양 지도법은 분리되어 설명되어져야 한다.

통제 글쓰기는 학습자들이 교사의 완전한 통제 하에 오류를 범하지 않고 문장을 정확히 쓰도록 훈련하는데 목적이 있다. 따라서 학습자 행할 수 있는 범위는 아주 제한되어 있어서 교사의 지시대로 행동하면 오류를 범하지 아니하고 잘 쓸 수 있다. 통제 글쓰기는 글쓰기 활동의 기초적 단계에서 이루어진다고 볼 수 있다. 그리고 통제 글쓰기는 언어의 형태를 연습하고 익히는 것으로 주된 관심이 글 쓰는 내용보다 언어자체에 주어지게 된다. 그렇기 때문에 자칫하면 내용을 고려하지 않는 의미 없는 기계적인 연습활동이 되기 쉽다.

통제 글쓰기와는 달리 유도 글쓰기는 교사의 통제를 받지만 학습자의 선택권이 어느 정도 주어지게 되며 학습자가 스스로 생각해서 문장을 엮어갈 수 있기에 반의사교환적 작문이라 할 수 있다. 여기서는 학습자의 글 쓰는 결과물이 교사의 예상과 완전히 일치하지는 않는다. 이 두 유형의 글쓰기에 관하여 Bruton(1981: 144)은 다음과 같이 비교해서 기술하고 있다.

The guided composition is based on definite content, as a result of classwork or of information received from the teacher, and the student has to use his own words. So the actual writing exercise is based mainly on the language which the student himself supplies and may be used as a diagnostic check by the teacher.

The controlled compositions will be very language-oriented and will aim at few errors being made. The student may have to do some thinking and choose between possibilities but there will be 'right' answers, which the teacher will check.

통제 글쓰기와 유도 글쓰기의 특징을 비교해서 종합하면 다음과 같은 표로 나타낼 수 있다.

## ■ 통제 글쓰기와 유도 글쓰기의 특징 비교

| | Controlled Writing | Guided Writing |
|---|---|---|
| 교사의 통제정도 | 교사의 완전통제 | 교사의 부분적 통제 |
| 목표 | 언어형태의 정확성 훈련 | 언어형태와 내용 동시 고려 |
| 시작단계 | 초기 쓰기단계에서 필요 | 통제 글쓰기와 자유글쓰기의 중간단계에서 실시 |
| 학습자의 의사표현 | 자기의사표현은 불가<br>학습자 스스로 어휘, 구문 선택 불가 | 약간의 자기의사 표현이 가능<br>학습자 스스로 구문, 어휘 선택 |
| 학습자의 관심과 흥미 | 기계적이고 단조로움 | 단조로우나 다소 흥미가 있음 |
| 교수형태 | manipulatively-based instruction | semi-communicatively based instruction |
| 평가 난이도 | 평가학기에 용이 | 평가하기가 다소 어려움 |

또한 통제글쓰기와 유도글쓰기에서 다루어질 수 있는 활동은 다음과 같다.

〈통제글쓰기 활동의 예〉

- 철자 순서 바꾸기(Anagram)

arc ☞ car  tac ☞ cat  laek ☞ lake

- 단어 퍼즐(Word Puzzle)

학습한 어휘를 모두 활동할 수도 있고 보다 쉽게 하기 위해서 범위를 제한하여 단어를 활용하게도 할  수 있다. 상황에 맞게 적절히 선별하고 활동의 유형도 한 가지만 하지 말고 다양하게 제시하는 것이 효과적이다.

• 문자판에서 색(color)의 이름을 찾아 원을 그려 표시하세요.

## ■ 단어 퍼즐 예시

| | | | | |
|---|---|---|---|---|
| b | l | a | c | k |
| l | r | e | d | n |
| u | t | o | m | i |
| e | s | h | w | p |
| g | r | e | e | n |

☞

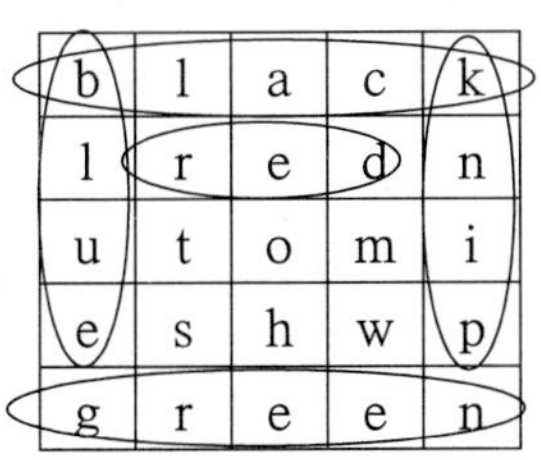

● 베껴 쓰기(Copying)

쓰기에서 가장 먼저 하는 것이 베껴 쓰기이다. 알파벳이나 단어 및 문장의 형태를 익히기 위한 것으로 제시된 모델을 보고서 옮겨 적게 한다. 그러나 초기 단계에서는 보고 옮겨 쓰는 것도 쉽지 않기 때문에 흐릿한 선이나 점선을 주고 그 위에 덮어쓰게 할 수 있다. 베껴 쓰기를 할 때는 대체로 구두나 읽기를 통하여 익숙해져 있는 것을 제시함으로써 소리와 문자 관계를 익힌다. 그리하여 베껴 쓰기를 할 때에는 어느 정도 소리 내어 읽으면서 하는 것이 효과적이다.

● 재생하여 쓰기(Reproduction)

학습자의 수준에 맞게 간단하고 짧은 문장을 칠판에 쓰고는 잠깐 동안 주의 깊게 보게 한 후에 지우고는 재생하여 쓰게 한다. 이는 그룹별로 경쟁을 시키면 기억력을 훈련시키기에 효과적이다.

● 그림에 설명 붙이기

그림과 같이 여러 가지 문장을 제시하고 그림의 내용과 일치하는 문장만을 그림 밑에 옮겨 써 보게 한다.

■ 그림에 설명 붙이기 활동 예시

| This man is wearing a hat. | He's s a carrying a stick. |
|---|---|
| He's running. | He's smiling. |

He's running.

● 양식에 맞추어 옮겨 적기

편지와 같이 글은 종류에 따라 특정한 양식이 있다. 글쓰기는 언어의 형태를 익히는 것도 중요하지만 양식을 익히는 것도 중요하다. 그리하여 틀에 박힌 양식과 함께 일련의 문장을 적절히 조직하여 옮겨 쓰게 할 수 있다.

● 빈칸 메우기(Cloze Test)

글의 대부분이 주어지고 몇 단어를 빈칸으로 남겨두어 여기에 적합한 단어를 쓰게 한다. 학습자가 쓰는 단어를 교사가 예상하고 있기는 하지만, 단순히 기계적인 활동이 아니라 전체적인 글의 이해를 요한다.

● 짝 찾아 쓰기

속담이나 경구 및 간단한 문장들을 수집하여 각각을 앞쪽과 뒤쪽으로 나누어 앞쪽의 것만 한 군데 모아 봉투에 담고 또 뒤쪽의 것만 따로 모아 다른 봉투에 넣어 섞은 다음 짝을 찾아 완전한 원래의 문장을 쓰게 한다.

## ■ 표 보고 쓰기 활동 예시

〈유도 글쓰기의 예〉

● 문장 완성하기(Sentence Completion)

주로 문장의 시작 부분을 제시하고 나머지는 학습자 스스로 생각해서 문장을 완성토록 한다.

I don't like ____________________.

It is 10 years since ____________.

I ________ because he is always late.

There is _________ under the _______.

● 표, 차트, 그래프를 보고 쓰기

My Friend

| name | sex | age | height | eye color | hair color | hobby |
|---|---|---|---|---|---|---|
| Anne | girl | 10years | tall(1.3m) | brown | gold | swim |

☟

I have a friend. Her name is ________.
She is __________ old.
She is _________ and pretty.
She has _______ eyes and ______ hair.
She likes to ____________.

### ◉ 예시문 따라 쓰기

아래와 같이, 모델이 되는 예시문을 주고 상황에 맞게 단어를 대체하여 새로운 문장을 만들게 한다.

> 예시문을 참조하여 1)~4)의 문장을 완성하세요. 도움란의 단어를 이용해도 좋습니다.
>
> 예시문: Crocodiles have big mouths and very long tails.
>
> 1) Tigers have ________________________.
> 2) Rabbits have ______________________.
> 3) Monkeys have ____________________.
> 4) Cats have __________________________.

### ◉ 편지/카드/초대장 쓰기

편지, 카드, 초대장과 같은 글들은 특정 양식을 가지고 있을 뿐만 아니라, 뚜렷한 대상이 있어 문자를 통한 의사소통을 잘 나타내 준다. 특히 직접 영어로 말하기는 외국인이 있어야 의사소통이 가능하지만, 편지나 카드 및 초대장을 쓰는 것은 그런 제약을 받지 않고 영어로 의사소통이 가능하다.

### ◉ 주어진 단서를 이용하여 글 완성하기

> March 2, 1999
>
> Dear Bob,
>
> I hear you are changing your job shortly. I have a suggestion! Why don't you come and live with us? At the moment there are four of us sharing this apartment, but one person is leaving at the end of the month.
>
> large apartment / four bedrooms / one bit livingroom / kitchen etc. / near center of town
>
> arrangements as follows / share all expenses / for example ... / buy own food
>
> It all works out very well. And of course there's one great advantage: you can do what you like here. Let me know about it as soon as possible.
>
> Yours, Min-ho

● 그림을 이용한 유도 작문(김영숙외 )

## ■ 일련의 그림을 이용한 유도 작문의 예시

- 미국에 사는 여러분 또래의 Mike라는 학생이 한국 학생들은 하루를 어떻게 보내나 궁금해 합니다. Mike에게 영어로 편지를 써 봅시다. 먼저 다음 그림을 보고 자신의 일과와 관계된 그림을 선택하고 몇 시에 그 일을 하는지 시계에 표시한 후 주어진 편지를 완성하세요.

Dear Mike,
Hi! I'm ________. I live in ___________. I'm a student.
Do you want to know my daily routine? Now, let me tell you about it.
I ________________________________________________
________________________________________________
________________________________________________
________________________________________________
From _______

● 문법 구조와 구두점 사용 익히기

텍스트는 문법구조 및 구두점을 적절하게 사용하여 글을 쓰는 능력을 기르는데도 이용된다. 이때는 보통 단락이상의 단기에서 쓰기 연습이 이루어지는데 다음과 같은 활동을 예로 들 수 있다.

### ■ 텍스트를 활용한 구두점 사용 익히기의 예시

– 구두점과 대소문자를 적절하게 사용하여 다음 단락을 올바르게 고쳐 쓰십시오.

the biggest single hobby in america on which americans spend most time energy and money is gardening some people grow flowers while others enjoy having vegetable gardens in the spring at the end of a working day families can be seen in their yards planting flowers or vegetables seeds

### ■ 주어진 낱말들을 올바른 형태로 바꾸어 단락 완성하기의 예시

It / be / believe / that / gesture / probably / develop / early / than / word/ Therefore / it / be / natural / for / us / to / communicate / with / one / another / use / body / language / But / practically / speaking / spoken / language / has / more / advantage / Body / language / work / in / face-to-face / communication / and / cannot / be / use / in / the / dark / or / at / a / distance / And / body / language / is / difficult / to / communicate / with / Communicate / with / sound / be / easy / fast / and / clear / than / body / language

● 글의 구성 익히기

글의 구성을 익히는 데는 연결어 사용하며 문장 내용을 논리적으로 연결하는 것을 연습 할 수 있다.

## ■ 연결어를 사용하여 문장 완성하기의 예시

– 주어진 연결어를 사용하여 문장을 연결해 보십시오. 선으로 그어 연결하십시오.

| | | |
|---|---|---|
| I like my new computer. | and | They are beautiful. |
| Yesterday I got lost on the street. | because | She is a good teacher. |
| My new English teacher is very kind. | but | I asked a policeman for help. |
| The houses over there are very small. | so | It is very fast. |

## □ 결합 단서를 사용하여 글 완성하기의 예시

– 다음 연결어를 사용하여 주어진 글을 완성하십시오.

| | | | |
|---|---|---|---|
| also | but | incidentally | not only |
| although | but also | in particular | on the other hand |
| and | for | in this way | since |
| and | for the moment | instead | therefore |
| because | however | meanwhile | too |

Janet West's sister is a flight attendant for a famous international airline, _______ Janet wants to become one ______. ______. She is still too young: the minimum age for a flight attendant is twenty. __________ Janet is only just over sixteen.
_______ she has taken a job in an office. ______ she ______ attends evening classes. ______, she wants to improve her French and Spanish, ______ foreign languages are an essential qualification for a flight attendant.
______, Janet is gaining experience through her present job. ______ the office where she works is a travel agency. ______ she is learning _______ how to deal with people ______quite a lot about the places she one day hopes to visit.

## 9. 자유 글쓰기(Free Writing)

자유 글쓰기는 학습자 자신의 의도에 따라 글을 쓰도록 하는 것으로서 보통 통제 글쓰기와 유도 글쓰기 단계를 걸쳐서 실시하는 것이 바람직하다. 여기서 교사는 학습자의 자연스런 표현을 격려하고 도와주는 것이 무엇보다 중요하다. 그러나 글쓰기는 단독적으로 일어나는 활동이라기보다 보통 여러 활동과 관련되어서 지금까지 한 학습을 적응하고 정리하는데 많이 활용된다. 예를 들어 하루 일과 시간에 대해 공부한 후 학습자 자신에게 있었던 일과에 대해 적어 보게 할 수 있고, 가족에 대한 명칭을 공부한 뒤에는 자기 가족에 대해 소개하는 글을 적어 보게 할 수 있다. 글의 양식도 일기, 편지쓰기, 초청카드 쓰기, 우편엽서 쓰기, 광고문 쓰기, 이야기 쓰기 등 다양화 할 수 있다.

자유 글쓰기에서 한 가지 유념해야 할 사항으로는 글쓰기에 대한 교정지도이다. 글을 완성하고 나서 맞고 틀리는 것을 구분하는 것 보다, 학습자가 글을 쓰는 과정을 지켜보고 어휘선정이나 문법적 오류를 학습자가 인지하고 스스로 고칠 수 있게 하는 것이 바람직하다. 이 경우에도 모든 오류를 고치게 하는 것이 아니라 중요한 것은 의미 전달이 얼마나 되느냐이다. 자신감과 성취감을 갖도록 하는 것이 중요하다. 자유 글쓰기 활동의 형태로는 다음과 같은 것들을 예로 들 수 있다.

### ◉ 질문이나 주제에 대해 쓰기

초보단계에서는 "What did you do last night?"는 질문에 대해 학습자는 가능한 여러 대답(watched TV, read a book 등)을 생각해서 쓸 수 있을 것이다. 중급이상의 단계에서는 교실에서 실물이나 사진을 제시하고 내용을 묘사하는 글을 쓰도록 할 수 있다.

### ◉ 어휘망(Word Map)을 통한 쓰기

어휘망은 독해지도에서는 의미망(semantic mapping)이라고 부르고 있는 것과 동일한 것으로 글쓰기에도 도움을 주는 활동으로 이용할 수 있다. 독해에서 의미망을 통한 의미지도가 혼란스런 내용에 대해 질서를 제공하듯 글쓰기에서도 어휘망도 학습자가 무엇을 쓸까 하는 내용 전개에 도움을 준다. 먼저 중심단어를 칠판 맨 가운데 제시하고 이 중심 되는 단어와 관련 있는 단어를 제시함으로 학습자는 글의 내용을 생각해면서 용이하게 쓸 수 있다.

| | | |
|---|---|---|
| big<br>small<br>large<br>(Sizes of trees) | pine tree<br>maple<br>cherry<br>(Kinds of trees) | green<br>yellow<br>brown<br>(Colors of trees) |
| | tree | |
| leave<br>root<br>branch<br>bark<br>(Parts of trees) | building<br>boat<br>bench<br>table<br>(Things made of tree) | blowing<br>bending<br>breakin<br>(Actions of trees) |

# 7 문법지도

## 1. 문법 지도와 영어교육

문법이란 언어가 구어이든, 문어이든 간에 언어의 구조에 존재하는 일반적인 규칙성을 나타내는 영역이라고 할 수 있다. 지금까지 문법 번역식 교수법은 외국인으로서 영어를 말하는데 큰 기여를 하지 못하고 오히려 방해되는 면이 없지 않았다. 그 이유는 문법이 오로지 번역이나 해석을 위한 이론적 문법에 치우친 나머지 언어를 실제로 사용하고 활용하는데 도움을 주는 문법으로 가르친 것이 아니었기 때문이라 생각된다. 문법이 과연 학생들이 구어를 사용하는 데 도움을 전혀 주지 못하고 방해 요인으로만 작용하는가? 결론적으로 말하면 반드시 그렇지는 않다. 구어 즉, 말을 배우는 데도 역시 일정한 원칙이나 규칙성은 존재하며 이 규칙은 단순히 암기에 그치지 않고 응용력이 따르도록 학습자가 체득한다면 언어구사에 그만큼 효과적으로 기여할 수 있는 것이다. 문법이란, 언어를 실제로 올바르게 사용할 수 있게 하는 수단이지 목적은 아니므로 언어의 실제 사용에 문법은 하나의 안내자와 같은 역할을 하며 모국어 습득과 심리적 배경이 다르고, 시간이 제한되어있는 외국어 습득에서 어느 정도의 문법 지식은 가장 능률적 보조 수단이 되는 것이다. 그리고 언어 습득 단계에 따라 문법 내용과 범위·분량은 달리 구성되어야 마땅하다. 언어 습득 초기일수록 가급적 문법을 학습자에게 과중히 부과해서는 안 되며 문법 내용 자체를 교사가 연역적으로 소개하는 것은 지양하고 다양한 문형 연습 등을 통해 실제 문장을 사용하여 귀납적으로 지도하는 것이 바람직하다.

모국어 습득 시는 무제한의 시간 속에서, 생활 가운데 거의 무의식적으로 문법이 습득되는 경우가 많지만 외국어 학습은 이와 달라 제한된 시간과 노력 가운데 거의 group단위로 이루어지며 심리적으로 이미 체득한 모국어 문법과 새로이 학습하는 외국어 문법을 비교해 가며 그 차이점도 인식해 가는 것이 효과적이라 할 수 있다. 문법의 학습이 새로이 외국어 습득 이론에서 인정되어 왔으나, 문법을 완전히 배제하고 외국어 습득을 한다는 것은 불가능하다.

영어를 가르치고 배우는데 있어 문법은 꼭 필요한 부분이지만 그렇다고 해서 결코 문법 자체가 목적이 되어서는 안 된다. 문법은 어디까지나 의사소통 능력의 숙달이라는 목표를 달성하기 위한 반드시 필요한 영역이며 의사소통능력 신장을 위한 보조수단으로 가르쳐줘야 하기에 어떤 문법을 어떻게 가르치느냐가 중요하다.

## 2. 문법 지도 방법

### 1) 연역적 방법(The Deductive Method)

문법을 연역적으로 가르치는 것은 학문적(academic)이고 학자적 방법으로 원래 Latin어나 그리스어와 같은 고전 언어를 가르칠 때 고안된 방법이다. 연역적 접근법은 매우 단순한 교수 방법으로서 첫째, 교사는 칠판에 예를 제시하든지 교재 안에 있는 예문에 주의를 집중시킨다. 그리고 그 구문 가운데 내재하는 규칙(underlying rule)을 설명하되 거의 언제나 모국어를 사용하고 문법적 용어를 통해 설명한다. 끝으로 학생들은 구두나 문어 형태로 그 규칙의 적용을 연습하게 된다. 그리고 모국어의 문법과 목표언어의 문법 사이의 채점에 관해서도 특별한 관심을 갖고 다룬다. 연역적 방법은 학습자들이 말하거나 쓰기 전에 규칙을 고려하고 사용 어휘를 고려하기에 인지적 특성을 지닌다. 메시지의 내용적 가치에 대해선 별로 관심을 두지 않는다.

연역적 문법 교육 단계는 문법 번역식 교수법을 추구하는 교사들이나 구조적 교수요목(structural syllabus) 보다는 전통적 문법 교수요목(traditional grammar syllabus)을 교재를 다루는 교사들이 사용하고 있다. 아직까지도 어떤 교육계에선 문법에 초점을 둔 다양한 접근법이 성행하고 있는데 이런 문법 중심 접근법 즉 연역적 교수 방법은 선발된 그리고 동기부여가 잘된 학생들에게 있어 성공을 거둘 수 있다. 그리고 연역적 방법은 언어시험에서 주로 필기고사를 이용하며 성공의 기준을 정확성에 두고 있기에 시험이 가까이 다가오면 연역적 방법을 보다 많이 이용하게 된다.

문법에 초점을 둔 교수를 옹호하는 사람들은 그들의 문법 교수의 방법이 구두의 유창성을 가져온다고 주장하지는 않지만 보다 의사소통 중심적이거나 인본주의적 목표를 가진 자들로부터 거부당할 필요도 없다. 연역적인 방법은 특히 복잡한 문법 규칙을 직면하게 되는 경우에 특히 잘 적용된다.

### 2) 귀납적 방법(The Inductive Method)

귀납적이라는 용어의 영어 표현인 "induce"라는 말은 "초래하다"(to bring about) 또는 "어떤 일이 일어나게 하다"(cause something to happen)란 원래 의미를 갖고 있다. 즉 귀납적 방법을 취하는 교사는 어떤 형태의 사전 설명도 없이 학습자로 하여금 문법 규칙을 스스로 깨닫도록 유도한다. 이 방법을 취하는 교사들은 학습자가 충분히 많은 예문을 접할 경우 그 규칙들이 보다 명백해진다고 믿고 있다. 문법 요점을 가르칠 때에 교사의 첫 번째 단계는 학습 전체에게 그 의미를 예시하는(demonstrate the meaning to the class)이다. 예를 들어 "This is a book"이라고 말하면서 책을 들어 보인다. 그리고 여러 권의 책을 들어 보이면서 "These are books"고 말한다. 복수 형태의 여러 예문들을 제시한 후에 단수와 복수 두 형태를 대조해서 다룬다.

귀납적 방법의 두 번째 단계는 똑같은 부류의 사물을 이용해서 학생들로 하여금 두 가지 문법적 형태(grammatical form), 즉 단수, 복수 형태를 말하게 하는 단계이다. 교사는 이 단계 내내 교정하는 경우를 제외하고는 아무런 언급이 없다. 학생들이 언급하는 다른 사물을 통해서도 연습의 장면에 도입될 수 있다. 그렇게 되면 학생들이 자연히 모형을 따르게 될 것이고 문법적으로 올바른 발화를 하게 될 것이다.

귀납적 방법에서 문법 요점은 수많은 연습을 거친 후에 칠판에 적도록 한다. 설명은 항상 주어지는 것은 아니며 학생들 자신들이 스스로로부터 유도되어 질 수 있다. 문법 설명 시는 물론 모국어를 사용할 수 있다. 모범적 모델은 복사되어져서 학생들의 그 모델을 따라 예문을 작성토록 요구할 수도 있다.

### 3) 절충적 방법(The Eclectic Way)

문법 지도의 서로 상반되는 견해를 두고서 일반 교사들은 과연 어떤 문법교수 방법을 따라야 하는가? 모든 교육학에서 그러하듯이 중도의 방법이 아마도 최선일 것이다. 위의 두 가지 문법교수 방법은 다 장점들이 있다. 연역적 방법은 문법교수에서 교사들에게 가장 쉽고 빠른 방법이다. 복잡한 문법 사항을 제시하거나 설명해야 할 경우에는 연역적 방법이 더 낫다고 할 수 있다. 그리고 문법 학습을 위해 주어진 시간이 조급할 경우에는 비록 간단한 문법 요점이라도 이 방법이 더 유용하다. 대부분의 나이가 든 학습지은 언어가 어떻게 작용하는지 알고 싶어 하기에 연역적 방법을 더 선호하게 된다.

이에 반해 귀납적 방법은 학생들로 하여금 규칙을 스스로 깨닫고 확인하도록 한다. 이 방법은 학생들이 문법 습득 과정에 더 많이 참여하는 이점이 있다. 일반적으로 여기에 대한 분명한 증거는 없지만 귀납적 학습이 보다 효과적일 거라는 신념이 있다. 귀납적 문법교수는 문법 사항이 쉽게 인지되고, 이해되고, 적응할 수 있고 규칙성 지닌 단순한 경우에 보다 효과적인 방법이라고 여겨진다.

그러나 또 한편에선 문법 교수의 불필요성을 주장하는 견해도 있기는 하다. 학생들은 시간이 지나면서 스스로 그 용법을 터득하기 때문이라는 이유에서이다. 하나의 타협점은 그 문법사항을 의도적으로 연습할 것이 아니라 교재에서 문법 요점이 나타날 때 전체 학생들에게 단순히 주의를 환기시키는 것이다. 절충적인 방법을 따르는 교사들은 여러 가지 서로 다른 시험에 이 세 가지 문법 교수 전략을 모두 다 사용해 보는 것이다. 이렇게 함으로써 수업시간을 주어진 시간에 알맞게 조절하기가 쉬워짐은 물론 학생들의 학습 형태와 다양한 필요를 충족시킬 수 있기 때문이다.

## 3. 문법 지도상의 요령 및 유의점

**① 문법적인 용어 사용은 최소한도로 줄이는 것이 필요하다.**

문법 용어는 언어 마다 꼭 일치되는 것도 아니고 학습자에게 오해, 혼동을 일으킬 수 있기에 학습 단계나 지적 수준에 적합토록 신중히 사용해야 한다. 초보자에게는 전문적인 문법 용어의 이해는 무의미하며 이론적인 것에 불과할 수 있다.

**② 이론적 문법 사항이 아니라 기능적 문법(functional grammar)을 강조한다.**

교사는 학생에게 언어 구조의 논리적 분석이나 이해로서 만족하는 이론 문법(theoretical grammar)이 아니라 실용성과 응용성 위에 옳은 문장을 구성하기 위해 알아야 할 기능적인 문법을 가르쳐야 한다.

**③ 문법 사항의 제시는 연역적인 방법과 귀납적인 방법을 모두 고려하는 것이 바람직하다.**

문법 사항의 복잡성, 주어진 시간의 충분 여부, 학습자의 연령, 수준, 동기유발의 정도에 따라 접근 방법은 달라질 수 있다. 학습자의 연령이 낮거나 단순한 규칙성의 경우 학습시간이 충분한 경우 귀납적 방법이 더 바람직하다.

**④ 문법 사항의 제시는 학습자에게 인상적인 방법을 사용하는 것이 좋다.**

이를테면 칠판에 복잡한 내용보다는 골격구조(skeleton structure)만을 제시한다든지 card, 도해, 색분필, 차트, PPT 자료 등을 사용함으로서 학습자의 인상에 오래 남을 수 있다.

⑤ 교사의 부연 설명이 요구된다.

학생들이 귀납적 방법에 의해 규칙성을 발견한다 하더라도 정확성이 의문시될 수도 있고 또 전체 학생이 모두 똑같이 이해하고 있다고는 볼 수 없기에 기존 문법 지식을 상기시켜 쉽게 설명을 하는 것이 요구된다.

⑥ 제시된 문법 사항을 철저히 연습(drill)을 통해 습관 형성이나 내면화가 필요하다.

문법의 습득은 구조적인 신호 사용(the use of structural signals) 에 대한 일련의 습관 형성을 의미하는 것이기에 rule을 실제로 구문을 통해 사용하는 연습이 필요하다. 이와 같은 문법 사항을 연습하는 문형 연습으로는 대치, 질문, 선택, 번역, 전환(transformation)등이 다양하게 이용될 수 있다.

⑦ Oral drill 이 written exercise보다 선행되어야 한다.

언어는 구어가 1차적인 형태이기에 oral exercise를 통해 학생들이 구두로 신속히 발음토록 연습하여야 하며 처음에는 단순한 예문에서 차츰 복잡한 형태로 나아가야 한다.

⑧ 문법 규칙은 고립적으로보다는 반드시 문장이나 구문 내에서 경험하도록 하는 것이 필요하다.

문법은 그 규칙 자체만 소개하고 설명하는데 그치는 것이 아니라 현실성 있는 situation가운데서 문장을 통해 연습하는 것이 흥미 있고 효과적인 문법 학습이 된다고 하였다.

⑨ 가끔씩 모국어의 문법과 차이점을 지적하며 대조적으로 다루도록 한다.

⑩ 이미 학습된 문법 사항은 그 후 기회 있는 대로 자주 상기시키는 것이 필요하다.

## 4. 문구조 지도를 위한 구두 문형 연습(Oral Pattern Drill)

종래의 문법 지도는 주로 문자 언어를 중심으로 문장의 분석과 문법 규칙 자체의 설명 및 기계적 암기를 중요시했던 것에 반하여 구두연습은 그 초점을 음성 언어로 돌려 다양한 예문을 통해 귀납적으로 문법사항을 깨닫도록 하였다. 그러나 구두연습도 자칫하면 실제 상황에서 유리된 기계적인 연습에 그칠 단점이 있는 것이 사실이다. 다음에 여러 구두 문형 연습의 유형들을 소개하고자 한다.

### 1) 반복 연습(Repetition Drill)

반복 연습은 언어 수업에서 교사가 가장 많이 이용하는 기본적인 구두 연습 형태 중 하나이다. 교사는 문법 구조(예: Where + Be + 명사 구문)로 이루어진 문장을 구두로 제시하고 학생들은 교사를 따라 반복 모방하게 된다.

Teacher: Where is the park?
Student: Where is the park?
Teacher: Where is your cellular phone?
Student: Where is your cellular phone?

반복 연습은 문법적인 문장 구조 형태를 학습하는 것도 있지만 발음, 억양, 패턴, 리듬을 연습하는데 큰 의의가 있다. 위와 같은 연습은 기계적 반복에 그치기가 쉽기에 학습자의 학습 동기나 의욕을 북돋아 주지 못할 우려가 있기에 이런 단점을 보완하기 위하여 다음과 같이 교실 안의 사물이나 그림 등을 활용해서 할 수 있다.

(1) 교사가 학생들에게 눈을 감게 하고 미리 준비한 우산을 감춘다.
(2) "자 그런데 갑자기 비가 오네요." 등의 말을 하든지 적절한 그림을 보여 줌으로 비가 오기 시작한 상황임을 알린다.
(3) (우산이 있을 만한 곳을 여기 저기 찾는 시늉을 하며) 학생들에게 묻는다.
"Where is my umbrella?"
(4) 학생들 역시 우산을 찾는 시늉을 하며 반복한다.
"Where is my umbrella?"

(5) (3)-(4) 의 절차를 수차례 반복한다.

(6) 학생들이 자발적으로 우산이 어디 있는지 대답하게 한다.
이때 교사가 자연스럽게 영어 단어를 제시한다.

(7) 그 다음에는 'my pen', 'my book', 'my socks' 등이 그려져 있는 그림을 이용하여 위와 같은 절차를 반복한다.

### 2) 대치 연습(Substitution Drill)

대치 연습은 앞에서 언급한 반복 연습과 더불어 수업 현장에서 가장 많이 이용되는 형태 중 하나이다. 대치 연습은 모델이 되는 목표 문장을 다른 단어로 대체하는 연습이다. 대치 연습에는 힌트로 주어지는 cue는 4가지 종류로 구분되는데 ① spoken word, ② written word(flash card) ③ real objects(=realia) ④ picture 이다.

그리고 대치 연습에는 대체되는 말은 보통 동일한 부류(class)의 낱말을 사용하는 것이 일반적이며 목표 문장을 연습한 뒤 대치 연습은 신속히 이루어지도록 교사가 지도하는 것이 바람직하다. 대치 연습은 학급 전체, 분단, 또는 개인별로 실시 할 수 있다.

대치 연습의 유형으로는 ① 한자리 대치(simple substitution) ② 두 자리 대치(double substitution) ③ 여러 자리 대치(multiple substitution) ④ 상관 대치 (correlative substitution) ⑤ 이동자리 대치가 있으며 이 중에서 가장 많이 사용되는 것이 한자리 대치이다. 각 유형에 대치 예문을 통해 살펴보면 다음과 같다.

#### (1) 한자리 대치(Single Slot Substitution=Simple Substitution)

Model: I have a red apple.
Teacher: I have a red apple.
Student: I have a red apples.
T(cue): pencil.
S: I have a red pencil.
T(cue): car
Student: I have a red car.

Teacher: I'll give it to you.
Student: I'll give it to you.

Teacher: send(cue)

Student: I'll send it to you.

Teacher: Good. I'll send it to you.

Student: I'll send it to you.

Teacher: lend(cue)

Student: I'll lend it to you.

(2) 두 자리 대치(Double Substitution)

Teacher: I'll give it to you.

Student: I'll give it to you.

Teacher: send, him (cue)

Student: I'll send it to him.

Teacher: Great. I'll send it to him.

Student: I'll send it to him.

(3) 여러 자리 대치(Multiple Substitution)

Teacher: He can't dress himself because he is too young.

Student: He can't dress himself because he is too young

Teacher: You, yourself, busy (cue)

Student: You can't dress yourself because you are too busy.

Teacher: She, herself, little

Student: She can't dress herself because she is too little.

(4) 이동 자리 대치(Moving Slot Substitution)

Teacher: I have a red pencil.

Student: I have a red pencil.

Teacher: green(cue)

Student: I have a green pencil.

Teacher: He (cue)

Student: He has a green pencil.

Teacher: pen (cue)

Student: He has a green pen.

Teacher: Mr. Jones(cue)

Student: Mr. Jones has a green pen.

Teacher: four(cue)

Student: Mr. Jones has four green pencils.

(5) 상관 대치(Correlative Substitution)

Teacher: I looked for the book. but I couldn't find it.

Student: I looked for the book, but I couldn't find it.

Teacher: pen(cue)

Student: I looked for the pen, but I couldn't find it.

Teacher: pencils

Student: I looked for the pens, but I couldn't find them.

Teacher: Very good. I looked for the pens, but I couldn't find them.

Student: I looked for the pens, but I couldn't find them.

### 3) 확대(Chaining, Expansion, Cumulation)

〈Forward Build-up〉

Teacher: He is leaving

Student: He is leaving (repeated 2 or 3 times)

Teacher: for Japan.

Student: He is leaving for Japan

Teacher: by plane.

Student: He is leaving for Japan by plane.

Teacher: at the end of this month

Student: He is leaving for Japan by plane at the end of this month.

⟨Backward Build-up (=Back Chaining)⟩

Teacher: Police station.
Student: Police station.
Teacher: The nearest police station
Student: The nearest police station.
Teacher: Direct me to the nearest police station.
Student: Direct me to the nearest police station.
Teacher: Would you kindly direct me to the nearest police station.
Student: Would you kindly direct me to the nearest police station.

두 가지 유형의 확대 연습 중 Backward Build-up이 언어학적으로 볼 때 더 효과적이다. 그 이유는 끝에서부터 확장시켜 나가면 억양 패턴이 왜곡되지 않고 동일하게 유지되기 때문이다. 기능상 문장 끝부분이 화청자의 주의를 받는 부분에 해당하는 부분이다.

### 4) 변형(전환) 연습(Transformation Drill=Conversion)

변형(전환)연습은 문장의 구조를 바꾸는 연습으로서 서술문을 의문문으로, 긍정문을 부정문으로, 능동문을 수동문으로 바꾸는 등의 과업을 해나간다. 그리고 과업이 끝나면 교사는 학생들의 정답여부를 확인하고 잘못 응답한 경우 수정해 주는 과정을 밟는다.

Teacher : John is reading a book.
Student : Is John reading a book?
Teacher : Bill is writing a letter.
Student : Is Bill writing a letter?
Teacher : They are riding a bicycle.
Student : Are they riding a bicycle.

### 5) 연쇄대화(Chain Dialogue=Ripple Drill)

연쇄대화는 동일한 패턴의 발화를 계속 이어가는 것으로서 일제 학습보다는 **분단학습**에 적절한 연습형태이다.

T → $S_1$ My name is ABC. What's your name?
$S_1$ → T My name is CDE.
$S_1$ →$S_2$ My name is CDE. What's your name?
$S_2$ →$S_1$ My name is FGH.
$S_2$ →$S_3$ My name is FGH. What's your name?
$S_3$ →$S_4$ My name is IJK.
T → $S_4$ Thank you, IJK.

T → $S_1$ I'm 46 years old. How old are you?
$S_1$ → T I'm thirteen years old.
$S_1$ →$S_2$ I'm thirteen years old. How old are you?
$S_2$ →$S_1$ I'm twelve years old.
$S_2$ →$S_3$ I'm twelve years old. How old are you?
$S_3$ →$S_2$ I'm fourteen years old.

### 6) 통합연습(Integration Drill)

통합연습은 두 개의 구문을 하나로 묶어 표현하는 연습이다.

Teacher: I have a pencil. It is red.
Student: I have a red pencil.
Teacher: I have a car. It's black.
Student: I have a black car.
Teacher: John has a pencil. It's blue.
Student: John has a blue pencil.

Teacher: The woman is in the car. She is my sister
Student: The woman in the car is my sister.
Teacher: The boy is on the bench. He is my cousin.
Student: The boy on the bench is my cousin.
Teacher: The kid is in the kitchen. He is my son.
Student: The kid in the kitchen is my son.

### 7) 다시 말하기 (Restatement)

이 연습은 교사의 지시에 따라 듣는 바를 자신의 말로 상대방에 직접 옮기는 연습이다.

Teacher: Ask John where he's going.
Student: Where are you going?
Teacher: Ask Jane what she wants
Student: What do you want?
Teacher: Ask her what time she is leaving
Student: What time are you leaving?

### 8) 결합(Combination)

예를 들어 접속사 that의 용법을 읽히기 위해 다음과 같이 실시 할 수 있다.

Teacher: I think./ He is honest.
Student: I think that he is honest.
Teacher: I believe. / She is happy.
Student: I believe that she is happy.

### 9) 구두 번역(Oral Translation.)

Teacher: 나는 몇 개의 연필을 가지고 있다.
Student: I have a few pencils.
Teacher: 나는 몇 권의 책을 가지고 있다.
Student: I have a few books.
Teacher: 나는 몇 개의 사과를 가지고 있다.
Student: I have a few apples.

Teacher: 나는 한 시간 동안 공부를 해오고 있는 중이다.
Student: I have been studying for an hour.
Teacher: 나는 한 시간 동안 기다려 오고 있는 중이다.
Student: I have been waiting for an hour.
Teacher: 나는 한 시간 동안 책을 읽고 있는 중이다.
Student: I have been reading a book for an hour.

# 8 학습 지도안

## 1. 학습 지도안의 필요성

학습 지도안을 일명 수업 지도안 또는 교안이라고 부른다. 영어 표현으로는 Teaching Plan 또는 Lesson Plan이라고 하는데 둘 다 동일한 것을 두고 일컫는 명칭이지만 전자는 교사 중심적 명칭이라면 후자는 어디까지 학습자 중심의 계획임을 무언중에 암시하고 있다고 하겠다.

교사에게 수업에 임하기 전에 수업 지도안이 필요한 것은 마치 연설하는 사람에게 있어 연설할 원고가 필요한 것과도 같다고 할 수 있다. 유능한 연설가는 글로 쓴 웅변 원고가 필요 하지 않을지 모르나 그에게도 역시 연단에 오르기 전에 연설할 내용의 중요한 요점 사항과 청중들을 웃길 유머나 사례, 또는 연설의 결론 등의 복안을 가지고 올라가는 것이 틀림없다.

교사 역시 수업을 이끌어 나갈 때 사전에 충분한 예습이나 준비 없이 교단에 선다면 수업이 규모 있게 진행되거나 효율적인 수업은 기대하기 어렵고 경우에 따라서는 수업 지도상의 실수를 범하는 경우도 있다. 교사가 구문 중의 어휘의 뜻을 정확히 모르거나 문법 설명의 오류 내지는 발음이 틀리는 실수도 범할 수 있는데 이러한 실수는 교사가 수업을 해 나가는데 교사의 권위에 큰 흠집이 될 수도 있다. 비록 교직 연수가 증가함에 따라 수업에 자신이 생기고 또한 자기 나름대로의 수업 형태가 생기더라도 더 재미있게, 더 효율적인 수업을 위해서는 수업의 내용, 진행에 철저한 준비가 필요한 것이다. 교안은 크게 'what to teach' 뿐 아니라 'how to teach'의 문제도 다루고 있기에 후자의 문제가 성공적 수업에 큰 영향을 미친다고 볼 수도 있다.

수업지도안을 영문으로 작성할 것이냐, 아니면 국문으로 작성할 것이냐의 문제가 연구 수업 후에 논의되는 경우가 있는데 어느 쪽을 택하든 무방하다. 일단 영어 교사이면 영어로 써 보는 게 자신의 발전에 도움이 되는 것을 예상할 수 있다. 그러나 영문으로 쓰는 교안은 표현력이 미비한 점이 흠이 될 수 있으나 목표 언어가 영어이기에 영어로 쓰는 것이 바람직한 태도가 아닌가 한다.

## 2. 수업 지도안 작성상의 유의점

### 1) 수업 지도안은 어디까지나 학생 중심임을 염두에 두어야 한다.

수업 지도안이 교사를 위한 준비 계획인 것은 사실이나 실제 수업이 효과적이 되기 위해서는 학생을 먼저 고려해야 한다. 학생들의 수준을 고려한 어휘, 구문을 사용함은 물론, 학생의 흥미, 정서, 동기, 심리 상태 등을 반드시 고려해야 하며 학생의 능력에 지나친 무리한 요구가 담긴 교안은 금물이다.

### 2) 수업 지도안은 실용성을 갖추어야 한다.

교안은 교실 나름대로의 지녀야 할 기본적인 형식이 요구된다. 그렇다고 해서 지나친 형식주의에 빠져서 실제 수업과는 거리가 있는 내용 구성은 곤란하다. 무엇을 어떻게 가르칠 것인지 그대로 교실에서 실시할 학습 활동을 정확하게 제시해야 한다.

### 3) 수업 지도안은 내부 항목끼리 서로 유기적 관계를 지녀야 한다.

교안에서 제시된 목표와 학습 활동의 유기성, 그리고 기존 습득된 어휘나 문법과 새로 소개될 구문과의 유기성 위에 짜여야 한다. 그리고 학습목표와 연관된 정리 활동 역시 유기적 관련성을 지녀야 함은 물론이다. 따라서 교사는 교안 작성 시 교육 목표와 계획을 언제나 전체적으로 보는 시각을 유지해야 한다.

### 4) 수업 지도안은 수업 목표나 teaching materials에 따라 달리 구성되어야 바람직하다.

본시 수업에서 다루게 될 내용이 의사소통을 목표로 한 대화문이냐, 아니면 대화문이 아닌 일반 기초적 내용의 자료냐 또는 문법적 사항만을 위주로 하는 structure 부분이냐에 따라 수업 목표는 물론 진행 방향과 기술, 수업에서 학생 활동이 달라야 할 것이다. 그리고 영어의 기능 중 쓰기를 위한 수업 모형과 듣기, 말하기 중심의 수업 모형,

그리고 읽기 중심의 수업 모형은 각각 달라야 함은 두말 할 필요도 없다.

#### 5) 수업 지도안은 실시 후 평가가 뒤따라야 한다.

수업 지도안은 어디까지나 실시 전 계획에 불과하다. 그러므로 작성한 수업 지도안을 가지고 교실에서 직접 가르쳐 보고 나서 평가한 뒤 부족한 내용, 방법, 재료 등을 보완하는 것이 필요하며 그래야만 자신의 발전에 큰 도움이 될 것이다.

#### 6) 학습 활동에 있어서 한 가지 활동에 너무 오랜 시간을 소비하지 않도록 계획되어야 한다.

## 3. 수업 지도안의 개요

수업 지도안은 크게 구분해서 **단원 학습지도안(master plan)**과 **본시 학습 지도안(sub plan)**으로 구분된다. 단원 학습 지도안은 예를 들어 Lesson 12일 경우 그 과 전체를 어떤 계획 하에 가르칠 것인가 진도 계획, 일반적 목표, 단원 목표 등을 전반적으로 기술하게 되지만 본시 학습 지도안은 바로 해당되는 수업 시간에 지도하게 될 학습 목표 진행 절차, 방법 등을 구체적이고도 상세하게 기록하게 되는 세안이라고 할 수 있다.

수업 지도안을 작성할 때 일반적 형식은 크게 **기술식과 기입식**으로 구분할 수 있는데 기술식은 수업 계획을 차례로 서술해 나가지만 기입식은 고정된 column을 사용하여 도표식으로 만들어 놓고 적어 넣게 되는데 예를 들어 지도 과정(teaching procedure)에서 교사 활동, 학생 활동, 배당 시간 및 교구재 등을 구분하여 적어 넣게 된다. 수업 지도안은 기술식과 기입식 중 그 어느 형식을 사용해도 무방하다.

수업 지도안에 포함된 구체적 항목을 들어 보면 다음과 같다.

(1) (Name of) Instructor: 가르치는 사람의 성명
(2) Date: 수업을 실시하는 년, 월, 일 및 해당 수업 시간
(3) Class: (학교), 학년, 반
(4) Text: 교과서명, 과의 제목
(5) Aims of This Period(=Aims of This Lesson): 본시의 학습 목표

(6) Allotment of Material(=Time Allotment): 본과의 시간별 진도 배당 계획을 쓴다. 즉, 한 과를 몇 시간에 나누어 가르치느냐의 계획을 세우고 구체적으로 페이지와 line을 쓴다. 이 경우는 주로 Master Plan에서 표기한다.

(7) Teaching Aids: 시청각 교구재 등 지도에 사용되는 것들을 기재한다.

(8) Teaching Procedure: 지도 과정으로서의 보통 Introduction, Development, Consolidation(=Summarization, Conclusion)의 3단계로 구분되며 여기서는 학습 내용, 학습 활동, 시간 배당, 지도 방법 등을 구체적이고 상세하게 기술하는 것이 필요하다.

(9) Material for This Period: 본시에 다루게 될 과의 본문을 교안 맨 뒤에 첨부하거나 별지에 제시한다.

이상에서 제시된 항목 중에서 (1)~(4)는 비교적 형식적 틀을 갖추는 데 불과하고 가장 중요한 것이 (5)의 학습 목표와 (8)의 지도 과정이라고 할 수 있다.

(5)의 학습 목표는 수업의 방향을 제시해 줄 뿐 아니라 교사로서 본과에서 배울 가장 중요한 내용들이 무엇인가를 분명히 파악하고 제시해야 하기 때문이다. 학습 목표는 좀더 상세히 구분하면 다시 일반 목표(general aims)와 본시 학습 목표(aims of this lesson)로 구분해 적을 수 있다. 일반 목표는 종합 목표라고도 하며 포괄적이고 학습주제를 통합해 주는 역할을 한다. 경우에 따라 본시 학습 지도안에서는 일반 목표를 생략하는 경우가 많다.

학습 목표를 정할 때는 다루는 text에서 자주 되풀이되는 요소를 목표로 삼거나 아니면 text중에서 **의사 기능적 가치(communicative value)**가 높은 표현을 학습 목표로 삼는다. 그리고 목표의 진술은 **도달점을 중심**으로 기술하되 대개 "~할 수 있다"는 식으로 표현한다.

(8)의 지도과정(teaching procedure)은 학습 목표를 달성키 위한 구체적 활동 내용을 대개 순서에 따라 적어 나가게 되는데 여기에는 ①가르칠 내용의 선정 ②가르치는 방법 ③주요 학습활동 형태를 전개해 나가는 순서 등이 가장 중요한 핵심이다. 지도과정은 보통 도입(introduction), 전개(development), 정리(consolidation)의 3단계로 구분하는 것이 가장 일반적이다. 지도 과정에서는 학습내용, 학습활동(교사, 학생), 학습제료, 시간 등의 내용을 구분해서 작성하는 것이 바람직하다. 각 단계에서 다루어지는 활동들을 중심으로 구체적으로 알아보기로 한다.

먼저 **도입 단계**의 경우를 살펴보면 여기에 사용될 수 있는 활동으로는 반복적인 것이 인사(greeting)와 출석 점호(calling the roll)이다. 그리고 학생들의 흥미와 관심을 불러 일으켜서 학습 동기를 부여키 위해 간단한 영어 노래를 함께 부른다던가, 간단히 웃기는 유머나 퀴즈, 교사의 체험담도 소개할 수 있다. 이것은 곧 학습을 시작하기 전에 배우고 싶어 하는 마음이 우러나오도록 교육 심리학적 기법을 사용하는 것이 요구된다. 그러나 여기에 사용되는 활동이 시간이 너무 길어서 5분 이상 지체되면 곤란하다. 이러한 동기 유발을 위한 활동 이외에 도입 단계에 포함될 수 있는 것이 지난 수업에 대한 복습(review of the previous lesson)이라고 할 수 있는데 여러 형태의 oral drill을 사용할 수도 있고 question-answer의 형태나 oral translation, 받아쓰기 (dictation) 등 간단한 test를 실시할 수도 있다. 지난 수업에 대한 복습 활동도 너무 자세하거나 시간이 오래 지체되어서는 안 되며 핵심적인 내용만을 개략적으로 점검하는 데 그쳐야 한다.

다음으로 **전개 단계(development)**는 수업에서 본론에 들어가는 부분이라고 할 수 있다. 전개 단계는 다시 3단계 또는 4단계로 활동이 구분되며 3단계는 3P 즉 **presentation, practice, production**으로, 4단계의 경우는 **제시(presentation), 설명 (explanation), 연습(drill =practice), 활용(application)** 등의 순서로 나가는 것이 바람직하다. 그러나 대부분 교사 중심의 문법 번역식 수업에서는 제시와 설명으로 끝나는 경우가 많은데 그런 경우 학생이 이해가 되었을지는 몰라도 자신의 것으로 내면화되어 스스로 사용할 수 있는 것은 아니다. 그리고 최근에 와서 지도절차의 전개 (development) 단계에서 4기능을 중심으로 각각 사전(pre), 본 활동(while), 사후 (post) 활동으로 구분하는 경향을 보이고 있기도 하다.

**제시 단계(presentation)**는 구체적 연습에 들어가기 전에 행하여지는 예비적 작업으로 새로운 교재 내용의 출발점이 된다. 제시 단계에서는 수업 목표의 소개, 새로 도입되는 어휘나 숙어, 중요한 구조(structure)나 표현들, 본문 듣기와 읽기 등이 보통 포함된다. 제시하는 방법에 있어서는 구두로 제시하는 것이 일반적이나 문어체로 제시할 수도 있다. 예를 들어 새로 나오는 단어나 숙어를 제시할 때 교사 자신이나 native speaker 목소리들을 tape을 통해 구두로 읽으면서 제시할 수도 있고 흑판에 써서 제시하거나 flash card, word card, chart 등을 통해서도 제시할 수 있을 것이다. 그리고 native speaker의 녹음을 들으면서 교사가 그려 온 그림 카드를 보여 주면서 제시할 수도 있다. 그리고 그 시간에 다루게 될 본문 역시 이와 유사한 방법으로 제시할 수 있다.

본문에 등장하는 새로운 어휘나 숙어를 교사가 구두로 제시할 때는 2회 정도 반복적으로 듣게 하는 것이 좋고 학생들이 전체적으로 2~3회 모방하여 따라하되 신속히 하도록 하며 처음에는 학생들이 발음에 정확성을 기하는 데 신경을 써야 하며, 충분한 발음 연습 뒤에 의미를 제시하게 되는 것이 좋다. 본문을 녹음한 것이나 교사의 model reading을 통한 제시에서도 2회 정도가 적당하며 그 후 학급 내 개인 학생을 지적하거나 지원하는 학생을 시켜 보는 것이 보통이다. 2회 정도 실시할 경우 1회는 text를 보고 하도록, 2회째는 text를 덮어두고 듣기만 하도록 할 수도 있다.

**설명 단계**에서는 본문의 내용을 교사가 번역을 통해서 설명하거나 중요한 구문과 문법 사항을 이해되도록 쉽게 풀어서 얘기해 주는 단계이다. 예를 들어 본문에 나타난 수동문을 설명할 때 수동문과 능동문의 형식적 차이와 형태적 특성을 설명할 수 있다. 주어는 목적어가 되어 목적격을 취하고 목적어는 주어 자리에 와서 주격이 되며 동사는 be+p.p의 형태를 취하고 전치사 by가 삽입된다는 등의 설명을 구두로 또는 판서 등으로 설명할 수 있다.

설명 단계에 이어서 반드시 따라와야 할 것이 **연습(drill) 단계**이다. 이는 제시된 학습 내용을 자기의 것으로 익히기 위해 집중적으로 연습하고 조작하는 단계로서 수업의 핵심을 이루는 부분이라고 할 수 있다. Fries는 수업 시간의 85%를 연습에 할당할 것을 권장하고 있다. 가장 일반적인 경우는 흑판이나 chart에 제시된 예문 구조를 교사를 따라 모방, 반복하는 것이 중요하며 2~3회 정도 반복하는 것이 효과적이다. 그리고 집중적 연습은 내용에 따라 발음 연습일 경우 최소 대립어 연습(minimal pair drill), 강세, 억양연습(stress-intonation drill) 등을 사용할 수 있고 문장 구조에 대한 연습일 경우 문형 연습(pattern drill), 질의-응답 연습(question-answer drill)이 있으며 기타 읽기 연습, 쓰기 연습 등도 할 수 있다. 이 가운데서 가장 대표적인 연습이라고 할 수 있는 것은 문형 연습이다.

**문형 연습(pattern drill)**에서 가장 일반적으로 사용되는 형태는 대치 연습(substitution drill)이며 그와 변형 또는 전환(transformation or conversion), 확대 연습(expansion drill), 통합 연습(integration drill), 축소(reduction drill), 번역(translation) 등의 활동이 여기서 활용될 수 있다. 설명에 이어 반복적 연습이 있어야만 학생들은 언어 습관이 형성되어 자기의 것으로 활용할 수 있는 능력이 생기게 되는 것이다.

그러나 변형 문법이 대두되면서 구조주의의 전성기에 인기를 누리던 문형 연습은 다소 비판을 받게 되었다. 문형 연습의 기법만을 통해서는 언어의 구조를 근본적으로 익히기 곤란하며 단순 무미건조한 기계적인 연습에 빠지게 되기에 형태(form)에서 의미로 전이가 잘 될 수 없게 된다. 즉, 의사소통 능력(communicative competence)을 중시하는 최근의 경향에 문형 연습은 실제 상황과 맞지 않은 경우가 많으므로 무의미한 학습에 빠지게 될 우려가 없지 않은 것이다.

**활용 단계(application)**는 앞서 설명과 제한되고 꾸며진 모의상황에서 연습을 통해 익힌 내용을 실제적인 상황 가운데서 자신의 것으로 얘기하거나 표현해 보는 단계이다. 이를테면 학생과 교사 간의 자연스런 대화 가운데 배운 구문을 통해 스스로 자기 의사 표현을 영어로 할 수 있는지 이 단계에서 교사는 학생의 이해와 아울러 사용 능력을 측정할 수 있게 된다. 예를 들어 "When I grow up, I want to be a nurse." 구문을 이해하고 연습했다면 교사는 "What do you want to be when you grow up?" 하고 물어 봄으로써 자기 의사 표현을 배운 구문을 통해 사용할 수 있는지 학생 개개인에게 점검할 수 있다. 활용 단계에서 흔히 사용될 수 있는 것 중의 하나는 구두로 번역(oral translation)하는 것이 효과적으로 사용될 수 있다. 또한 간단한 내용 같으면 영문 영답도 물론 좋다. 이렇게 볼 때 연습 단계에서는 기계적 연습 뿐 아니라 유의적 연습(meaning drill)과 의사소통 연습(communicative drill)을 모두 고르게 고려해 보는 것이 바람직하다.

**정리단계(consolidation)**에서는 그 시간에 가르칠 학습 내용의 중요한 핵심이나 요점을 정리하고 강조할 점을 강조하며 학습 목표에 따른 학생의 이해도를 평가 측정해 보는 단계이다. 우선 그 시간에 판서한 내용 가운데 중요한 내용이나 chart의 내용의 핵심을 재강조하여 반복 연습(repetition drill)을 할 필요가 있다. 그리고 난 뒤 학생의 이해도와 활용 정도를 측정키 위해 간단한 형성 평가 문항을 준비해서 사용하거나 영작, 받아쓰기, 질의응답들을 측정 항목에 따라 변화 있게 사용할 수 있다. 예를 들어 text의 내용을 이해토록 측정키 위한 평가 방법으로는 ①각 문단의 내용을 우리말로 요약하게 한다든가 ②듣고 읽는 내용 전체의 대의를 말하게 하는 방법 ③이야기 속의 인물이나 사건의 성격을 가장 잘 표현하는 낱말이나 문장을 찾게 하는 것 등을 생각할 수 있을 것이다. 그러나 문법 내용인 경우는 평가 문항을 따로 구성하는 것이 중요할 것이다.

정리 단계에 도입될 수 있는 또 다른 활동으로는 본문 전체를 학생에게 지적하여 읽게 하거나 우리말로 번역케 하는 방법 그리고 숙제를 제시하거나 차시의 배울 범위와 내용에 대한 예고가 여기서 사용될 수 있다.

## 4. 수업 지도안의 형식(Format of a Lesson Plan)

수업 지도안의 모형은 학자에 따라 상당한 차이가 있으며 또한 수업이 4기능 중 어느 기능을 중심으로 하는 수업인가에 따라 그 모형이 서로 다르기도 하다. Finnochiaro (1958)는 학습 지도안에 다음과 같은 항목이 기술 되어야 한다고 주장한다.

1) Introduction: Motivation, review of previous lesson
2) The statement of aim
3) The development or presentation
4) The generalization or statement of rules
5) The practice
6) The summary
7) The assignment

우리나라에서 대체로 사용되고 있는 일반적 수업 지도안의 모형은 다음과 같다.

### Master Plan

1. Text :
2. Unit :
3. General Aims :
4. Time Allotment :

### Sub Plan

1. Date :
2. Class :
3. Unit :
4. Period :
5. Teaching Material :
6. Specific Aims of This Period :
7. Teaching Aids :
8. Teaching Procedure :

| Steps | Procedure | Teaching-Learning Activities | | Aids & Remarks | Time (min.) |
|---|---|---|---|---|---|
| | | Teacher | Students | | |
| Introduction | | | | | |
| Development | | | | | |
| Consolidation | | | | | |

일반적으로 단원을 중심으로 한 단원 학습 지도안 모형과 해당 차시를 중심으로 한 본시 학습 지도안은 따로 구별하여 작성하는 것이 보통이나 다음과 같이 종합하여 기본 모형을 사용하기도 한다.

Lesson Plan

Instructor: So and so

Ⅰ. Date : 1st Period (9:00~9:50a.m.), May 1, 1996

Ⅱ. Class : The 1st Year, Class A

Ⅲ. Text : Such-and-such Reader, Book Ⅰ, Lesson 1

Ⅳ. Allotment:

The 1st Period p.5, 11. 1~3

The 2nd Period p.5, 11. 4~5[The Present Period]

The 3rd Period p.5, 11. 6~8

Ⅴ. Aims of this Lesson:

(1) General Aim

(2) Points for this Period

(1) ..................................

(2) ..................................

Ⅵ. Procedure:

(1) Greeting and Roll-call

(2) Review

(i) Chorus Reading

(ii) Individual Reading

(iii) Oral Drill

(iv) Test

(3) Presentation of New Materials and Drill:

(i) Presentation

(a) ..............

(b) ..............

(c) ..............

(ii) Drill

(a) ..............

(b) ..............

(c) ..............

(4) Reading

(5) Explanation

(6) Consolidation

(7) Assignment of Homework

위의 지도안은 절차(procedure)에서 Introduction, Development, Consolidation의 구분이 없는데 (1), (2)가 Introduction에 (3), (4), (5)는 Development에 각각 해당되며 (6), (7)은 Consolidation의 부분이라고 할 수 있다.

한 편 동양에서 주로 사용되는 본시 학습 지도안의 모형은 대개 다음과 같다.

Sub Plan

1) Instructor:

2) Date:

3) Class:

4) Text:

5) Teaching Aids

6) Aims of This Period

7) Teaching Procedure

A) Introduction: Greeting, Roll-call, Motivation
Review of Previous Lesson

B) Development: Presentation of New Materials
Explanation(structure, grammar, meaning)
Practice(=Drill)
Production(=Application, Communicative Activities)

C) Consolidation: Summary of Main Points

Formative Test or Comprehension Checkup

Assignments

8) Material for This Period

실제 수업 지도안의 몇 가지 예를 소개하면 다음과 같다.

<Sample A>

## Sub Plan

1. Unit: Lesson 1. Everyone Has a Job.
2. Period: The 2nd of 5 Periods (Reading)
3. Time: 45 minutes
4. Specific Aims
   1) To improve listening and reading ability.
   2) To help students understand the meanings of new phrases and structures.
   3) To make short sentences using language functions and new structures.
      a) I have a friend to play with.
      b) Would you like to play tennis?
      c) I help my mother clean the room.
5. Teaching Procedure

| Steps (Mins) | Contents & Activities | | Remarks &Aids |
|---|---|---|---|
| | Teacher | Students | |
| INTRODUCTION (5') | ◉Greetings & Roll call<br>– Good morning.<br>– Is everybody here?<br>– Who is absent?<br>◉Daily Conversation<br>• Answer the following questions.<br>– It is warm today?<br>– We can see many flowers<br>– Do you like flowers?<br>– Do you like roses?<br>◉Review<br>• Let's review the last lessons. Translate the following Korean into English.<br>– 할아버지 댁에 갈 시간이다.<br>– 나는 거기에 가고 싶다.<br>– 나는 가능한 빨리 준비할 것이다 | <br>– Good morning.<br>– Yes/No<br>– Nobody is absent.<br><br><br>– Yes, very warm.<br>– Yes, we do.<br>– Yes, we like roses very much.<br><br><br><br><br>– It's time to go to grandfather's<br>– I want to go there. | |

| Steps (Mins) | Contents & Activities | | Remarks &Aids |
|---|---|---|---|
| | Teacher | Students | |
| DEVELOPMENT (35') | ◉ Presentation of the learning points<br>• Here are today's learning points. I'll explain them in English and Korean. Listen to and understand the sentences<br>1. I have a friend to play with.<br>2. Would you like to play tennis?<br>3. I help my mother clean the room. | • Look at the points and try to understand. | Blackboard with learning points |
| | ◉ Listening<br>• Close your books and listen to the tape recorder.<br>• Open your books and listen to the tape recorder twice. | – Listen to the tape recorder.<br>– Listen twice. | Tape reorder |
| | ◉ New words and expressions.<br>• Let's listen to and understand new words and expressions looking at the flash cards.<br>– through. field. suddenly.<br>– grass. robin. toward<br>– I have no one to play with.<br>– I would like to swim.<br>– I help my mother clean the room.<br>– I have a friend to play with.<br>a friend to go with.<br>something to eat.<br>water to drink.<br>– Would you like to have ice cream?<br>go on a picnic<br>sing a song.<br>– I help my mother (to) clean the room.<br>sister do her homework.<br>friend study English. | – Look at the flash cards.<br>– Listen carefully and repeat after the teacher.<br>– Explains some of the new expressions<br>– I have _______.<br>– Would you like to _____?<br>– I help my ______. | Flash cards<br>Flannel board<br>OHP |
| | ◉ Reading and Explanation<br>– Have the students repeat in chorus.<br>– Have a few students read the text.<br>– Ask some questions about the story.<br>– 마리아는 무엇을 하고 싶었습니까?<br>– 마리아는 같이 놀 친구를 찾았습니까?<br>– 마리아는 결국 무엇을 하기로 했습니까? | • Repeat after the teacher.<br>– 들에서 놀고 싶었습니다.<br>– 아무도 찾지 못했습니다.<br>– 학교에 가기로 했습니다. | OHP or enlarged picture of reading compre-hension |
| | ◉ Comprehension Check-up<br>• Open your book to page~.<br>• Listen to the tape and check the answer. | • Check the answer. | |

| Steps (Mins) | Contents & Activities | | Remarks & Aids |
|---|---|---|---|
| | Teacher | Students | |
| CONSOLIDATION (5') | ◉ Consolidation<br>• Let's review today's lesson briefly. Listen to what the teacher says in Korean and write it down in English.<br>Designated students say it.<br>– 나는 같이 놀 친구가 없다.<br>– 노래하고 싶니?<br>– 나는 어머니가 방 청소하는 것을 도운다.<br>◉ Homework<br>• I'll give you homework.<br>Read and memorize the useful expressions.<br>– Make some sentences using today's expressions. | – I have no friend to play with.<br>– Would you like to sing a song?<br>– I help my mother (to) clean the room. | |

<Sample B>

## Sub Plan

| 단원명 | Lesson 4<br>Do you ever wonder? | 대상 | 중2 | 차시 | 2/10 | 지도 일시 | 5.13 6교시 | 지도 장소 | class-room |
|---|---|---|---|---|---|---|---|---|---|
| 학습목표 | 1. should(~해야 한다), may(~해도 좋다)의 구문으로 각각 2개 이상의 문장을 만들 수 있다.<br>2. What do you want to be?로 물으면 I want to become-.구문으로 말할 수 있다. | 출발점 행 동 | • Can의 표현을 안다.<br>• I want an apple.의 표현을 알고 있다. | | | | | | |
| 학습자료 | 교사: text, tape-recorder, charts, word-cards, picture-pile<br>학생: text, notebook, dictionary | | | | | | | | |

| | 구분 단계 | 학습내용 | 학습 활동 | | 자료 및 유의점 | 형성평가 (기타) | 시간 |
|---|---|---|---|---|---|---|---|
| | | | 교사 | 학생 | | | |
| 전개과정 | Intro-duction | 1. Greeting<br>2. Roll-call<br>3. Everyday English<br>4. Special Activity<br>5. Review | Hi, everyone.<br>Who's absent Today?<br>What did you do yesterday?<br>광고 만들기<br>① sale guitar<br>② wanted(구직) | Hi, ma'am<br>Answer<br><br>Answer<br>Understanding | picture-pile | 학생들의 집중 및 흥미유도 | 10분 |

| | 구분<br>단계 | 학습내용 | 학습활동 | | 자료 및<br>유의점 | 형성평가<br>(기타) | 시간 |
|---|---|---|---|---|---|---|---|
| | | | 교 사 | 학 생 | | | |
| | | | Question<br>– 어떻게 하면 공원에 갈 수 있나요?<br>– 나는 사과 하나를 원해. 나도 역시 그래. | Answer<br>How can we get to the park?<br>I want an apple.<br>Me, too./<br>I do too. | | | |
| 전<br>개<br>과<br>정 | Development | 1. Oral introduction of today's lesson<br>2. Listening to the tape | Brief explanation<br>학습목표 제시<br>chart를 보여주면서 tape 들려주기 | Understanding<br><br>Listening | picture-pile<br>tape-recorder | 학습 동기 유발<br>hearing의 향상 | 10분 |
| | | 3. Presentation of words & idioms<br>solve 풀다<br>should ~해야 한다.<br>may ~해도 좋다.<br>~일지도 모른다.<br>question 질문<br>become ~이 되다<br>(became-become)<br>scientist 과학자 | 문제를 푼다.<br>나는 이 문제를 풀 수 있다.<br>당신은 주의 깊게 들어야만 합니다.<br>내가 들어가도 될까요?<br>질문하다.<br>나는 의사가 되었다. | solve the problem<br>I can solve this problem.<br>You should listen carefully<br>May I come in?<br>ask a question<br>I became a doctor. | word-cards<br>chart | 단어를 통한 writing skill 향상 | |
| | | 4. Explanation of structures<br>1) should +동사원형<br>=must<br>=have to<br>=ought to<br><br>2. may+동사원형<br>~해도 좋다<br>(허락)<br>~일지도 모른다<br>(추측)<br><br>may의 허락표현과 추측표현 | Question<br>당신은 열심히 공부해야 합니다.<br>나는 과학자가 되고 싶다.<br><br>우리는 지금 그것을 해야만 합니까?<br>Mr. Kim은 많이 먹어서는 안 됩니다.<br>우리는 학급에서 조용히 해야만 한다.<br><br>내가 수영을 하러 가도 될까요?<br><br>대답요령 설명<br>긍정:yes, you may.<br>부정:no, you may not<br>no, you must not<br>그는 그것을 알지 못할지도 모른다.<br>당신은 떠나도 좋습니다.<br>내일 비가 올지도 모른다. | Answer<br>You should study harder.<br><br>Should we do it now?<br>Mr. Kim should not eat too much.<br>We must be quiet in our class.<br><br>May I go swimming?<br>Understanding<br><br>He may leave now.<br>It may rain tomorrow. | chart 이용<br><br>chart<br><br>pictures<br>그림제시<br>예문을 세시한다. | 개인별 집단별로 질의, 응답<br><br>문장완성하기<br>individual whole<br><br>내용을 생각하며 듣는다. | 20분 |

<table>
<tr><th rowspan="2"></th><th rowspan="2">구분<br>단계</th><th rowspan="2">학습내용</th><th colspan="2">학습활동</th><th rowspan="2">자료 및<br>유의점</th><th rowspan="2">형성평가<br>(기타)</th><th rowspan="2">시간</th></tr>
<tr><th>교 사</th><th>학 생</th></tr>
<tr><td rowspan="3">전<br>개<br>과<br>정</td><td>Development</td><td>3) 자기의 소망이나 의지를 표현하고자 할 때<br><br>5. Listening to the tape<br>6. Top-down modeling</td><td>What do you want to be?<br>a nurse/a doctor<br>a cook<br>a carpenter<br>a model<br>a designer<br>녹음기 작동<br>주제, 주제문 등을 묻는다.</td><td>I want to become<br><br>listening .</td><td><br>tape -recorder</td><td></td><td></td></tr>
<tr><td>Consolidation</td><td>Dictation</td><td>우리는 열심히 공부해야 한다.<br>내가 당신에게 질문을 해도 될까요?<br>나는 영어교사가 되길 원합니다.</td><td>We should study harder.<br>May I ask you a question?<br>I want to become an English teacher.</td><td></td><td>학습내용 정리.<br>문장을 불러주고 써보기</td><td>5분</td></tr>
<tr><td>Assignment</td><td>1) 아인슈타인의 일화에 대해 조사해오기<br>2) 본문의 단어조사<br>3) 영어로 써오기<br>① 너는 숙제를 해야 해<br>② 엄마, 저는 수영하러 가도 돼요?</td><td>불러주기</td><td>듣고 적기</td><td></td><td></td><td></td></tr>
</table>

<Sample C>

## Sub Plan

<table>
<tr><td rowspan="2">Unit</td><td rowspan="2" colspan="2">Listen Focus 1</td><td>Page</td><td>194-195</td></tr>
<tr><td>Period</td><td>1</td></tr>
<tr><td>Objects</td><td colspan="4">– Students can listen to and understand the dialogs.<br>– Students can find out key words while listening the dialogs.<br>– Students can answer the questions about the dialogs.</td></tr>
<tr><td>Step</td><td>Procedure</td><td colspan="2">Activities(Teacher : Students)</td><td>Materials & Remarks</td></tr>
<tr><td>Introduction</td><td>Warm-up</td><td colspan="2">T/S: Exchange greetings.<br>T: Call the roll.<br>T: Introduce the new lesson.</td><td rowspan="6">CD-ROM,<br>Tape recorder<br>OHP<br>Powerpoint</td></tr>
<tr><td rowspan="3">Development</td><td>Pre-listening</td><td colspan="2">S: Look at the picture and guess what is going on in the pictures.</td></tr>
<tr><td>While-listening</td><td colspan="2">S: Listen carefully to the dialogs.<br>S: Listen again.<br>S: Choose the right word or phrase students have heard.<br>S: Talk about the dialogs.<br>S: Guess the meaning of the new vocabulary or place names in the dialog.<br>T: Check whether students understand the dialogs.</td></tr>
<tr><td>Post-listening</td><td colspan="2">S: Do chunking practice.<br>S: Learn how to check other's understanding.</td></tr>
<tr><td rowspan="2">Consolidation</td><td>Wrap-up</td><td colspan="2">T: Have students make two sentences using today's expressions.</td></tr>
<tr><td>Assignment</td><td colspan="2">T: Have students record the dialogs in Step 1 with their own voice.<br>T: Have students listen to the dialog three times.</td></tr>
</table>

<Sample D>

# Sub Plan

<table>
<tr><td rowspan="2">Unit</td><td colspan="2" rowspan="2">Reading Task</td><td>Page</td><td>202-207</td></tr>
<tr><td>Period</td><td>5-7</td></tr>
<tr><td>Objects</td><td colspan="4">Students can read and understand tow folk tales.</td></tr>
<tr><td>Step</td><td>Procedure</td><td colspan="2">Activities(Teacher : Students)</td><td>Materials & Remarks</td></tr>
<tr><td>Introduction</td><td>Warm-up</td><td colspan="2">T/S: Exchange greetings.<br>T: Call the roll.<br>T: Introduce today's lesson.</td><td rowspan="6">CD-ROM,<br>Tape recorder<br>OHP<br>Powerpoint</td></tr>
<tr><td rowspan="3">Development</td><td>Pre-reading</td><td colspan="2">S: Look at the picture and figure out what stories are related to the given announcement.<br>S: Answer the questions about a good story.<br>S: Match the words with appropriate meanings.</td></tr>
<tr><td>While-reading</td><td colspan="2">S: Check the new words at the bottom of each page.<br>S: Listen to the tape and think about the main idea of the text.<br>S: Read and guess the meaning of the text.<br>S: Read the reading passage.<br>T: Explain sentence structures.</td></tr>
<tr><td>Post-reading</td><td colspan="2">S: Find out the topic sentence of each paragraph.<br>S: Talk about the whole story.<br>S: Answer the question at the bottom of each page.<br>S: Listen to the text.</td></tr>
<tr><td rowspan="2">Consolidation</td><td>Wrap-up</td><td colspan="2">T: Ask students a few questions about today's lesson.</td></tr>
<tr><td>Assignment</td><td colspan="2">T: Let students submit English-English explanation for the new words with the sample sentences.</td></tr>
</table>

<Sample E>

# Sub Plan

Ⅰ. Date and Hour: The 3rd hour of December 15, 2005

Ⅱ. Class: 1~2 class (60 girls)

Ⅲ. Text: Middle School English 2 of Doosan

Ⅳ. Period: the 3rd Period of Lesson 3. A Special Gift

Ⅴ. Teaching Aids: Tape recorder, Flannel board, Picture, Worksheet

Ⅵ. Specific Aims of Period

A. Students will pronounce new words and understand their meaning.
invite [invait] 초대하다
gift [gift] 선물

B. Students will talk about their plans each other.

C. Students will make an appointment with friends.

Ⅶ. Teaching Procedure:

A. Greeting and Roll-call (1minute)

T : Hello, everyone.
How are you today?

S : Fine.

B. Warm Up and Review Last Class (4minutes)

T : On your birthday, Do you usually have a birthday party?
I always have a birthday party with my family.
Actually this Saturday is my birthday.
I will be happy if you celebrate my birthday party.
Today you will learn about making appointments and talking about plans.
After class, you can invite friends to your party and have a nice party.
Last time, what did you learn?
We learned frequent adverb.
Always, usually, often, sometimes, and never are frequent adverb.
We also learned the position of frequent adverb.

If I ask you "Do you get up at 7?"

You can answer like these following.

"I always get up at 7."

"I usually get up at 7, but sometimes get up at 8."

"I never get up at 7."

C. Presentation of New Material and Development (20minutes)

1. Listening to the dialogue

T: Just listen. Do not look at the script.

Listen one more time. This time you can look at the script.

2. New Words

Teach new words in sentence.

- I invite you to my birthday party. Can you come to my house tomorrow?
- I receive many gifts from my friends. They are toys, books, and pencils.

3. Pattern Practice (12minutes)

1) I am planning to come to Tony's party.

a. Introduction

T: I'm planning to come to my Tony's party.

Listen and repeat.

I'm planning to come to my Tony's party.

I'm planning to come to my Tony's party.

S: I'm planning to come to my Tony's party.

T: Change the sentence above into yes-no question.

S: Are you planning to come to Tony's party?

b. Substitution Drill

T: If I say "to go to church"

You say "I'm planning to go to church."

S: I'm planning to go to church.

T: "To travel Europe"

S: I'm planning to travel to Europe.

T: "To invite you to my party"

S: I'm planning to invite you to my party.

2) Shall we make a gift together?

a. Introduction

T: Shall we make a gift together?

Listen and repeat

Shall we make a gift together?

Shall we make a gift together?

S: Shall we make a gift together?

b. Substitution Drill

T: If I say verb "take a walk"

You say "Shall we take a walk?"

S: Shall we take a walk?

T: "go see a movie"

S: Shall we go see a movie?

T: "study English together"

S: Shall we study English together?

T: "play baseball"

S: Shall we play baseball?

(Students drill in groups and individually)

3) Question and Answer Drill

T: What are you planning to do in winter vacation?

S1: I'm planning to travel Canada.

T: I'm planning to travel Canada, too.

Shall we travel Canada together?

S1: OK. That sounds great!

T: Is he planning to travel China?

Class: No, he is planning to travel Canada.

D. Consolidation and Appraisal (9minutes)

1. Expansion Drill (3minutes)

T: What are you planning to do in winter vacation?

S: I'm planning to ______.

T: What are you planning to buy?

S: I'm planning to buy ______.

T: What are you planning to have for lunch?

S: I'm planning to have ______.

T: Shall we _____ baseball this afternoon?

S: That sounds good/ Sorry, I'm busy

T: Shall we _____ pizza for lunch?

S: OK. Let's meet at the Pizza Hut.

T: Shall we _____ a movie this Sunday?

S: Of course! Let's meet at 7 pm. at Lotte cinema.

(Students ask and answer the questions in groups and individual)

2. Individual Checking (2minutes)
3. Dictation (4minutes)

① What are you planning to travel in winter vacation?

② I'm planning to visit my grandparents this evening.

③ Shall we take a walk?

E. Assignment (1 minute)

Talk about winter vacation plans with your partner and write down plans.

# 9 영어과 평가

## 1. 평가의 개념

평가 분야에서 시험, 테스트, 검사 등 여러 용어는 평가라는 말과 비슷한 뜻으로 쓰인다. 영어에서도 테스트, 테스팅, 이그재미네이션(examination), 메저먼트(measurement), 어세스먼트(assessment), 이밸류에이션(evaluation) 등의 용어들이 명확한 구분 없이 혼용되는 경우가 많다.

영어에서 사용하고 있는 용어들을 보면 사람에 따라 상당히 달라서 때로는 혼란스럽기도 하다. 먼저 테스트, 어세스먼트, 이밸류에이션이라는 말들을 살펴보기로 하자. 테스트는 자연 과학 분야에서 오래전부터 사용해 온 상당히 일반적이고 객관적인 성격이 강한 앵글로 색슨어 계열의 말이고(예: litmus test), 어세스먼트는 테스트보다는 공식적인(formal) 성격이 크고 주관적인 판단의 의미가 가미된 라틴어 계열의 말이다(예: damage assessment). 어세스먼트는 우리말에서 '(목표나 기준에 맞고 안 맞음을) 헤아려 본다'는 뜻의 '가늠하다'와 비슷한 개념이라고 여겨진다. 이밸류에이션 역시 라틴어 계열의 말로 이 셋 중 가장 공식성이 크며 어떤 결정을 내리는 것과 관련이 깊은 말이다(예: stock evaluation). 또 테스트는 자연 과학 분야에서 시약 등의 실험 결과를 논의할 때처럼 주로 사물에 관해 쓰는 경향이 있고, 어세스먼트나 이밸류에이션은 사람이나 사물의 속성, 성질, 정도, 양 등을 측정하여 그 의미를 해석하는 일과 관련이 깊게 이는 경향이 있다. 이렇게 볼 때 테스트라는 말은 정량적 (quantitative) 성격이 강하고, 어세스먼트라는 말은 정량적 성격과 정성적(qualitative)성격을 동시에 갖고 있으며, 이밸류에이션이라는 말을 정성적 성격이 가장 강한 말이라고 이해할 수 있을 것이다. 그러나 오늘날 테스트는 자연 과학 분야에서뿐만 아니라 거의 전 분야에서 널리 쓰이는 말이 되었다. 테스트라는 말은 명사로 쓰일 경우에는 정보나 자료를 수집하는 도구를 가리키는 말로 쓰이고, 동사로 쓰일 경우에는 정보나 자료 수집의 과정과 그 결과를 해석하고 판단하는 것 일체를 포함하는 말로 쓰인다. 결과적으로 이 용어들의 의미를 명확하게 규정하기는 매우 어렵다.

본서에서는 어세스먼트란 기본적으로 어떤 의사 결정을 하기 위한 사전 작업으로서 관련 정보나 자료를 수집하는 과정과 절차를 총칭하는 말로 규정하고자 한다. 정보나 자료를 수집하는 방법으로는 관찰, 학생 산출물의 분석, 검사(시험) 등이 사용되는데, 대부분의 경우 양이나 비율 등을 재거나 가늠하는 측정(measurement)이 관계되기 때문에 어세스먼트는 주로 '측정을 통한 정보나 자료를 수집하는 과정과 절차'를 의미하는 말로 사용하기로 한다. 그러나 전적으로 객관적인 측정만을 가리키는 말로 한정하지 않고 그것을 넘어서 어느 정도의 추론이나 판단 개입까지 포함하는 것으로 이해하고자 한다.

정보나 자료를 수집하는 데 사용하는 구체적인 도구를 '검사'나 '시험'이라고 부르는데, 영어에서는 테스트라는 말과 이그재미네이션이라는 말이 혼용되고 있다. 테스트란 원래 내재적 자질이나 특질을 주로 측정에 의하여 밝히는 과정에서 중점을 둔 말이고, 이그재미네이션은 적절한 방법과 면밀한 절차로 측정하는 것을 가리키는 말로 주로 방법과 절차의 면밀성에 중점을 둔 말이라고 한다.

반면, 이밸류에이션은 수집된 자료나 정보의 의미를 해석해서 가치를 판단하고, 더 나아가서는 의사 결정까지도 하는 과정을 가리키는 말로 규정하고자 한다. 이 말은 글자 뜻 그대로 가치를 재는 (e+value) '가치판단'의 의미가 강하게 배어 있는 말로, 어세스먼트의 결과로 얻어진 정보의 의미를 해석하거나 가치를 판단하는 과정을 일컫는다. 즉, 자료나 정보의 수집기능을 가진 어세스먼트와 이를 바탕으로 판단과 의사 결정의 기능을 하는 이밸류에이션은 서로 다른 것으로 구별되어야 할 필요가 있다.

## 2. 평가의 구비 요건

### 1) 타당도(Validity)

타당도는 시험문항이라 내용이 측정하려는 목적과 일치하여 측정하려는 내용을 실제로 정확히 측정하느냐의 문제이다. 이러한 타당도는 내용 타당도(content validity), 구인 타당도(construct validity) 예측 타당도(predicative validity) 안면 타당도 (face validity)의 4가지로 나누어진다.

### (1) 내용 타당도(Content Validity)

내용 타당도는 평가가 얼마나 목표에 맞게 정확하게 측정하느냐 문제이다 내용타당도는 과제들의 교수목표반영도, 교과내용과의 관련성, 과제의 고등 사고능력의 평가, 채점기준의 적절성, 과제들이 공정성, 과제들의 실행 가능성 등이 반영되어야 한다.

### (2) 구인 타당도(Construct Validity)

인간 행동을 설명하거나 이해하려는 목적으로 만들어진 개념들(지능, 적성, 동기, 불안 등)에 대한 가설을 설정하여 과학적으로 분석하려는 도구가 타당한지 여부를 나타내는 것이다. 기저능력을 구인(construct)이라고 한다. 평가가 언어능력 이론에서 제시하고 있는 기저능력을 측정해서 보여줄 수 있다면 구인 타당도가 있다고 말할 수 있다. 의사소통능력, 능숙도, 자존심도 각각 하나의 구인이다.

### (3) 예측 타당도(Predicative Validity)

준거지향 타당도라고 할 수 있는데 평가자 얼마나 학습자의 미래의 행동이나 특성을 어느 정도로 정확하게 예측 하느냐의 문제이다. 현재의 측정자와 미래의 결과 측정치 즉 준거간의 상반관계를 구하여 타당도를 검사한다.

### (4) 안면 타당도(Face Validity)

안면타당도란 평가가 측정하려는 것을 측정하는 것으로 보이느냐의 문제이다. 예를 들어 독해시험에 독해자료가 제공되지 않는다면 그 평가는 안면 타당도를 갖추지 않았다고 할 수 있다.

## 2) 신뢰도

동일한 피험자를 대상으로 시험을 두 번 실시하였을 때 두 평가의 결과가 동일하게 나눌 수 있느냐의 문제이다. 평가의 결과가 유지할수록 신뢰도가 높다. 다시 말하면 검사도구가 얼마나 정확하게 오차 없이 측정하는가의 문제이다. 신뢰도는 문항신뢰도(item or test reliability) 채점자 신뢰도(scorer reliability), 검사-재검사 신뢰도(test-retest reliability)등을 포함한다.

### 3) 실용도(Practicability)

실용성이란 시간과 경비가 적게 들어야하고 관리와 채점과 해석이 용이해야 함을 의미한다. 또한 시험 절차와 방법이 어느 정도 경제적인지도 고려해야 한다.

### 4) 객관도(Objectivity)

객관성은 측정 결과를 점수로 환산할 때 시험 문항에 대한 점수나 채점기준이 시간, 공간, 감정적 변화에 영향을 받지 않음을 말한다. 어떤 시험문제를 복수의 채점자가 채점했다든지 동일한 채점자라도 시간적 간격을 두고 채점했을 때 심한 편차가 생긴다면 이는 자신의 평가방법에 객관성이 결여되었기 때문이다.

### 5) 변별도

평가가 피험자의 능력을 적절하게 구분해 주는가의 문제가 변별도이다. 평가에 요구되는 변별도의 정도는 평가의 목적에 따라 달라진다. 예를 들어 학습목표 달성을 파악하는 데는 교사가 80－90% 성취수준을 바라기 때문에 높은 변별도가 요구되지 않는다. TOEFL이나 TOEIC과 같은 언어숙달도 평가에서는 높은 변별도가 요구된다. 평가의 변별도가 높다는 것은 피험자의 점수가 넓게 분포되어 있다는 것을 의미한다.

## 3. 평가의 유형

### 1) 분리평가와 통합평가

평가가 한 번에 한 기능이나 요소만을 평가하느냐 아니면 여러 능력을 복합적으로 평가하느냐에 따라 각각 분리평가(discrete test)와 통합평가(integrative test)로 나누어진다. 분리평가를 주장하는 학자들은 언어를 하위 여러 부분으로 구성된다고 보며 그에 따라 세분화해서 실시해야 한다고 보는 견해로 60년대 구조 언어학의 영향이며 학습자의 취약점을 찾아내어 미리 처방할 수 있다는 대조분석가설(Contrastive Analysis Hypothesis)의 영향이기도 하다.

Harris(1969: 11)의 분리 평가 시 언어기능과 요소 분류표는 다음과 같다.

■ Harris의 언어기능과 요소 분류표

| Components | Language Skills | | | |
|---|---|---|---|---|
| | Listening | Speaking | Reading | Writing |
| Phonology/orthography | | | | |
| Structure | | | | |
| Vocabulary | | | | |
| Rate and general fluency | | | | |

통합평가는 언어의 다양한 능력을 한 번에 측정할 수 있다는 가정 하에 실시하는 평가이다. Oller(1979)의 단일 능력가설(Unitary Competence Hypothesis)에 따라 인간의 언어능력을 그 하위능력으로 나누어 볼 수 없는 하나의 통합된 체계로 이루어져 있다는 것에 기초를 두고 있다. 통합평가는 주로 주관식 평가로서 그 대표적인 단점으로는 채점자의 주관적 판단에 의해 좌우될 수 있으므로 신뢰도가 낮아질 우려가 있다.

### 2) 직접평가와 간접평가

평가는 측정하고자 하는 능력을 직접 수행하게 하여 평가하느냐의 여부에 따라 직접평가(direct testing)와 간접평가(indirect testing)로 나누어진다. 직접평가의 예로 말하기 능력 측정을 위해 실제로 말을 해보게 한다거나 쓰기 능력 측정을 위해 작문하게 하는 것을 들 수 있다. 직접평가의 장점으로는 즉각적인 피드백의 제공이 가능하고 학습에 대한 유익한 역류효과를 가져올 수 있다. 단점으로는 채점시간이 많이 필요하고 신뢰도가 떨어지는 면이 있다. 한편 간접평가는 평가하고자하는 능력을 간접적으로 평가하는 방법으로 여러 제약으로 인해 직접평가의 실시가 곤란할 때 사용된다. 간접평가의 예를 들면, 말하기 평가에서 "다음 대화에 이어질 적절한 발화는 무엇입니까" 라는 문항을 두고 4개의 답안 중 하나를 고르게 하는 객관식 선다형 말하기 평가를 실시한다면 말하기의 간접평가가 된다. 이러한 객관식 문항을 통한 간접평가는 채점자의 주관에 따라 점수가 달라지지 않기에 신뢰도가 높고 시간이 적게 든다. 그러나 간접 평가는 내용 타당도와 구인타당도가 낮아서 평가로서 중요한 역할을 하지 못한다는 단점이 있다.

### 3) 객관식 평가와 주관식 평가

채점방식에 따라 평가는 객관식 평가(objective testing)와 주관식 평가(subjective testing)로 나누어진다. 객관식 평가는 채점자나 그 외 제반 상황의 영향을 받지 않고 이루어지는 평가이고 주관식 평가는 채점 시 채점자의 주관이 개입될 수 있는 평가이다.

객관식 평가는 정답이 하나이거나 제한되어 있기에 채점이 신속히 이루어 질 수 있다는 점과 신뢰도 또한 높다. 따라서 컴퓨터 등의 기계 및 비전문적인 사람도 채점이 가능하다. 그러나 말하기나 쓰기 능력을 선다형 문항으로 측정할 경우 평가하고자 하는 내용을 직접 측정하기 못하므로 타당도가 결여된다는 단점이 있다. 객관식 평가의 형태로는 진위형, 선다형, 연결 짓기(matching), 문장 배열하기 등을 들 수 있다.

### 4) 형성 평가와 총괄 평가

평가는 먼저 형성 평가(formative test)와 총괄 평가(summative test)로 분리된다. **형성 평가**란 학습자들이 학습 목표를 얼마나 잘 성취하고 있는지 알아보기 위해, 또 학습자들에게 필요한 다음 단계가 무엇인지 알아보기 위해 실시하는 평가이다. 형성 평가는 수업 시간 중에 이루어지는 질문이나 확인 작업 등의 비형식적인 형성 평가와, 월말 고사나 중간고사 등의 고정된 틀을 가지고 실시되는 형식적인 형성 평가로 나눌 수 있다. 비형식적인 형성 평가는 보통 수업 시간마다 이루어지며, 학생 중심 활동에 의해 평가가 진행되어 학생 스스로 정답을 찾고 탐구하는 기회를 제공한다(김옥환, 권오익, 1987; 배두본, 1997; Scriven, 1967). 반면에, 형식적인 형성 평가는 좀더 체계적으로 이루어지는 평가로서 평가 내용 역시 더 포괄적이고, 학습과 분리되어 실시된다.

**총괄 평가**는 학생들이 어떤 교육과정을 이수하고 또는 어떤 학습 목표를 성취하였는지 측정하기 위해 한 학기 또는 한 학년말에 광범위한 영역을 출제하여 실시하는 계획적이며 체계적인 평가이다. 이는 형식적인 형성 평가와 유사하지만, 형식적인 형성 평가는 평가 회수가 비교적 더 많고 학습 단위가 더 세분화되며, 좀 더 즉각적인 피드백을 제공한다는 점에서 서로 다르다.

형성 평가를 통해서 수업이나 교육과정의 문제점을 수시로 파악할 수 있으므로 학습자에게 더 좋은 수업 여건 등을 만들어 주는 데에 활용될 수 있으며, 총괄 평가는 이미 종료된 수업이나 교육과정의 개정에 그 결과가 이용될 수 있다. 이와 같이 두 평가는 서로 다른 역할을 하는 만큼, 어느 하나만을 고집하는 것은 옳지 않다. 두 가지를 병행하여 학습자에게 유익한 학습의 장을 마련하도록 해야 할 것이다.

## 4. 평가 목적별 평가 유형

### 1) 성취도평가(Achievement Test)

성취도평가는 교육과정 또는 수업에서 세운 목표가 얼마나 잘 달성되었는가를 측정한다. 따라서 이는 개별 학습자의 성취도 뿐 아니라 수업자체를 평가하는데도 이용된다. 성취도 평가는 교육과정 종료 시기에 실시되는 최종 달성도 평가와 교육과정 중간에 실시되는 중간 달성도 평가(progress achievement test)가 있다. 각각을 다시 학습내용 중심 접근법(syllabus – content approach)과 학습목표 중심 접근법으로 나누어진다. 학습 내용 중심 성취도평가는 학습내용이 잘못 되었을 때 평가 자체도 유용한 평가가 되지 못한다는 한계가 있다. 반면에 학습목표 중심 성취도 평가는 계획했던 교육과정의 최종 목표를 평가하는 것이므로 학습내용이 잘못 되었어도 목표에 맞는 바람직한 평가를 통하여 역류효과(washback effect)를 가져올 수 있으며 학습목표도달 정도를 측정할 수 있다.

중간 성취도평가는 학생들이 학습목표에 부합하게 얼마나 진보했는지를 측정하는 것으로서 세부목표에 따라 자주 실시하여 학습 진행정도를 확인할 필요가 있다. 이 평가는 공식적 시험이 아니므로 시험 문항을 너무 까다롭게 작성하지 않는 것이 바람직하다.

### 2) 언어 능숙도 평가(Proficiency Test)

언어 능숙도 평가는 수험자의 수업과는 무관하게 일반적인 언어능력을 측정하기 위한 것이다. 언어 능숙도 평가는 다양한 배경의 사람들의 능숙도를 명확한 기준을 가지고 측정할 수 있다는 장점을 가지고 있다. 언어 능숙도 평가는 특정한 목적을 위한 언어사용능력을 측정하는 경우라 일반적인 언어사용능력을 측정하는 경우도 구별된다. 전자의 경우는 번역가나 통역가에게 요구되는 측정시험을 들 수 있고 후자의 경우는 TOEFL이나 TOEIC을 예로 들 수 있다.

### 3) 진단 평가(Diagnostic Test)

진단 평가는 학생들이 무엇을 잘하고 무엇을 못하는지를 파악할 수 있게 해주는 평가이다. 진단 평가의 결과로 다음 단계에서 필요한 학습이 무엇인지를 결정하는데 도움을 얻을 수 있다. 그러나 사실 평가를 통해 문제가 진단되더라도 어떤 영역이 알거나 부족한지 자세하게 알아내기는 어렵다.

#### 4) 배치 평가(Placement Test)

배치 평가는 학습자들을 그 수준이나 능력에 따라 적합하게 반을 편성하기 위해 필요한 정보를 얻고자 실시하는 평가이다. 예를 들어 영어회화 반을 편성할 때 배치 평가를 실시하지 않으면 효과적 학습에 장애 요인이 될 수 있다. 또한 영문법 반의 배치 평가 기준을 영어회화 반 편성 시 배치 평가 기준으로 사용한다면 타당도가 낮아질 수밖에 없다.

## 5. 수행 평가(Performance Assessment)

오늘날 우리가 살고 있는 시대는 세계화(globalization) 및 지식정보화 시대로서 종래의 단편적인 지식의 기억이나 재생을 통한 교육보다는 학습자의 다양한 개성을 존중하고 창의력 신장을 위한 새로운 형태의 교육과 평가 체제 필요로 하는 과제를 안게 되었다. 이러한 배경에서 수행 평가 체제가 도입되어 교수학습 과정의 질적인 측면을 평가하게 되고 이를 통해 개개인의 교육적 성장을 돕고 교사 자신도 개개인의 자질 향상을 도모코자 하였다. 수행 평가 체제는 과거의 평가의 축일성과 경직성을 극복하고 다양한 방법을 통해 학습자를 평가하게 된 것이다.

#### 1) 수행 평가의 특징

##### (1) 과정 중심의 평가

수행 평가에서는 교수학습의 결과보다도 과정을 중시한다. 따라서 교사는 학습의 종료시점에 결과를 두고 평가하는 것이 아니라 학습과정 중에 여러 차례 평가를 실시하게 된다. 종래의 사지선다형 평가문항으로는 학생의 이해수준에 대해 정확한 진단이 불가능하며 학습과정을 평가하기 어렵다. 수행 평가에서는 학습자의 결과적 지식이나 선언적 지식(declarative knowledge)이 아니라 절차적 지식(procedural knowledge)을 중시한다.

(2) 지속적 · 누적적 평가

전통적인 평가는 대개 학습 종료시점에 실시하나 수행 평가는 학습 활동의 모든 과정을 평가하되 여러 차례 걸쳐 누적적으로 평가를 실시한다.

(3) 질적 평가 체제

수행 평가는 학생의 점수나 상대적 석차보다 학생의 특성, 개성, 강약점 등을 파악하는데 목적이 있다. 즉 학생 개개인의 교육적 성장에 도움을 주기 위해 평가를 실시한다. 이에 대해 전통적 평가는 학생의 상대적 서열을 매기는데 중점을 둔다.

(4) 교수 · 학습과 평가활동의 통합

전통적 평가는 교수학습과 평가활동이 분리되어 있으나 수행평가에서는 두 활동이 통합되어 있다.

(5) 교수 · 학습의 주체로서의 학생

전통적인 교수 • 학습에서는 교사가 중심적 역할을 수행하지만 수행 평가 체제에서는 학생이 중심적 역할을 한다. 즉  학생이 수동자의 역할을 하거나 방관자가 아니다. 교사는 지식 정보의 안내자, 촉진자, 격려자 역할을 한다.

(6) 다양한 평가 방법의 도입

전통적 평가체제에서는 지필고사에 의존하되 주고 사지 선다의 선택형이나 단답형을 사용하나 수행 평가체제에선 구술평가, 과업평가, 작문평가, 자기평가, 관찰법, 포트폴리오, 조사활동, 논술형 서술평가 등 다양한 평가방법을 도입한다.

이상의 수행평가의 특징을 포함하여 전통적 평가와 수행 평가의 특징을 보다 상세하게 열거하면 다음과 같다.

| 구 분 | 전통적인 평가체제<br>(예: 선택형 평가) | 대안적 평가체제<br>(예: 수행평가) |
|---|---|---|
| 진리관 | 절대주의적인 진리관 | 상대주의적인 진리관 |
| 철학적인 근거 | 합리론<br>경험론 등 | 구성주의<br>현상학<br>해석학<br>인류학 등 |
| 시대적 상황 | 산업화 시대<br>소품종 대량 생산 | 정보화시대<br>다품종 소량 생산 |
| 학습관 | 직선적 · 위계적 · 연속적 과정<br>추상적 · 객관적 상황 중시<br>학습자의 기억 · 재생산 중시 | 인지구조의 계속적 변화<br>구체적 · 주관적 상황 중시<br>학습자의 이해 · 성장 중시 |
| 평가체제 | 상대평가<br>양적평가<br>선발형 평가 | 절대평가<br>질적 평가<br>충고형 평가 |
| 평가목적 | 선발 · 분류 · 배치<br>한 줄 세우기 | 지도 · 조언 · 개선<br>여러 줄 세우기 |
| 평가내용 | 선언적 지식(내용적 지식)<br>학습의 결과 중시<br>학문적 지능의 구성요소 | 절차적 지식(방법적 지식)<br>학습의 과정 중시<br>실천적 지능의 구성요소 |
| 평가방법 | 선택형 평가 위주<br>표준화 검사 중시<br>대규모 평가 중시<br>일회적 · 부분적인 평가<br>객관성 · 일관성 · 공정성 강조 | 수행평가 위주<br>개별 교사에 의한 평가 중시<br>소규모 평가 중시<br>지속적 · 종합적인 평가<br>전문성 · 타당도 · 적합성 강조 |
| 평가시기 | 학습활동이 종료되는 시점<br>교수 · 학습과 평가활동 분리 | 학습활동의 모든 과정<br>교수 · 학습과 평가활동 통합 |
| 교사의 역할 | 지식의 전달자 | 학습의 안내자 · 촉진자 |
| 학생의 역할 | 수동적인 학습자<br>지식의 재 생산자 | 능동적인 학습자<br>지식의 창조자 |
| 교과서의 역할 | 교수 · 학습 · 평가의 핵심내용 | 교수 · 학습 · 평가의 보조자료 |
| 교수 · 학습 활동 | 교사 중심<br>인지적 영역중심<br>암기위주<br>기본 학습능력 강조 | 학생중심<br>지 · 정 · 체 모두강조<br>탐구위주<br>창의성 등 고등 사고기능 강조 |

※ 백순근 편(1998), 중학교 각 교과별 수행평가의 이론과 실제, p.33에서 인용

## 6. 역류 효과(Washback Effects)

교실 수업의 학습목표 달성을 위해 사용되는 언어 평가는 교수과정에 반드시 필요한 일부분으로서 학생들에게 유용한 피드백(feedback)을 제공해 줄 수 있어야 한다. Oller(1976)는 언급하고 있다. 이러한 시험을 통해 학습에 기여하도록 유용한 피드백을 제공하는 것을 Hughes(1989)는 역류효과라고 부른다. 다시 말해 평가가 교수학습과정에 미치는 효과를 의미한다.

평가의 역류효과는 긍정적이거나 부정적일 수 있다. 평가의 방법이 좋으면 유익한 역류효과를 초래하나 평가방법이 나쁘면 해로운 역류효과를 초래하게 된다. 평가의 긍정적인 역류효과를 높이기 위하여 Hughes(1989)는 다음과 같은 방법을 제시하고 있다.

- Test the abilities whose development you want to encourage.
- Sample widely and unpredictably.
- Use direct testing.
- Base achievement test on objectives.
- Ensure test is known and understood by students teachers.
- Where necessary, provide assistance to teachers.

학교 상황에서 평가와 교육은 밀접한 관련을 맺고 있어서 어느 한쪽을 제외하고 다른 한쪽만을 고려하기는 어렵다. 평가가 교육에 종속적인 것으로 생각되어 온 적이 있지만 실제로는 교육이 평가로부터 자유로울 수 없는 경우가 더 많다. 즉 평가가 교육에 대해 보다 적극적으로 영향력을 행사하고 교육의 방향을 제시하며 교육의 목표와 내용, 방법까지 지배하기도 한다. 입학시험에 듣기, 말하기 시험을 보지 않으면 듣기, 말하기를 가르치지도 않고 배우지도 않는다. 그러나 일정기간의 교육을 한 후에 치러야 할 평가가 있다면 그 평가에서 자유로울 수 있는 교사나 학생이 있을까? 예를 들어 고등학생들이 대학 수학능력 시험을 보아야 하는데 그 시험을 의식하지 않고 교육할 수 있을까? 교육은 평가의 내용이나 방법을 의식하고 거기 맞출 수밖에 없고 교사나 학생은 평가에 대비하여 가르치고 배우는 것은 매우 정상적인 일이다. Liskin-Gasparro(1984: 485)는 평가가 교육에 미치는 영향력에 대해 다음과 같이 언급하고 있다.

> It has long been recognized that tests are a driving force in curriculum. If students are to take a particular type of standardized test at the end of a course or program of studies, teachers will understandably begin to "teach to the test", to modify their curricula so that students will learn what they need to know to perform well on the test.

이와 같이 평가가 그 후속 교육에 미치는 영향을 평가의 **역류효과**(逆流效果) 또는 **세환 효과**(洗還效果, washback effect, 혹은 backwash effect)라고 하는데, 우리나라의 경우 특히 대학 입학에 관련된 평가의 중등교육에 대한 세환효과는 그것이 긍정적이든 부정적이든 실로 심대하다. 평가는 실제로 교육에 대해 막강한 영향력과 힘을 가지고 있다. Heaton(1988: 171)은 '**평가는 교육의 방향을 바꾸는 데 가장 유익하게 작용하는 힘 중의 하나**(Testing is one of the greatest beneficial forces in changing the direction of language teaching)'라고 했고, Baker(1989: 100)는 '교육의 내용과 방법을 바꾸는 데 어떤 행정 명령이나 지시보다도 더 효과적인 것은 평가를 바꾸는 것(Changing the examination is more effective than issuing ministerial directives for making changes in course content and methodology)'이라고 했다.